HÉLIO PELLEGRINO
POR UMA PSICANÁLISE POLÍTICA

Editora Appris Ltda.
1.ª Edição - Copyright© 2024 da autora
Direitos de Edição Reservados à Editora Appris Ltda.

Nenhuma parte desta obra poderá ser utilizada indevidamente, sem estar de acordo com a Lei n°
9.610/98. Se incorreções forem encontradas, serão de exclusiva responsabilidade de seus organizadores. Foi realizado o Depósito Legal na Fundação Biblioteca Nacional, de acordo com as Leis n°s 10.994, de 14/12/2004, e 12.192, de 14/01/2010.

Catalogação na Fonte
Elaborado por: Dayanne Leal Souza
Bibliotecária CRB 9/2162

C335h 2024	Castro, Larissa Leão de Hélio Pellegrino: por uma psicanálise política / Larissa Leão de Castro. – 1. ed. – Curitiba: Appris, 2024. 293 p. : il. color. ; 23 cm. – (Coleção PSI). Inclui referências. ISBN 978-65-250-6770-4 1. Hélio Pellegrino. 2. Complexo de Édipo. 3. Pacto edípico. 4. Pacto social. 5. Subjetivação. 6. Processo civilizador. I. Castro, Larissa Leão de. II. Título. III. Série. CDD – 150.195 2

Livro de acordo com a normalização técnica da ABNT

Appris *editora*

Editora e Livraria Appris Ltda.
Av. Manoel Ribas, 2265 – Mercês
Curitiba/PR – CEP: 80810-002
Tel. (41) 3156 - 4731
www.editoraappris.com.br

Printed in Brazil
Impresso no Brasil

Larissa Leão de Castro

HÉLIO PELLEGRINO
POR UMA PSICANÁLISE POLÍTICA

Appris editora

Curitiba, PR
2024

FICHA TÉCNICA

EDITORIAL
Augusto Coelho
Sara C. de Andrade Coelho

COMITÊ EDITORIAL
Ana El Achkar (Universo/RJ)
Andréa Barbosa Gouveia (UFPR)
Antonio Evangelista de Souza Netto (PUC-SP)
Belinda Cunha (UFPB)
Délton Winter de Carvalho (FMP)
Edson da Silva (UFVJM)
Eliete Correia dos Santos (UEPB)
Erineu Foerste (Ufes)
Fabiano Santos (UERJ-IESP)
Francinete Fernandes de Sousa (UEPB)
Francisco Carlos Duarte (PUCPR)
Francisco de Assis (Fiam-Faam-SP-Brasil)
Gláucia Figueiredo (UNIPAMPA/ UDELAR)
Jacques de Lima Ferreira (UNOESC)
Jean Carlos Gonçalves (UFPR)
José Wálter Nunes (UnB)
Junia de Vilhena (PUC-RIO)

Lucas Mesquita (UNILA)
Márcia Gonçalves (Unitau)
Maria Aparecida Barbosa (USP)
Maria Margarida de Andrade (Umack)
Marilda A. Behrens (PUCPR)
Marília Andrade Torales Campos (UFPR)
Marli Caetano
Patrícia L. Torres (PUCPR)
Paula Costa Mosca Macedo (UNIFESP)
Ramon Blanco (UNILA)
Roberta Ecleide Kelly (NEPE)
Roque Ismael da Costa Güllich (UFFS)
Sergio Gomes (UFRJ)
Tiago Gagliano Pinto Alberto (PUCPR)
Toni Reis (UP)
Valdomiro de Oliveira (UFPR)

SUPERVISORA EDITORIAL
Renata C. Lopes

PRODUÇÃO EDITORIAL
Daniela Nazario

REVISÃO
Katine Walmrath

DIAGRAMAÇÃO
Bruno Ferreira Nascimento

CAPA
Carlos Pereira

REVISÃO DE PROVA
Alice Ramos

COMITÊ CIENTÍFICO DA COLEÇÃO PSI

DIREÇÃO CIENTÍFICA Junia de Vilhena

CONSULTORES
Ana Cleide Guedes Moreira (UFPA)
Betty Fuks (Univ. Veiga de Almeida)
Edson Luiz Andre de Souza (UFRGS)
Henrique Figueiredo Carneiro (UFPE)
Joana de Vilhena Novaes (UVA |LIPIS/PUC)
Maria Helena Zamora (PUC-Rio)
Nadja Pinheiro (UFPR)
Paulo Endo (USP)
Sergio Gouvea Franco (FAAP)

INTERNACIONAIS
Catherine Desprats - Péquignot (Université Denis-Diderot Paris 7)
Eduardo Santos (Univ. Coimbra)
Marta Gerez Ambertín (Universidad Católica de Santiago del Estero)
Celine Masson (Université Denis Diderot-Paris 7)

Esta pesquisa contou com o apoio financeiro da bolsa de estudos do CNPq e com a FAPDF, na ajuda de custo à visita de estudos aos arquivos pessoais de Hélio Pellegrino, abrigados no Museu de Literatura Brasileira, da FCRB.

Agradecimentos

Ao CNPq, pela bolsa de estudos para o desenvolvimento da tese. À FAPDF, pela ajuda de custo à visita de estudos. Em tempos de retrocessos, é preciso destacar ainda mais a importância dos órgãos públicos que contribuem para o desenvolvimento das pesquisas voltadas para o interesse coletivo da sociedade brasileira.

Ao serviço de bibliotecários da UnB, que encaram com ética e prestatividade ímpares o atendimento aos usuários dos serviços públicos, além de partilharem da consciência ética do valor das pesquisas. Pela mesma ética e prestatividade na função pública, agradeço ao serviço prestado pelo Museu de Literatura Brasileira.

Ao Lourival Belém, profissional e militante da luta antimanicomial que, nos meus primeiros passos de trabalho na clínica, generosamente se dispôs a transmitir sua experiência e me ajudar com meu trabalho, além de ter sido o responsável por me apresentar, pela primeira vez, a contribuição de Hélio Pellegrino, que marcou a minha trajetória.

À Anita Resende, árvore frondosa a quem devo o essencial da minha formação. Agradeço pelos laços, pelo rigor, por ser oásis nos momentos difíceis, pela generosidade e dedicação em democratizar o conhecimento. Por ser fonte de inspiração e referência de experiência formativa e de aposta na universidade como espaço de autonomia intelectual, responsabilidade teórica, pensamento crítico, compromisso, ética e transformação social.

Agradeço também pelas valiosas contribuições na qualificação, em conjunto com Luiz Celes, que formaram combinação decisiva para a exposição da pesquisa chegar a esta versão. À Universidade de Brasília, universidade pública brasileira, na qual pude realizar esta pesquisa.

Ao Jorge, pelo amor e pelo companheirismo nessa travessia e de sempre, além do incentivo e da aposta afetiva na realização deste trabalho.

À minha mãe, referência basilar que, pelos caminhos do amor e do enfrentamento à violência, transmitiu o legado da paixão pela literatura, pelo aprender, pelo ensinar e pela possibilidade libertadora do conhecimento.

Ao meu pai (*in memoriam*) e aos que ocuparam sua função. Ao suporte emocional imprescindível e à fraternidade de minhas irmãs Gardene e Cristiane, que também são referências na minha vida de responsabilidade e compromisso com uma produção acadêmica socialmente relevante. Às afilhadas, Sofia, Luísa e Beatriz, que reacendem o gosto da infância com seus olhares e descobertas.

Aos ex-alunos da UFG-REJ, com os quais pude experienciar, enquanto professora iniciante, a chama da bela aventura de ensinar e aprender com o trabalho educativo.

Ao João Lembi, que compartilha comigo o amor pela pessoa, pela trajetória e pelo legado de Hélio Pellegrino. E nos brinda com obra poética e lírica sobre o autor.

Estendo o muito obrigada às amizades ao longo de minha vida que sabem que são fundamentais.

Aos que sonham, lutam e trabalham pela transformação social, pela aceitação e valoração das diferenças, por um pacto civilizatório igualitário e humanizador.

Prefácio

O mundo — tal como está — não presta. [...]
Esse mundo, tal como está, precisa explodir.
Os jovens, os artistas, os marginais que não se alinharam,
os que teimam em ser pessoas, precisam explodi-lo.
Para que o homem sobreviva. [...]
Essa sobrevivência, hoje, só pode ser afirmada
através de um inconformismo que chegue às últimas consequências.
A respeitabilidade, em nosso tempo, é pior do que o pior palavrão.[1]

Avisos dados por Hélio Pellegrino já na segunda metade do século passado ressoam hoje: o mundo tal como se configura não presta e aqueles que não se deixam conformar, os que resistem, os "jovens, os artistas, os marginais que não se alinharam, os que teimam em ser pessoas, precisam explodi-lo". É necessário investir na sobrevivência do homem e caberá aos inconformados dar testemunho dessa sobrevivência e defendê-la até as últimas consequências.

Neste livro de Larissa Leão de Castro, *Hélio Pellegrino: por uma psicanálise política*, derivado de sua tese de doutoramento na Universidade de Brasília, encontramos uma resposta radical ao chamado que Pellegrino já anunciava como inadiável: oposição à conformação, contraposição ao alinhamento, resistência ao esquecimento, comprometimento com a urgência ética de testemunhar e acatar a luta pela sobrevivência de todos, teimosia e coragem para ser algo "gauche" em defesa da vida na sua integralidade. Que seja uma jovem pesquisadora a fazer esse investimento, que seja no diálogo com a teoria e a práxis histórica, que seja feito com rigor acadêmico e generosidade na disposição do material levantado numa extensa investigação, isso atualiza ainda mais a esperança e o compromisso com a necessária explosão do mundo tal qual se encontra. A entonação pellegriniana ressoa aqui. "Evoé! Jovens à vista!".

---

[1] Pellegrino, citado por Pires, P. R. (1998). Hélio Pellegrino: a paixão indignada. Rio de Janeiro: Relume Dumará., 1998, pp. 60-61.

Retomar a obra de Hélio Pellegrino é necessário nesses tempos que confirmam a atualidade de suas elaborações teóricas e a urgência de arguir o compromisso ético-político da destinação da psicanálise. Aqui, o resgate da obra de Hélio Pellegrino não se assenta numa miragem do passado, mas na iluminação do presente e na projeção do futuro. Sua atualidade é confirmada, ontem como hoje, na realidade da qual qualquer teoria é tributária. Afinal, já nos ensinava Marx nos idos dos anos de 1800, os homens que produzem relações sociais determinadas materialmente também produzem as ideias e categorias que são expressões abstratas elaboradas dessas relações. Portanto, enquanto elaboração de uma realidade, uma teoria será verdadeira enquanto subsistirem as relações das quais ela é síntese, e a sua atualidade se desloca na esteira da continuidade da realidade material que lhe deu origem.

Assim é que, no livro de Larissa Castro, a dialética entre continuidade e ruptura esclarece, no presente, a grande contribuição de Hélio Pellegrino na vinculação entre epistemologia e práxis histórica, para pensar teórica, ética e politicamente tanto o Brasil quanto a psicanálise. É dessa perspectiva que, segundo ela,

> [...] seus trabalhos compõem parte do que se poderia considerar uma leitura própria na produção científica em psicanálise, no Brasil — com uma interpretação particular sobre os processos de constituição da subjetividade, sobre o processo civilizador e sobre a cultura brasileira (p. 22-23).

Com esse escopo, a perspectiva pellegriniana, ao tempo em que continua sendo uma indagação radical à destinação da psicanálise e às suas condições e possibilidades de comprometer-se com o processo civilizatório, contribui para pensar o Brasil na medida em que não se distancia da realidade constituída no compasso da marcha dos processos e estruturas decorrentes dos desenvolvimentos e interesses do capital e deve ser inscrita na tradição mais valiosa dos pensadores sociais brasileiros.

Essa perspectiva tão singular quanto fértil da produção de Hélio Pellegrino que é apresentada por Larissa Leão de Castro neste livro pode ser sintetizada na conexão entre três movimentos derivados de uma pesquisa abrangente e rigorosa. No primeiro, comparecem as divisas da vida pessoal do psicanalista na cadência do seu inconformismo, do seu inconfundível diálogo com o marxismo e a teologia da libertação, do seu encontro com a psicanálise, do seu enfrentamento à ditadura militar e ao autoritarismo, cujos tentáculos, também fixados em agentes da psicanálise, permitiram sua expulsão da Sociedade de Psicanálise do Rio de Janeiro.

Num segundo movimento, a autora dispõe uma sistematização da produção psicanalítica de Hélio Pellegrino resultante da pesquisa realizada a partir dos trabalhos do próprio autor, de trabalhos sobre o autor e de arquivos pessoais que se encontram no Museu de Literatura Brasileira, da Fundação Casa de Rui Barbosa (FCRB). Do mapeamento e análise dessa produção resulta, para além da indicação da sua fertilidade e interesse, a inquietante constatação de que se trata de uma produção sob a qual repousa um silêncio que pode ser indicativo de um recalcamento que

> [...] simboliza um processo de amnésia, esquecimento e ocultamento da essência do compromisso social da psicanálise, bem como de contradições sociais, epistemológicas e questões candentes ao campo psicanalítico (p. 80).

Num terceiro movimento, a partir de trabalhos manifestamente referidos à psicanálise encontrados no Museu de Literatura Brasileira da Fundação Casa de Rui Barbosa (FCRB), Larissa Leão de Castro apresenta uma sistematização do aporte psicanalítico de Hélio Pellegrino em suas continuidades e rupturas com a psicanálise a partir de conceitos estruturantes: inconsciente, natureza e finalidades do aparelho psíquico, transferência, complexo de Édipo, pacto edípico e pacto social. A análise da produção do autor a partir desses conceitos aponta que a tríade complexo de Édipo, pacto edípico e pacto social pode ser tomada como uma marca distintiva do pensamento de Hélio Pellegrino, que os coloca no movimento da história, da práxis que, continuamente, desafia a teoria. A reconsideração conceitual do complexo de Édipo

> [...] implica uma leitura particular sobre os elementos fundadores da subjetividade e da humanização no processo civilizador ao articular a interconstituição indissolúvel entre o pacto edípico e o pacto social. [...] Em outras palavras, desenvolve a diferenciação definitiva entre elementos fundantes de um pacto edípico e um pacto social humanizador — estruturante da Lei —, e elementos que estruturam um pacto pelo Poder perverso. [...] enquanto não superarmos a desigualdade social e o pacto perverso presente na sociedade

burguesa, não haverá uma base estruturante de um pacto civilizatório humanizador (p. 170).

Nessa esteira, ao fim e inundando os conceitos psicanalíticos dos movimentos da história concreta, Hélio Pellegrino convoca a psicanálise, os psicanalistas e todos, nos consultórios e fora deles, a acatar a urgência ética da luta pela sobrevivência do homem.

Este livro taquigrafa a produção de Hélio Pellegrino, um autor singular e um psicanalista socialmente orientado, que deixou para a psicanálise uma fértil, rigorosa e generosa contribuição epistemológica, teórica, conceitual, ética e política sobre a práxis clínica dentro e fora dos consultórios na medida dos problemas e desafios do seu e do nosso tempo. Hoje, como ontem, o Brasil exige continuar a arguir a psicanálise e os psicanalistas acerca do endereçamento dos seus atos e de seus compromissos com uma sociedade democrática. Este livro atualiza a urgência da pergunta e uma direção de resposta. Certamente, a resposta pode não ser suficiente, mas a pergunta é de todo necessária. A continuidade e a manutenção da estruturação teórica e do tom radical pellegriniano se fazem necessárias e este livro dispõe de um material fundamental para isso.

Larissa Leão de Castro atendeu ao chamado de Hélio Pellegrino e nos apresenta um livro fundamental tecido com o tom de um descobridor de continentes. Um salto em direção a um passado que não passa e desafia a todos. Um trabalho importante, com evidente dedicação, esforço e generosidade na disposição e organização do material pesquisado. Os próximos que se interessarem pelo tema já encontrarão a estrada dos vínculos e compromissos teóricos e práticos da psicanálise com uma sociedade verdadeiramente democrática um pouco mais aplainada.

O livro é um convite a todos que se interessam pelos desafios de pensar a psicanálise e as ciências humanas a partir da constituição do sujeito, da estrutura social, da práxis histórica, dos desenvolvimentos do capital e do cumprimento urgente do mandato ético da luta pelo resgate da humanidade do homem.

Que Hélio Pellegrino, pelas mãos de Larissa Leão de Castro, acorde o que ainda se faz sono nesses tempos nossos.

Outono de 2024.

Anita C. Azevedo Resende

Sumário

INTRODUÇÃO...19

CAPÍTULO 1...31

1. Hélio Pellegrino: história de um inconformista radical.....................31

   1.1. Uma síntese singular entre marxismo, psicanálise e teologia da libertação ...32

   1.2. Encontro com a psicanálise como ciência da alteridade 38

   1.3. Defesa da democracia e sua prisão na Ditadura Militar 49

   1.4. Defesa da democratização da psicanálise e sua expulsão da SPRJ..........53

CAPÍTULO 2...67

2. Produção psicanalítica de Hélio Pellegrino...............................67

   2.1. Estado da arte: pesquisa bibliográfica nas bases de dados acadêmicos 67

   2.2. Levantamento e leitura exploratória dos trabalhos psicanalíticos publicados pelo autor e sobre o autor 69

   2.3. Panorama da produção psicanalítica do autor no Arquivo Hélio Pellegrino da FCRB 71

   2.4. Amnésia social da contribuição de Hélio Pellegrino: símbolo de um silêncio sobre temas fundamentais para a psicanálise e sobre a essência de seu compromisso social 81

   2.5. Recorte da presente análise 88

CAPÍTULO 3...91

3. Inconsciente 91

   3.1. Inconsciente e alteridade 91

   3.2. Descoberta do inconsciente e as repercussões da concepção do sujeito constituído por instâncias em conflito 102

   3.3. Origens das formações do inconsciente................................108

CAPÍTULO 4...121

4. Natureza e finalidades do aparelho psíquico a partir da teoria da libido ...121

   4.1. Reflexão crítica sobre a prévia teoria do real que sustenta o desenvolvimento da teoria da libido 122

   4.2. Erro de se atribuir a causalidade psíquica à libido 124

4.3. O solipsismo do princípio do prazer enquanto teleologia autocentrada do aparelho psíquico 132

4.4. Reformulação freudiana da teoria da libido em fases do desenvolvimento libidinoso.........137

4.5. Consequências sociológicas da teoria da libido 140

4.6. Reformulação da teoria da libido em termos da pulsão de vida vs. pulsão de morte.........143

4.7. Natureza e finalidades do aparelho psíquico a partir da leitura pellegriniana da teoria das relações objetais 150

4.8. Ontogênese do psiquismo: natureza humana de ser história, linguagem, fundada na relação objetal 153

4.9. Teleologia do incesto: processos de dependência infausta aos objetos maus ...157

4.10. Transferência 159

CAPÍTULO 5 169

5. Complexo de Édipo, pacto edípico e pacto social 169

5.1. Teleologia do incesto: leitura pellegriniana sobre o complexo de Édipo.....171

5.2. Revisão crítica de alguns conceitos na psicanálise 177

5.3. Fundamentos coesivos do processo civilizatório ao nível da sexualidade 191

5.4. Fundamentos coesivos do processo civilizatório ao nível da estruturação do trabalho: pacto econômico, político e social 204

5.5. Crise de fundamentos da vida social no pacto perverso da estruturação do trabalho no capitalismo 206

5.6. Paranoia, ódio e violência contra o trabalhador e contra o pobre 212

5.7. Teleologia do incesto do ponto de vista institucional 221

5.8. Teleologia do incesto na história das instituições psicanalíticas: a má-fé alienante dos psicanalistas apolíticos 224

5.9. Reformulação quanto ao lugar do psicanalista: uma ética da alteridade... 236

CONCLUSÃO 243

REFERÊNCIAS.........255

POSFÁCIO.........269

ANEXO I - RELATO DE UM SONHO.........271

ANEXO - QUADRO 1 279

Introdução

Em que consiste, ao fim das contas, o miolo dessa marca latino-americana, tão forte que povoa a noite dos ditadores mais cruéis, e de que a prosa de Alejo Carpentier dá tão portentoso testemunho? Qual é o desenho primígeno, a matriz utópica da qual se origina uma cultura de cuja vitalidade falam com eloquência irresistível, escritores como Jorge Amado, García Márquez, Antônio Callado, Carlos Fuentes, Cabrera Infante, Vargas Llosa, Juan Rulfo, Ernesto Sábato e tantos outros grandes nomes, insonemente imolados à tarefa de sonhar por nós a cartografia de nossos poderes e esperanças?[2]

Este trabalho resgata a produção psicanalítica de Hélio Pellegrino (1924–1988): um escritor, poeta, ensaísta e psicanalista brasileiro. Parte da constatação de que não há publicação científica no Brasil que tenha como objeto de estudo um mapeamento e análise dos trabalhos psicanalíticos do autor, embora seja uma das figuras mais relevantes da psicanálise do século XX do país e tenha uma vasta produção na área. Considerando que no ano de 2024 completou-se o centenário do nascimento desse autor, que foi um dos fundadores da primeira Clínica Social de Psicanálise do Brasil, este livro visa resgatar seu legado para esse campo de conhecimento e sua relação com a defesa da democracia. Nesse contexto, o problema levantado nessa investigação foi formulado da seguinte maneira: como se estrutura o pensamento psicanalítico de Hélio Pellegrino e qual é a sua importância na participação de uma produção psicanalítica, no Brasil?

Seja na dimensão religiosa, política ou psicanalítica, Pellegrino trabalhou pela libertação humana e contra todas as formas de opressão que obstaculizam a possibilidade de ser sujeito e de humanizar-se, conforme a biografia elaborada pelo jornalista Paulo Roberto Pires[3]

No plano teórico, Hélio Pellegrino expressa em seus trabalhos um debruçar-se sobre os fundamentos epistemológicos e práticos da teoria psicanalítica, bem como se nota uma preocupação constante em analisar os problemas que estruturam a sociedade brasileira, construindo uma

---

[2] Pellegrino, H. (1989). *A burrice do demônio*. Rio de Janeiro: Rocco, p. 152.

[3] Pires, P. R. (2004). Biografia. In Frota, L. C. (ed.). *Arquivinho de Hélio Pellegrino* (1. ed.). Rio de Janeiro: Bem-Te-Vi.

leitura sobre a constituição da subjetividade, sobre o pacto edípico e pacto social, em geral e, no Brasil, em particular.

Seus escritos têm a preocupação constante de discutir a relação entre esquemas teóricos implícitos, conceitos psicanalíticos e suas implicações diante do sofrimento subjetivo, coletivo, dos projetos de sociedade em curso e dos problemas culturais mais amplos. Acresce-se ao exposto a constatação de que, em sua obra, há a construção de um pensamento psicanalítico voltado para a análise da formação da subjetividade e da cultura brasileira. Isso deixa explícito seu compromisso ético e político de trabalho pela transformação dos problemas sociais enfrentados no Brasil, preocupação indissociável da defesa das condições subjetivas e objetivas que constroem uma sociedade democrática.

Dessa forma, na articulação entre plano teórico e político, viu na essência da psicanálise os fundamentos de uma ciência, de uma ética da alteridade e de um trabalho radicalmente contrário a qualquer forma de autoritarismo e opressão. Desse lugar e em diferentes campos de atuação, batalhou contra o que mantinha a adesão ao autoritarismo e ao regime da ditadura militar no Brasil. Foi redator e colaborador de diferentes jornais, além de porta-voz de estudantes e de intelectuais em protestos — como a Passeata dos Cem Mil[4] —; denunciou incansavelmente a adesão à ditadura pela Sociedade Psicanalítica do Rio de Janeiro (SPRJ)[5]; foi cofundador da primeira Clínica Social de Psicanálise do Brasil; integrante da Comissão Teotônio Vilela do Grupo Tortura Nunca Mais; participou do manifesto de fundação do Partido do Trabalhadores (PT) e posteriormente de seu núcleo antiburocrático Mário Pedrosa; participou do grupo Mística e Revolução (MIRE), entre outras atuações.

À raridade de pesquisas sobre sua contribuição soma-se a constatação de Tania Rivera[6] de que se faz necessário o estudo da produção psicanalítica brasileira, sobretudo porque não há trabalhos que busquem identificar uma *psicanálise brasileira* ou que contribuam no sentido do estabelecimento de uma bibliografia de referência sobre psicanálise no

---

[4] Devido a suas atuações, no ano seguinte ao da passeata, sofreu um processo que o acusava de líder comunista e uma prisão que durou três meses, sendo liberado após o depoimento de Nelson Rodrigues (Pires, 2004).

[5] O fez tecendo diversos combates teóricos acerca do que consiste a falsidade da defesa do apoliticismo e em diversas denúncias e exigências de posicionamento da instituição, que aceitou durante muito tempo Amílcar Lobo, um torturador, como candidato a analista. Essa atuação foi respondida com a expulsão de Pellegrino e de Eduardo Mascarenhas, que tiveram que enfrentar batalha judicial para serem reintegrados (Pires, 2004).

[6] Rivera, T. (2017). Desejo de ensaio. In *Psicanálise* (pp. 11–23). Rio de Janeiro: FUNARTE.

Brasil. Isso revela ser sintomática, por exemplo, a raridade de antologias de textos nessa área, como analisa:

> Em contraste com outras áreas do conhecimento, a existência de uma produção psicanalítica inovadora ainda não está inteiramente demonstrada, apesar do aparente reconhecimento que psicanalistas franceses, por exemplo, fazem questão de manifestar quanto à força da produção atual no Brasil e na Argentina (digo 'aparente' porque não levou à efetiva publicação e leitura de autores brasileiros e argentinos no país de Jacques Lacan). Jamais se tratou para nós, porém, de tentar identificar uma 'psicanálise brasileira', com características próprias, ou ainda uma escrita psicanalítica "à brasileira".[7]

Assim, enfatiza-se a atualidade de pensar se é possível considerar que há uma *psicanálise brasileira*[8]. Não obstante, nesta pesquisa, levanta-se uma indagação anterior a essa: a necessidade do desenvolvimento de pesquisas que se debrucem sobre as tendências presentes na produção científica em psicanálise no Brasil. Aliás, esse é um elemento fundamental para a reflexão sobre as tendências contidas na construção teórica e prática de qualquer campo do saber, de um local e tempo históricos específicos, levando-se em consideração o esforço de pensar a relação entre os fundamentos, os autores, os recortes temáticos, os problemas mais estudados, as omissões, as implicações éticas, políticas e de projetos de sociedade contidas nas interpretações teóricas desse campo; sejam elas interpretações incorporadas de outras culturas, sejam elas interpretações de caráter regional e inovador sobre a realidade brasileira.

Em outras palavras, um esforço intelectual necessário de exercício crítico já existente em outras áreas do saber (sociologia, filosofia política, educação) seria tomar as interpretações, teses e alegorias em conjunto, no que diz respeito ao processo civilizatório, à função paterna, à relação entre sujeito e cultura, nas diferentes interpretações psicanalíticas e quais questões sobre a realidade nacional elas repõem, bem como as repercussões que cada interpretação implica, tanto na prática clínica quanto na política, pois se verá que a própria história de Pellegrino no movimento psicanalítico e suas contribuições conceituais são testemunhos de que

---

[7] Rivera, 2017, p. 21.

[8] Ibid.

essas dimensões são indissociáveis, permitindo compreender o envolvimento de cada pessoa com o modelo de sociedade pelo qual trabalha.

Esse profundo empenho já existe, como se expressa no exemplar trabalho do sociólogo Octavio Ianni, que destaca a importância desse exercício na história do Pensamento Social no Brasil, enfatizando-se que: "A rigor, todas as interpretações, desenvolvidas por nacionais e estrangeiros, colocam e recolocam problemas que merecem reflexão. São problemas históricos e teóricos da maior importância"[9]. O sociólogo, ao discutir diferentes compreensões sobre a origem, a formação e desenvolvimento da civilização, a formação da linguagem, a formação do Estado e sua relação com a formação e transformação da sociedade brasileira, propõe uma reflexão que abarca desde pensamentos como o de Gilberto Freire, Sergio Buarque de Holanda, até Antônio Cândido, e faz notar, em cada compreensão teórica, os compromissos com projetos de sociedade que afirmam:

> As teses aqui sintetizadas e referidas podem ser vistas em conjunto como distintas versões sobre a formação e as transformações da mesma sociedade. Seriam distintas explicações, cada uma das quais contendo uma contribuição importante para o conhecimento dos desenvolvimentos da sociedade brasileira. Seriam distintas explanações compondo uma única e complexa explicação do Brasil. Esta é uma hipótese perfeitamente cabível: as teses combinam-se em uma interpretação integrada, abrangente e convincente, dando conta de todos os aspectos fundamentais da formação e transformações do Brasil, compreendendo os períodos, ou as três idades, Colônia, Monarquia e República, em suas implicações geo-históricas, político-economicas, e socio-culturais; atravessando o colonialismo, o imperialismo e o globalismo."[10]

Levando em conta essas questões, esta pesquisa se propôs a investigar os escritos psicanalíticos de Hélio Pellegrino como parte relevante da produção em psicanálise, no Brasil, além de propor a construção de uma memória da contribuição de seus trabalhos. Por sua vez, a noção de memória aqui apresentada abarca a construção de uma bibliografia de referência, de um mapeamento, de um resgate documental que permita análises sobre a contribuição da sua produção psicanalítica.

---

[9] Ianni, O. (2004). *Pensamento Social no Brasil*: EDUSC, p. 42.

[10] Ibid., p. 63.

Leva-se também em consideração o fato notório, nos escritos psicanalíticos publicados por ele, de uma preocupação em pensar teórica, ética e politicamente tanto o Brasil quanto a psicanálise. Nesse sentido, levantou-se e desenvolveu-se também a hipótese de que seus trabalhos compõem parte do que se poderia considerar uma leitura própria na produção científica em psicanálise, no Brasil — com uma interpretação particular sobre os processos de constituição da subjetividade, sobre o processo civilizador e sobre a cultura brasileira. Os argumentos desenvolvidos nessa hipótese ao longo da exposição do trabalho permitem apontar para a importância de, a rigor, se reconhecer e situar a presença da concepção pellegriniana sobre a constituição da subjetividade, sobre o processo civilizador e sobre a cultura brasileira como uma importante perspectiva dentre pensadores que integram os intérpretes do Brasil, que marca um pensamento singular da tradição crítica da psicanálise e que dialoga com o que se convencionou designar por Pensamento Social no Brasil.

Tendo em vista essa preocupação constante em pensar o Brasil, outras indagações se desdobraram e instigaram a presente pesquisa. Octavio Ianni[11] analisa que a importância de se refletir sobre a formação da subjetividade e da sociedade brasileira é uma constante nas diferentes interpretações do Pensamento Social no Brasil. A esse respeito, entendendo a necessidade de pensar o país a partir da dimensão da subjetividade, da economia, da política, faz-se necessário situar a produção científica de quem se debruçou sobre a questão nacional, buscando entender constituições sintomáticas da subjetividade indissociadas das origens históricas que as originam na sociedade brasileira, como Pellegrino o fez.

Por fim, expõe-se a importância desse resgate do autor por ele ter pensado com rigor a relação entre os fundamentos psicanalíticos, a trama conceitual e o lugar ocupado pelo psicanalista diante da sua prática psicoterapêutica e dos problemas sociais enfrentados no país, como elementos indissolúveis da práxis psicanalítica. Tal preocupação é indissociável da defesa das condições subjetivas e objetivas humanizadoras e dignas de vida. Sua atualidade se reforça neste momento histórico em que vemos se presentificar as mesmas questões que enfrentara, teórica, ética e politicamente, acerca do recrudescimento do autoritarismo, do obscurantismo

---

[11] Ibid.

e do negacionismo reacionário que se manifestava em diversas esferas, inclusive na psicanálise.

Na conjuntura política dos golpes que o país sofreu, do avanço da direita, constatou-se um posicionamento de parte dos psicanalistas que se recusam a discutir a política e os problemas sociais; um negacionismo ativo que se arvora numa suposta neutralidade e num apoliticismo — proclamados como inerentes à "ciência psicanalítica" —, para continuarem a defender o conservadorismo, o autoritarismo e o ataque a direitos mais elementares. Isso tudo além do procedimento racional de procurar rótulos, por exemplo, o de "esquerdista" e comunista, para evitar o pensamento crítico e o debate ao estigmatizar quem se propõe a pensar a relação entre psicanálise e democracia. Com isso, denuncia-se que esse não é um tema relacionado com a teoria ou com a prática psicanalítica e busca-se criar instrumentos para proibir os psicanalistas de expressarem e desenvolverem suas análises sobre a política.

No Brasil, esse sintoma vem se expressando, de forma acentuada desde antes de 2000, ressurgindo em 2018 com a proposta de regularizar a profissão da psicanálise e propor um Código de Ética dos Psicanalistas. Esse Código foi apresentado por um grupo político-religioso de psicanalistas evangélicos buscando proibir os profissionais da área de discutirem política e se posicionarem sobre o tema. Tal atitude repõe a confusão denunciada décadas atrás por Pellegrino e atualmente bem retomada por Dunker sobre a atitude de enlear a noção de *abstinência na clínica* com o posicionamento sobre a política na vida social[12].

Esse posicionamento, explícito ou implícito em uma vertente do campo, foi pensado por Hélio Pellegrino de forma incansável, em diversas esferas, instituições, trabalhos escritos e falados, a partir da psicanálise, revelando sua atualidade. Diante disso, considera-se que também é sintomático o silêncio e a ausência de estudos e reconhecimento da consistência de sua produção psicanalítica, dentro da história do movimento psicanalítico no Brasil. Até mesmo para se contrapor à tese de que há uma relação intrínseca entre psicanálise e democracia, num debate científico, é preciso fundamentar essa posição e considerar os argumentos de estudiosos e autores que se dedicaram a esse debate a partir da análise dos fundamentos da psicanálise.

---

[12] Dunker, C. (2018). *Respondendo comentários do vídeo sobre Jair Bolsonaro*. YouTube. Recuperado de: https://www.youtube.com/watch?v=STEim7-G08w&t=727s

Por outro lado, embora haja quem reconheça Hélio Pellegrino como um importante poeta, escritor, jornalista e psicanalista brasileiro, há o reconhecimento geral de que ele não tem muitas publicações em psicanálise. Com efeito, em bibliografia organizada por Paulo Roberto Pires[13], constata-se a referência a poucos ensaios e capítulos de livros sobre psicanálise publicados pelo autor.

Isso poderia dar a impressão de que não é possível elaborar um estudo específico sobre sua produção no campo psicanalítico. Contudo, esta pesquisa levantou uma hipótese contrária. A de que ele pensou — mesmo no pequeno conjunto dos seus trabalhos publicados —, de forma rigorosa, a constituição da subjetividade, o processo civilizatório, a relação entre a prática clínica e as questões sociais, o compromisso social da psicanálise, os fundamentos psicanalíticos e suas implicações na luta pela democracia em diversas esferas. Assim, construiu, nesses textos, uma síntese que expressa a contribuição de sua leitura para lançar uma nova luz sobre a psicanálise.

Embora essa hipótese tenha surgido a partir de um pequeno conjunto de textos publicados, considerou-se que só uma pesquisa sistemática sobre a contribuição psicanalítica do autor poderia consubstanciar asserção contrária ou mesmo a de que o conjunto de seus trabalhos publicados não permitiria um estudo sobre tal. Obviamente, assumiu-se a possibilidade de não encontrar elementos suficientes para a consideração de uma produção psicanalítica específica do autor, mas compreende-se que esse é exatamente o risco que se corre ao se assumir o caráter de desconhecimento e indagação de uma pergunta de pesquisa, que deve ser pensada com abertura suficiente e própria ao trabalho de análise e descoberta científica.

Em vista disso, este estudo teve o objetivo principal de resgatar a construção do pensamento psicanalítico de Hélio Pellegrino e investigar, nos seus escritos, o vínculo entre fundamentos da teoria psicanalítica, sua visão de homem, principais conceitos, pressupostos e suas implicações éticas e políticas. Enquanto objetivos específicos, buscou-se construir uma memória da produção psicanalítica do autor, visto que não existe publicação científica que se dedique à análise de sua produção nesse campo, o que permitiu estabelecer uma primeira bibliografia psicanalí-

---

[13] Pires, 2004.

tica dos escritos do autor, figurando como parte da identificação de uma bibliografia sobre psicanálise no Brasil.

A exposição do estudo, de caráter documental, abarca a construção de uma cronologia que articulou marcos da história de vida do autor, relacionados à sua inserção na psicanálise, um levantamento bibliográfico sobre a temática, um panorama da produção psicanalítica nas diferentes pastas dos arquivos pessoais do autor que se encontram abrigados no Museu de Literatura Brasileira, bem como continuidades e rupturas na sua perspectiva psicanalítica com outras perspectivas do campo acerca de conceitos fundamentais como: inconsciente, natureza e finalidades do aparelho psíquico — abordando sua concepção acerca da teoria da libido, das pulsões e das relações objetais —, transferência, complexo de Édipo, pacto edípico e pacto social.

A pesquisa realizada está organizada, neste livro, da seguinte forma, situada a partir de sugestões para diferentes leitores.

Para todos os leitores que buscam conhecer quem foi Hélio Pellegrino e como se deu sua inserção na psicanálise, encontrarão no capítulo 1 a construção de uma cronologia que articulou marcos da história de vida de Hélio Pellegrino — relacionados à sua inserção na psicanálise — com uma contextualização panorâmica do conjunto dos seus escritos psicanalíticos.

Para leitores e pesquisadores que buscam conhecer a variedade de trabalhos literários e psicanalíticos publicados pelo autor nos jornais, revistas, livros, mesas-redondas, conferências, palestras, discursos, circulares das sociedades psicanalíticas, artigos e ensaios, o capítulo 2 apresenta levantamento bibliográfico sobre a temática, um levantamento e leitura exploratória dos trabalhos psicanalíticos publicados por Hélio Pellegrino e sobre ele, e um panorama da produção psicanalítica nas diferentes pastas dos arquivos pessoais do autor, presentes no Museu de Literatura Brasileira, da Fundação Casa de Rui Barbosa (FCRB). Além disso, tece reflexões iniciais sobre o porquê de uma amnésia social da contribuição da perspectiva psicanalítica de Hélio Pellegrino no Brasil, por parte da academia, da pesquisa em psicanálise, da crítica psicanalítica, das instituições psicanalíticas e dos psicanalistas, o que leva à interrogação do que se silencia ao silenciar sua contribuição.

Para leitores e pesquisadores que já têm um conhecimento prévio da psicanálise e procuram percorrer a perspectiva pellegriniana da psicanálise, com continuidades e rupturas com a teoria freudiana da psicanálise, bem como com continuidades e rupturas com a teoria kleiniana e fairbairniana da psicanálise, os capítulos 3 e 4 se dedicam a apresentá-la. Para tal, partiu de uma amostra de 139 trabalhos, catalogados no Museu de Literatura Brasileira, da FCRB, que tratam expressamente da psicanálise. O recorte escolhido nesses capítulo teve o intuito de expor um mapeamento de textos que ilustram continuidades e rupturas na concepção psicanalítica de Hélio Pellegrino acerca de seis conceitos fundamentais que expressam as tendências do pensamento psicanalítico do autor.

Dessa forma, o capítulo 3 discorre sobre a leitura pellegriniana do conceito de inconsciente. Abrange um pensamento sobre suas origens, constituição e funcionamento, nas suas diferentes manifestações. Dentre as formações do inconsciente, se detém, sobretudo, na descoberta fundamental de Freud do complexo de Édipo como o centro do psiquismo humano, das neuroses e das psicoses. Por fim, apresenta uma leitura nova de Hélio Pellegrino no que concerne às suas reflexões sobre as origens do inconsciente.

O capítulo 4 expõe a perspectiva do autor acerca *da natureza e finalidades do aparelho psíquico*; abarcando a sua concepção sobre a teoria da libido, as relações objetais e a qualidade das relações objetais na ontogênese do psiquismo. E discute outro conceito, o de *transferência*, que expressa as tendências presentes em sua perspectiva teórica e de prática terapêutica, debatendo os sentidos, o valor da interpretação e o manejo da transferência.

Para leitores, pesquisadores e profissionais do campo do contratualismo, da Sociologia, da Filosofia Política, do Direito, da Educação e das Ciências Políticas, que tenham leitura prévia da psicanálise ou não, mas que partilhem do interesse em conhecer a leitura do autor sobre os temas da formação da subjetividade e da sociedade; do desenvolvimento e obstáculos no processo civilizador; da formação do psiquismo; da formação do Estado, sua relação com a formação e com a transformação da sociedade brasileira; da estrutura violenta da sociedade brasileira; da diferença entre agressividade, violência, crime e criminalidade; o capítulo 5 sintetiza as tendências presentes em seu pensamento sobre essas temáticas.

Para tanto, discute a articulação entre a reformulação original que tece acerca do conceito de *complexo de Édipo*, o conceito do *pacto edípico* formulado por ele e a concepção nova que desenvolve sobre o conceito de *pacto social*. Formam três conceitos fundamentais que expressam uma síntese das tendências presentes em seu pensamento psicanalítico. Discute-se como essa reformulação sobre o complexo de Édipo implica uma leitura particular sobre os elementos fundadores da subjetividade e da humanização no processo civilizador; abrangendo uma concepção acerca dos fundamentos que garantem a coesão do pacto edípico e do pacto social, seja em nível psíquico, seja em nível institucional e da estrutura social.

De modo geral, este livro postula que o pensamento psicanalítico do autor abarcou uma fértil e rigorosa contribuição teórica, conceitual, ética e política sobre a práxis clínica, institucional e fora dos consultórios para a psicanálise e para outros campos do conhecimento, à altura dos problemas e desafios que estavam no seu tempo e que estão hoje. Com isso, o trabalho se propôs a romper o silêncio sobre sua contribuição, resgatando-a e mostrando que o pensamento psicanalítico de Hélio Pellegrino talvez tenha sido o maior baluarte na defesa da relação entre psicanálise e democracia.

Algumas das tendências presentes em seu pensamento, que são discutidas ao longo do trabalho, levaram a desenvolver a tese de que a articulação entre esses elementos constitui uma totalidade e uma teia complexa que marca uma perspectiva pellegriniana da psicanálise. Essa perspectiva tem continuidades e rupturas com a teoria freudiana da psicanálise, bem como com as teorias kleiniana e fairbairniana da psicanálise. O modelo crítico, estrutural e relacional presente em seu pensamento, o qual atribui centralidade ao compromisso social da psicanálise, deixa um legado de importância fundamental para o campo que não se restringe à psicanálise, mas a todos que se dedicam a pensar o tema dos fundamentos coesivos e impeditivos no processo civilizador.

Portanto, tendo em vista que ainda não há estudos sistemáticos sobre a contribuição psicanalítica do autor, este trabalho é um primeiro esforço que visa a uma ampla divulgação de sua trajetória psicanalítica e da contribuição de seus escritos para o campo. Não obstante, não tem a pretensão de esgotar as possibilidades de pesquisas no campo, mas sim de construir uma memória sobre essas contribuições, tecer argumentações sobre o seu valor e levantar outras questões e possibilidades de trabalhos nesse campo; bem como suscitar a necessidade de estudos críticos sobre os limites de seus escritos, legado fundamental da práxis psicanalítica.

Figura 1
Hélio Pellegrino em seu consultório, no Rio de Janeiro

Fonte: Arquivinho de Hélio Pellegrino (2004)

Capítulo 1

Em 64 anos de uma vida apaixonada, sempre a mil, desarrumou certezas em psicanálise, política e poesia. Tinha um único objetivo, quase obsessão: lutar pela libertação de tudo o que, sendo imposto ao Homem, o faz sofrer e apequena a sua vida. Da Igreja, exaltava seus valores fundadores e descartava o moralismo clerical. Na política, recusava com a mesma veemência a opressão social e o dogmatismo dos partidos. Da poesia, na qual não se realizou plenamente, queria o ímpeto e o derramamento, jamais a glória besta da vida literária. Na psicanálise, finalmente, tentava a síntese disso tudo, com a ideia de abrir o divã ao rico e ao pobre, unidos na sua generosa convicção de que libertar-se interiormente não é privilégio, mas direito fundamental, passo decisivo de uma existência digna.[14]

1. Hélio Pellegrino: história de um inconformista radical

Este capítulo construiu uma cronologia que articula marcos da história de vida de Hélio Pellegrino — relacionados à sua inserção na psicanálise — com uma contextualização panorâmica do conjunto dos seus escritos psicanalíticos. Isso foi feito a partir de marcos históricos mencionados nos documentos da Fundação Casa de Rui Barbosa (FCRB), de datas mencionadas em seus textos publicados, da biografia *Hélio Pellegrino: a paixão indignada* — elaborada pelo jornalista Paulo Roberto Pires[15] —, a qual serviu de base para uma outra biografia sucinta elaborada posteriormente pelo mesmo autor, em 2004, para a lúdica coleção *Arquivinho de Hélio Pellegrino*, de resgate de autores esquecidos que fazem parte da memória cultural brasileira. Do mesmo modo, contou-se com a importante cronologia — elaborada por Antô-

---

[14] Pires, 2004, p. 7-8.

[15] Pires, 1998.

nia Pellegrino[16], sua neta —, que também consta nessa coleção, entre outras fontes.[17]

1.1. Uma síntese singular entre marxismo, psicanálise e teologia da libertação

Hélio Pellegrino (1924–1988) foi um psicanalista brasileiro, escritor, poeta, ensaísta, cientista político e articulista de diferentes jornais. Sua escolha pelo trabalho com a psicanálise passa por concebê-la como uma ciência e um instrumento de trabalho, cuja essência libertária está envolvida com a luta pela existência digna de todos e contra o que oprime, tolhe ou mantém a vida humana em condições indignas. Essa perspectiva, presente em todos os desdobramentos da construção de sua práxis, de seu trabalho e de sua produção psicanalítica, faz com que o autor possa ser considerado um pensador que radicaliza a dimensão do compromisso social da psicanálise.

Um dos aspectos interessantes a ser destacado na sua trajetória é a expressão de uma confluência, até então atípica em um pensador na psicanálise, que articula a leitura que tem dessa ciência com uma leitura do marxismo, do existencialismo e da teologia da libertação. Por curiosa e singular que seja a presença dessas três influências e sem desconsiderar as tensões entre elas, há uma coerência que se desenvolverá em seu pensamento a partir dessas escolhas. Isso decorre essencialmente dos fundamentos de um trabalho pela libertação humana e contra as formas de opressão que obstaculizam a possibilidade de ser sujeito e de humanizar-se.

O autor concebe o marxismo e a psicanálise enquanto instrumentos de desmistificação, trabalhos de resgate do poder de negatividade crítica, que nega a objetificação do homem — própria do capitalismo —, atestando ambas as ciências enquanto contrárias à negação do sujeito, à

---

[16] Pellegrino, A. (2004). Cronologia. In *Arquivinho de Hélio Pellegrino*. Rio de Janeiro: Bem-Te-Vi.

[17] Faço o adendo dos limites dessa tarefa, circunscrita ao presente trabalho, o qual não tem pretensão de escrever uma biografia do autor, até mesmo pelo fato de que seriam necessárias pesquisas dedicadas exclusivamente a esse objeto de estudo, como foi bem descrito por Pires (1998, p. 11), diante de um psicanalista "[...] que, como poucos, mereceria o adjetivo *larger than life*, maior do que a própria vida". Do mesmo modo, certamente, construir memórias que busquem refletir sobre a articulação entre marcos cronológicos da vida do autor com uma periodização de sua produção é matéria de diferentes trabalhos por vir. Este é apenas um deles e se limita ao intuito de situar o leitor quanto à relação entre a trajetória de formação psicanalítica do autor e uma contextualização panorâmica de sua produção psicanalítica.

sua instrumentalização, à sua objetificação, à sua indiferenciação. A propósito, há um trabalho ilustrativo dessa perspectiva que discute o poder humano de negatividade crítica — o que possibilitaria se diferenciar e emergir enquanto.[18] [19]

Em tom espirituoso, sua autocaracterização célebre como um "socialista histórico, eventualmente histérico"[20] é mais uma expressão do corte epistemológico da psicanálise e do marxismo, os quais se mantiveram presentes no posicionamento teórico do autor por toda a vida. As descobertas que considera fundamentais nessas ciências, bem como o corte epistemológico que representam, formam a leitura teórica da qual o autor parte para pensar os problemas de nosso tempo.

Nesse sentido, nas suas elaborações teóricas, notar-se-á a discussão que propõe acerca das descobertas fundamentais dessas duas ciências para o conhecimento da humanidade, desde as contribuições epistemológicas, ontológicas, teleológicas, até as implicações éticas e políticas que fazem parte de sua lógica interna. Ao mesmo tempo, a estruturação de seu pensamento se pauta na reflexão, na crítica teórica e prática dessas ciências, não as tratando de forma dogmática, descontextualizada ou a-histórica. Entende-se a importância de se refletir criticamente sobre elas para a superação dos elementos do pensamento maniqueísta e que também se expressam em algumas concepções e desenvolvimento de conceituações do campo, mas, sobretudo, nos revisionismos posteriores a essas ciências.

---

[18] A título de explicação de como os documentos manuscritos e datilografados serão referenciados ao longo do livro, a FCRB ofereceu uma orientação de como citá-los pelas normas da ABNT, mas não encontrou previsão pelas normas da American Psychological Association (APA). A pesquisa pôde contar com o serviço do setor de referência da biblioteca central da UnB (Universidade de Brasília) e solicitar orientação específica diante do fato das normas da APA não preverem a situação de citação de documentos sem títulos. Ao entrar em contato com o autor das regras da APA, ele confirmou que não há previsão dessa situação e sugeriu que a pesquisadora atribuísse um título e colocasse a informação nas referências bibliográficas entre colchetes: [Título atribuído]. Quanto às fontes sem número de paginação, foi recomendado substituí-la pelo número do parágrafo. A sigla n.d. (não datado) refere-se aos documentos nos quais não consta nenhuma data, conforme se pode consultar pelo *link*: https://apastyle.apa.org/style-grammar-guidelines/references/missing-information.
Dessa forma, é importante ressaltar que a maioria dos títulos aqui citados não corresponde necessariamente aos títulos dados pelo autor aos respectivos textos — já que em sua maioria os textos começam sem título —, mas se pautou no mesmo critério dos arquivistas da FCRB, que mapearam os textos a partir da primeira frase que os identifica. Escolheu-se seguir o mesmo critério de identificação dos escritos, pensando em uma referência padrão para que pesquisadores que se interessem em buscá-los na FCRB possam fazê-lo com facilidade. Com vistas a uma melhor compreensão do assunto a partir do título, foi realizada uma pequena mudança completando a frase inicial de cada texto, enquanto a FCRB optou por identificar apenas as primeiras palavras.

[19] Pellegrino, H. (n.d.-d). *A entrada do mercado — e do sistema [Título atribuído]*. [Rio de Janeiro]. Arquivo Hélio Pellegrino. Arquivo Museu de Literatura Brasileira. Fundação Casa de Rui Barbosa.

[20] Pires, 2004.

Dessa forma, a partir de uma posição psicanalítica e marxista não ortodoxa, reafirma a importância da crítica epistemológica dessas ciências por expressarem problemas eminentemente teóricos, éticos e políticos das mazelas do nosso tempo, ancorados no movimento vivo da história. Portanto, essa leitura problematizadora é considerada constituinte do processo do desenvolvimento não dogmático de qualquer ciência viva, como a psicanálise e o marxismo.

Além disso, Pellegrino manteve vivo o legado do pensamento crítico presente nessas ciências e é consciente do erro de generalizar uma teoria ou uma tese, descolada do seu contexto histórico. Assim sendo, a partir dessa perspectiva e da análise da realidade brasileira, tece sua revisão crítica sobre o marxismo e sobre a psicanálise, reforçando a análise de que é a história que permite elaborar a teoria, e não o contrário.

Tomemos um exemplo para ilustrar essa perspectiva presente em seu pensamento. A profunda influência da teologia da libertação, na construção de seu pensamento e de sua crítica, é expressão de sua abertura aos fenômenos históricos como ponto de partida para uma reavaliação crítica da leitura freudiana e marxista a respeito da concepção da religião ser necessariamente ilusória e alienante com relação à realidade, bem como uma crítica ao aforismo da religião ser o ópio do povo, diferenciando a atitude religiosa libertária da alienante. Nesse sentido, reconhece a Teologia da Libertação enquanto expressão do antiópio do povo, anti-ideologia religiosa, luta terrena pela fraternidade e justiça, desconstrução de qualquer ilusão mantenedora do *status quo* e assunção explícita da preferência pelos pobres, constituindo-se um patrimônio histórico-cultural do Brasil e da América Latina na luta pela superação das desigualdades sociais, a partir de utopias caras — formadoras do ideal de eu de uma cultura — e fundamentais para a transformação social.[21]

Algo a se destacar no seu engajamento religioso é a sua disposição a não dividir o mundo em antagonismos maniqueístas, uma disposição para o diálogo com posições contrárias e uma abertura ao diferente e à complexidade. É a partir dessa tendência que se aproxima de Georges Bernanos (1988–1948) — escritor e jornalista francês —, que nunca foi de esquerda, mas se tornou crítico da direita e que passa a reconhecer que "os ideais cristãos nos quais acreditava estavam, desde então, contami-

---

[21] *A Consciência*, Pellegrino, Pellegrino, n.d.-cl.

nados pelo autoritarismo e pela intolerância, resultando numa opressão inimaginável"[22]. Assim o descreve:

> [...] ele não era obviamente um socialista, mas um apaixonado pela justiça e pela dignidade do pobre [...] não foi de esquerda; ele foi anti-fascista por ser cristão [...] pioneiro da Teologia da Libertação, deu um testemunho ardente, profético, de consubstancial articulação entre fé e liberdade.[23]

Pelo interesse por sua obra *Sob o sol de Satã* já se nota a importância do autor na relação que Pellegrino fará entre ele e um "[...] catolicismo de esquerda que resultou na teologia da Libertação"[24], o que é coerente com os desenvolvimentos da sua concepção da liberdade como o centro da compreensão humana, conforme escrevera:

> Não há cristandade verdadeira sem liberdade, uma vez que o centro da pessoa humana é sua condição de ser livre. A luta entre o bem e o mal — eixo da cogitação bernasosiana — só se torna possível na medida em que por debaixo de condicionamentos e compulsões, consciente ou não, fulge o mistério da liberdade, em cujo território se dá a oferenda superabundante da graça de Deus, a ser acolhida — ou rejeitada.[25]

A interrogação sobre o mistério do outro, da liberdade e da responsabilidade no centro da possibilidade humana é uma constante no pensamento de Pellegrino, traço que também aparece na sua escolha religiosa, ressaltado por Carlinhos de Oliveira:

> Se algum dia eu reencontrasse a Igreja Católica, faria tudo para ser um cristão do tipo Hélio Pellegrino, interrogando Deus constantemente e de homem para homem. E interrogaria os meus semelhantes com igual desassombro, pois para esse psicanalista a neurose é sempre respeitável, mas nunca sagrada. Ele coloca acima de tudo a responsabilidade

---

[22] Pires, 1998, p. 24.

[23] Pellegrino, H., citado por Pellegrino, A., 2004, p. 22.

[24] Pellegrino, A., 2004, p. 18.

[25] Ibid., p. 17–18.

humana; e unicamente nessa altura insuportável é que se dispõe a falar de inocência.[26]

Contudo, aqui também se apresenta sua concepção de liberdade enquanto possibilidade humana, articulada aos processos de transformação individual e social e à luta pela sua concretização na realidade coletiva, contudo obstaculizada na realidade social de opressão do capitalismo, cujos processos de dominação e exploração em curso tolhem a efetivação de uma vida plena. Dessa forma:

> Transmitia sua versão do cristianismo comprometida com os oprimidos, com aqueles que são os portadores da esperança e da vontade de um mundo no qual todos tenham vida e possam conviver com as diferenças... Caminha conosco na comunhão dos santos, protestando, libertando, poetando, somando-se àquela humanidade que ascende penosamente ao reino da liberdade, primícias do Reino de Deus.[27]

É assim, em um diálogo afetuoso, contumaz — e, frequentemente, a partir de posições contrárias —, que Pellegrino mantém um vínculo profundo com a teologia da libertação, com Frei Betto e Leonardo Boff, expoentes de sua expressão no Brasil. Os encontros com Frei Betto se intensificaram após o período em que este foi liberado da perseguição política e da prisão, em 1973, na ditadura, passando a acontecer duas vezes ao ano, coordenados por este e que:

> [...] resultaram na criação do grupo MIRE — Mística e Revolução, justamente com o objetivo de articular *transformação espiritual e social*. [...] Hélio defendia que a religião só pode ser considerada alienação quando separada da experiência material [...][28]

> Para ele, o cristianismo lhe devolvia o sentido do corpo pela encarnação de Deus que se fez matéria e corpo histórico. Nossa grandeza está menos na transcendência que na transdescendência. Quer dizer, nossa grandeza, na perspectiva da fé cristã, reside na capacidade de descer, de ir até os

---

[26] Pires, 1998, p. 26.

[27] Boff, F. L. (1988). Hélio Pellegrino: quatro lados de um mesmo rosto. In *Hélio Pellegrino A-Deus*. Petrópolis, RJ: Vozes. p. 219–220).

[28] Pires, 1998, p. 109.

porões do humano, de submergir até o fundo dos infernos. É a kénose (processo de apequenamento e de aniquilação de Deus para dentro do mundo e do outro) mediante a qual se chega à mais grandiosa altura e à mais alta grandeza.[29]

No plano teórico, Hélio Pellegrino expressa em seus trabalhos um debruçar-se sobre os fundamentos epistemológicos e práticos da teoria psicanalítica, bem como se nota uma preocupação constante em analisar os problemas que estruturam a sociedade brasileira, construindo uma leitura sobre a constituição da subjetividade, sobre o pacto edípico e social, em geral e, no Brasil, em particular.

Seus trabalhos têm como uma constante a preocupação de discutir a relação entre esquemas teóricos implícitos, conceitos psicanalíticos e suas implicações diante do sofrimento subjetivo, coletivo, dos projetos de sociedade em curso e dos problemas culturais mais amplos do nosso tempo. Acresce-se a constatação de que, em seu trabalho, há a construção de um pensamento psicanalítico voltado para a análise da formação da subjetividade e da cultura brasileiras. Isso deixa explícito seu compromisso ético e político pela transformação dos problemas enfrentados no Brasil, preocupação indissociável da defesa das condições subjetivas e objetivas fundamentais para a construção de uma sociedade democrática.

Assim, na articulação entre plano teórico e político, viu na essência da psicanálise os fundamentos de uma ciência, de uma ética da alteridade e de um trabalho radicalmente contrário a qualquer forma de autoritarismo e opressão.

De forma mais detida, a seção que se segue apresentará marcos cronológicos de sua trajetória e a relação com seus trabalhos psicanalíticos, cuja periodização pôde ser identificada ou mesmo estimada a partir das fontes mencionadas anteriormente, tendo em vista situar o leitor nos marcos de um pensamento psicanalítico que se construiu em sua trajetória.

---

[29] Boff, 1988, p. 218–219.

Figura 2

Os 4 mineiros: Hélio Pellegrino, Paulo Mendes Campos, Otto Lara Resende e Fernando Sabino na biblioteca de Fernando Sabino, no Rio, nos anos 1970

Fonte: Acervo Otto Lara Resende/Instituto Moreira Salles[30]

1.2. Encontro com a psicanálise como ciência da alteridade

Hélio Pellegrino (1924–1988) nasceu em 5 de janeiro, em Belo Horizonte, Minas Gerais, filho do médico, tradicional e acadêmico, Braz Pellegrino e da mãe italiana Assunta Pellegrino. Sua "sensibilidade social"[31] marca sua história desde as primeiras experiências infantis, como na seguinte, a qual reporta e permanece em suas lembranças:

> Outra experiência infantil — sinistra e macabra — que me encheu de assombro foi a descoberta de que a desgraça de uns pode constituir a condição, necessária e suficiente,

---

[30] Disponível em https://ims.com.br/por-dentro-acervos/helio-pellegrino-czar-de-todas-as-russias-por-elvia-bezerra/
[31] Pellegrino, A., 2004, p. 12.

> para o deleite de outros. Estando a excogitar, vadiamente, sobre coisas deste e doutro mundo, surgiu-me a revelação de que os enterros, com seus caixões entalhados e debruns de ouro fúnebre, em verdade constituíam rendoso negócio para aqueles que os empreitavam... A ideia de associar o comércio ao mistério soleníssimo da morte feriu fundo minha ingenuidade de criança, soando como profanação — ou sacrilégio.[32]

Por não existir, ainda, a opção de cursar uma faculdade de Filosofia em Minas Gerais, opta pelo ingresso na faculdade de medicina no ano de 1942, seguindo a carreira trilhada por seu pai e posteriormente por seu irmão mais velho. Ao mesmo tempo, um engajamento impulsionado pela sensibilidade social e a indignação de Pellegrino frente à opressão marcou sua trajetória de militância e de posição política contrária aos governos autoritários e antidemocráticos no Brasil e contrário à ditadura getulista desde moço, como é remontado por Pires.[33]

Em 1944, aos 20 anos, participa da fundação da União Democrática Nacional (UDN), é seu dirigente e discute a fundação de uma Liga Intelectual Antifascista[34]. Ainda nesse ano, integra — junto com Darcy Ribeiro, Otto Lara, entre outros — o grupo de editores do jornal clandestino *Liberdade*, que se posicionava no combate ao fascismo, sob o risco de prisão num período de repressão à liberdade de expressão e à imprensa. Em 1945, quase ganha a eleição como candidato a deputado federal. Por sua defesa da entrada da reforma agrária na agenda da UDN ter sido negada, sai do partido e funda a Esquerda Democrática, em 1946, considerando o combate à fome do povo a maior premência a ser superada, bem como os problemas estruturais que assolam a estrutura desigual do capitalismo e que se expressavam em problemas sociais e políticos da época.[35]

Em 1946, conhece Mário Pedrosa, a quem considerava um mestre da relação entre liberdade e socialismo, o qual teve forte influência em sua formação política, sobretudo enquanto editor da Vanguarda Socialista. Posteriormente, ele lhe apresenta o Partido dos Trabalhadores (PT), que começava a se formar e do qual Hélio Pellegrino será um dos fundadores,

---

[32] Pellegrino, H., citado por Pellegrino, A., 2004, p. 12.

[33] Pires, 2004

[34] .Id.

[35] Pires, 2004.

assinando o manifesto de fundação do partido, em 1980, junto com Antônio Cândido, Sérgio Buarque de Holanda, Lula, Apolônio de Carvalho, Henfil, Lélia Abramo, entre outros.[36][37]

Importante destacar dessa trajetória a consciência que Hélio Pellegrino tinha de que a ação transformadora decorre da organização coletiva e política, desconstruindo a ilusão da liberdade associada à concepção burguesa de homem livre enquanto aquele que vende sua força de trabalho, bem como a ilusão do voluntarismo individualista ou do apoliticismo, que fortalecem a continuidade dos processos de dominação existentes, ativa ou passivamente. A propósito, a respeito da posição apolítica, ele remonta um diálogo com Lula:

> [...] a princípio — me disse Lula — tinha ele radical e vertical ojeriza à política e aos políticos. [...] Nesta medida, as reinvindicações proletárias, imantadas de justiça e encharcadas de fraternidade, deveriam transcorrer e desenvolver-se fora da área contaminada — e contaminadora — da política... É curioso ver de que maneira Lula, nos seus primeiros tempos de liderança, aderia sem o saber à ideologia das classes dominantes, para as quais a luta operária deve ser sempre apolítica [...]. Ao fim de pouco tempo, Lula, através de sua prática de luta sindical, conseguiu perceber e criticar a monstruosa impostura que significava a tese do apoliticismo das reinvindicações operárias. Assim nasceu o PT no ano de 1980.[38]

Esse engajamento pessoal contra as condições que objetificam, oprimem e tolhem a condição de sujeito do ser humano marcou a escolha do autor pela psiquiatria e, em seguida, o desejo pela escolha do ofício da psicanálise. Para ele, o apreço pela escolha dessa ciência passa por ver nela a presença do reconhecimento do outro enquanto totalidade, diferença, alteridade radical. É assim que passa a concebê-la, desde cedo, como é descrito por Pires[39]:

---

[36] Pires, 1998.

[37] Posteriormente, contrário a uma crescente burocratização, junto com Carlos Alberto, vão criar o núcleo antiburocrático Mário Pedrosa, que depois se tornará Clube Mário Pedrosa, reconhecido pelo PT como um de seus núcleos, cujas reuniões entre intelectuais do Rio se davam nas sextas às 21 horas (Pires, 1998).

[38] Pellegrino, A., 2004, p. 71–72.

[39] Pires, 2004, p. 25.

> Entender como Hélio Pellegrino virou Hélio Pellegrino é, em muito, entender a extensão e a gravidade dessa ideia de "encontro com o outro" [...] é tudo aquilo que escapa à nossa identidade e que, por isso mesmo, num ato primário de defesa, tendemos a rejeitar [...]. Aceitar esta diferença e sobretudo brigar por sua aceitação foi o fundamento das revoluções mais decisivas do século XX, do socialismo ao feminismo. Mas com minúscula e no plano da vivência mais imediata, o "outro" está mais ao alcance, é nosso próximo, a quem muito frequentemente negligenciamos atenção ou solidariedade.[40]

Um marco dessa escolha, ocorrido em 1943, pode ser revisitado em suas lembranças de uma aula de fisiologia nervosa da qual não se esquecerá:

> O doente, com tabes dorsal, ao centro do anfiteatro escolar, era um velhinho miúdo, ex-marinheiro, vestido com o uniforme de Santa Casa, onde estava internado. Suas pernas, hipotônicas, atrofiadas, pendiam da mesa de exame como molambas inertes. Jamais me sairá da memória o antigo lobo do mar, exilado das vastidões marítimas, feito coisa, diante de nós... O velhinho, contrafeito, engrolava o seu depoimento, fustigado pelos gritos de — "fala mais alto" — com que buscávamos saciar nosso zelo científico. De repente, o desastre. Sem controle esfincteriano, o velho urinou-se na roupa, em pleno centro do mundo. Vejo-o pequenino, curvado para frente, tentando esconder com as mãos a umidade ultrajante. Seu pudor, entretanto, nada tinha a ver com a ciência neurológica. Esta lavrara um tento de gala e o sintoma foi saudado com ruidosa alegria, como um gol decisivo na partida que ali se trava contra a sífilis nervosa. O velho ficou esquecido como um atropelado na noite. A aula prosseguiu, brilhantemente ilustrada. Os reflexos e a sensibilidade cutânea do paciente foram pesquisados com mestria. Agulhas e martelos tocavam sua carne — essa carne revestida de infinita dignidade [...]. Meu colega Elói Lima percebeu juntamente comigo o acontecimento espantoso. "O marinheiro está chorando" — me disse. Fomos três a chorar. Entre lágrimas e urina, nasceu-me o desejo de me dedicar à psiquiatria. O choro do velho, seu desamparo, sua

---

[40] Id.

> figura engrouvinhada sobre a qual parecia ter-se abatido todo o inverno do mundo, tudo me surgiu de repente como grande tema de meditação, a partir de cuja importância poderia eu, quem sabe, encontrar um caminho. A meus olhos, a tabes dorsal integrou-se numa pessoa humana visada como um todo. Esta totalidade única e indissolúvel deveria poder tornar-se objeto de ciência. Já ouvira falar em Freud, nos abismos do inconsciente, na medicina psicossomática, que dava seus primeiros passos.[41]

O período de sua formação em psiquiatria se deu no manicômio Raul Soares, onde, depois de formado em medicina em 1947, permanece trabalhando como psiquiatra até 1950, para ganhar seu sustento, após se casar em 1948 com Maria Urbana. Sai do hospital psiquiátrico, começa a trabalhar no Hospital de Neuropsiquiatria Infantil e no consultório particular, que abre a partir de então.[42]

Com essa experiência, que o marcou, passa a escrever e a denunciar o sistema que estrutura os hospitais psiquiátricos no Brasil. Os arquivos da FCRB reúnem um conjunto de trabalhos que questionam a similaridade entre a violência instituída em diversas instituições no Brasil, cujos hospitais públicos psiquiátricos representam um retrato do atual grau civilizatório a partir de seus efeitos de um ressentimento e rancor social expressos na anulação objetiva e subjetiva dos excluídos. Posteriormente, criticará também uma psicanálise complacente e elitista que dá importância teórica e prática à loucura dos ricos e é indiferente à loucura dos pobres.

No período da ditadura militar, a partir de sua leitura psicanalítica, irá denunciar a presença de laudos psiquiátricos de transtornos mentais às pessoas que eram vistas com potencial de protesto e transformação social, levantando não só a questão da estrutura paranoica do sistema, que projeta sua paranoia nos sujeitos para anulá-los e objetificá-los, como também a questão da perseguição política no período da ditadura no Brasil, que buscou a estigmatização dos que eram contrários

---

[41] Ibid., p. 25–27.

[42] Pellegrino, A., 2004.

ao sistema, aprisionando-os não apenas nas prisões, como também nos manicômios.[43]

Assim, o autor definitivamente reafirmará o senso de urgência de transformação da catástrofe que os manicômios no Brasil representam, que figuram como verdadeiros campos de tortura e de violação dos direitos mais elementares. Dessa forma, em 1983, enquanto participante da Comissão Teotônio Vilela para as Prisões do Grupo Tortura Nunca Mais, realiza uma visita na Colônia Juliano Moreira e assim a descreve:

> O lugar é dantesco, e as cenas que nele ocorrem constituem experiência traumática e inesquecível [...]. São todos depósitos de doentes ou, mais do que isto: campos de concentração e de tortura, onde o doente, sem qualquer significado social, já que não pode ser utilizado como produtor de mais valia, é lançado à lata de lixo como detrito inútil.[44]

O desejo de realizar uma formação em psicanálise o fez mudar para o Rio de Janeiro, em 1952, com Maria Urbana e três filhos, até então, com o apoio de uma bolsa em psiquiatria recebida e da moradia no palacete dos familiares de sua esposa — que vinha de família rica[45]. Além disso, a partir de uma "[...] severa crise pessoal que o levou diretamente à psicanálise"[46], principia a análise didática com Iracy Doyle, fundadora do Instituto de Medicina Psicológica[47], a qual:

---

[43] Aparecido Galdino dos Santos foi uma das vítimas emblemáticas desse sintoma social, caracterizado, nas palavras do autor, por uma *Esquizofrenia paranoide contra o pobre* (Pellegrino, n.d.-ac), que expressa um dos sentidos das prisões na ditadura militar na busca por laudos psiquiátricos forjados para os que eram considerados subversivos, com o objetivo de interná-los nos manicômios judiciários. Tem como fulcro do problema a análise do sentido da estruturação de uma paranoia do sistema, presente no discurso anticomunista, que visa justificar o privilégio dos ricos, a opressão, violência e exploração dos trabalhadores. Escreve sobre Aparecido Galdino como um caso ilustrativo desse contexto, roubado de sua condição de sujeito, característica também dos manicômios judiciários. Analisa que a tentativa de interná-lo era para impedir suas pregações messiânicas que transmitiam mensagens de busca por justiça para o povo; fato que foi analisado pelo autor, que faz referência a fragmentos desse laudo psiquiátrico com essa conotação. A paranoia do sistema está em eliminar qualquer forma de protesto. Ao reafirmar a ausência de doença em Galdino, defendeu, à época, que fosse feita a revisão de seu laudo, por não haver nada que justificasse a internação forçada e forjada para silenciá-lo.

[44] Pellegrino, H., citado por Pellegrino, A., 2004, p. 68.

[45] Pellegrino, A. 2004.

[46] Pires, 2004, p. 28.

[47] O instituto criado em 1952 funcionou com esse nome até a morte dela, em 1956, e atualmente funciona como Sociedade de Psicanálise Iracy Doyle. Ou seja, é anterior à fundação da Sociedade Psicanalítica do Rio de Janeiro (SPRJ) — criada em 1953 —, e da Sociedade Brasileira de Psicanálise do Rio de Janeiro (SBPRJ) — criada em 1959; estas, por sua vez, são fruto de uma dissidência entre os dois didatas enviados pela IPA para realizarem formação de psicanalistas no Brasil. O alemão Werner Kemper não aceita a recusa do inglês Mark Burke em reconhecer Kattrin Kemper como didata, por acusá-la de nunca ter sido analisada, e funda a SPRJ, enquanto Burke fundará a SBPRJ (Pires, 2004).

> Incorporava diversas linhas de interpretação em busca
> de uma compreensão mais ampla do fenômeno psíquico,
> relacionando-o com variantes culturais e recusando todo
> tipo de universalismo. Nada mais natural que, por isso,
> recusasse de pronto as regras da IPA [...][48]

Caracterizando sua escolha pelos seguintes motivos:

> Escolhi-a como analista pela leitura de seu livro, Introdu-
> ção à Medicina Psicológica — amplo, arejado, eclético. Já
> lera nessa época as principais obras de Freud e, embora
> fascinado pela imponência solar de seu edifício conceptual,
> opunha-lhe obscuras e tenazes resistências críticas. Foi
> para mim excelente que tivesse iniciado minha formação
> com um grupo não ortodoxamente freudiano. Dessa forma,
> pude sentir-me encorajado no esforço de reavaliação crítica
> da doutrina de Freud. Dentro de minha medida, fui assim
> tornando-me digno da formidável lição de independência e
> probidade intelectual que nos legou o criador da psicanálise.

Entre 1953 e 1954, é convidado pelo escritor e jornalista Joel Silveira, que reconhecia em Pellegrino características de um "repórter científico", para ser colunista e escrever sobre as descobertas da ciência, na seção *Ciência sem mistérios*, do semanário *Flan*, trabalhando na escrita jornalística com colegas como Vinicius de Moraes e Dorival Caymmi. Com carta branca para escrever em formato livre, abarcava a expressão de descobertas científicas, inquietações políticas, escrita psicológica sobre perfis de artistas etc.[49] Seu engajamento, sensibilidade social e talento para o jornalismo foram assim caracterizados:

> Essa vocação singular para o jornalismo do homem-comício
> tem seu ápice no episódio descrito por Zuenir Ventura em
> *1968 — O ano que não terminou*. Ainda mais exaltado do que
> o normal — que não era pouco, aliás — pelo clima de inquie-
> tação política que tomava conta do país em 1968, Hélio envia
> um de seus célebres artigos políticos para o Quarto Caderno
> do *Correio da Manhã*, então uma das principais resistências
> à ditadura na imprensa. O editor, Paulo Francis, tem que
> dar-lhe uma lição elementar de jornalismo para prever os
> problemas com o governo que fatalmente viriam: "Ô Hélio,

---

[48] Pires, 2004, p. 29.

[49] Pires, 2004.

assim não dá, arranja um 'gancho'. Vê se descobre um escritor marxista que acabou de morrer, um pensador que esteja lançando algum livro, enfim, arranja um gancho, porra".[50]

O fato é que, a partir da escrita engajada e livre, em 1953, nesse espaço do *Flan*, já se identifica a função que Pellegrino começa a desempenhar de transmissão e popularização da ciência e da psicanálise, retirando esta dos redutos elitistas e fechados aos problemas urgentes do seu tempo. Dessa forma, mantinha, ao mesmo tempo, uma escrita reconhecidamente brilhante[51], sintética, rigorosa — do ponto de vista da coerência teórica de que partia —; problematizadora e acessível, sem ser reducionista; preocupada com os desafios à democracia postos pela realidade social.

As publicações em jornais e revistas formam um universo à parte em sua trajetória, ao ponto de ser possível desenvolver pesquisas específicas sobre o vasto conjunto delas. A partir de uma pesquisa exploratória desse universo, nota-se um panorama de publicações em diversos jornais e revistas, como: *O Globo, Jornal da República, Revista Pasquim, Labor do Brasil, Gradiva, Playboy, Percurso*, entre outras.

Esse conjunto, por sua vez, deu origem a uma seleção, realizada por Pellegrino, de 59 artigos publicados entre 1968 e 1988, no *Jornal do Brasil* e *Folha de São Paulo*, para formar o livro *A burrice do demônio* (1989) — editado meses após sua morte. Nele perpassam a sua preocupação social na análise sobre diferentes problemas da estrutura social do capitalismo e sobre os problemas sociais, políticos, psíquicos, filosóficos, teóricos e literários; a partir da leitura não ortodoxa que tinha, sobretudo da psicanálise, do marxismo e da teologia da libertação.[52]

A partir deles, no que tange à psicanálise e ao marxismo, por exemplo, há um apreço pelo processo liberador de não ocultar as contradições e dominações vividas e há a concepção de que tornar consciente o inconsciente implica também revelar as mazelas sociais na luta de classes a que

---

[50] Ibid., p. 39.

[51] Há quem diga que o autor encontrou na psicanálise um sucedâneo para o seu dom de escrita literária, pelo fato de saber usar, como poucos, a palavra escrita e oral (Pires, 2004).

[52] Esse dado expressa sua intenção contumaz de tornar pública a perspectiva epistemológica e teórica da qual parte para a análise de problemas que estruturam a realidade social, sem nenhuma ilusão da possibilidade de um lugar neutro para a análise científica dos fenômenos históricos. Dessa forma, nota-se no livro a recorrência das seguintes discussões: a relação entre psicanálise e literatura; psicanálise e instituições; sexualidade humana; psicanálise e religião; psicanálise e política; psicanálise, teologia da libertação e marxismo; religião e marxismo; análise psicanalítica de temas filosóficos; botânica e psicanálise; mitologia e psicanálise; além de diversos textos que se detêm especificamente na relação entre psicanálise e marxismo.

a sociedade resiste e nega reconhecer. É a partir desse lugar que analisa o valor dos testemunhos dos que tiveram sua integridade e sua humanização negadas por uma força social que obstaculiza as possibilidades de ser sujeito, o que é representado, por exemplo, pela obra literária discutida *A metamorfose*, de Franz Kafka, entendendo-a como expressão de uma metáfora da coisificação do homem no capitalismo.[53]

A propósito, com respeito à literatura, o interesse contumaz de Hélio Pellegrino em desvendar os processos civilizatórios em curso o leva a reforçar o valor de obras fundamentais da literatura brasileira, o que pode ser ilustrado, por exemplo, pela seguinte descrição que faz da obra de Jorge Amado:

> Se não entendermos a grandeza da obra de Jorge Amado e, principalmente, a importância de seu último romance, estaremos cuspindo para cima. Jorge Amado é nosso Homero. Sua obra, numerosa e rumorosa, faz dele um arauto — um intérprete — das grandes forças telúricas que dão espessura e dinamismo ao processo civilizatório brasileiro.[54] [55]

Após abrir sua clínica nos fins de 1953, junto com Ivan Ribeiro e Hélio Tolipan, se estabiliza financeiramente e se muda com sua esposa e filhos para um apartamento no Rio de Janeiro[56]. Em 1956, Iracy Doyle morre. Ele vai em busca da continuidade à sua formação analítica na SPRJ. Após conversa com Werner Kemper, decide-se por realizar análise didática com Kattrin Kemper, com duração de aproximadamente seis anos, período de cuja centralidade e a experiência fundamental a qual se reporta é a noção de encontro analítico:

> Dona Catarina, por sua conduta terapêutica, ampliou e aprofundou minha convicção de que a análise, mais do que um processo técnico interpretativo, é a construção e um encontro humano para o qual o conhecimento científico é necessário, mas não suficiente. Não basta interpretar o paciente: é preciso salvá-lo e convertê-lo à realidade, dar-lhe a profunda aceitação de que precisa para assumir a responsabilidade existencial de ser si-mesmo.[57]

---

[53] Pellegrino, 1989.

[54] Ibid., p. 31.

[55] Texto originalmente publicado no jornal em 1.2.1985.

[56] Pires, 2004.

[57] Pellegrino, citado por Pires, 2004, p. 31.

Em contraposição à noção de neutralidade na psicanálise, própria de uma mistificação da técnica no apreço à interpretação pela interpretação, bem como na postura de frieza conservadora e tradicional presente nas instituições psicanalíticas — o que não tem relação com fundamentos da ciência psicanalítica —, reafirmará a importância que dá ao encontro na prática analítica:

> Quando você resolve tratar, cuidar de uma pessoa, você já tomou o partido dela, ou seja, aquilo que você acha que seja a sua saúde. Não existe neutralidade nem distanciamento, o que existe é discrição, silêncio, um silêncio que significa consentimento. Consentimento com a existência da pessoa e isto é uma posição de amor. A pessoa adoece por carência de verdadeiras relações pessoais; se você lhe der impessoalidade e neutralidade, você dá exatamente aquilo que causou a doença. A tarefa da psicanálise é a construção de um encontro, e não há encontro que seja impessoal; impessoal é o desencontro.[58]

Em um importante congresso latino-americano de psicanálise, no Chile, apresentará uma tese que elabora em 1962 — um de seus trabalhos psicanalíticos mais importantes, sintetizado no evento, mas tema de inúmeros textos manuscritos e datilografados sobre o complexo de Édipo, pacto edípico e pacto social. A originalidade de sua interpretação fora reconhecida nesse congresso, no qual apresentou a tese de que Édipo não padeceu do incesto e parricídio pelos pais que o amaram e o cuidaram, mas padeceu de vicissitudes pré-edípicas, referentes aos pais que o condenaram a um desamor fundante e à morte, dos quais não conseguiu se libertar.[59] Nesse e em vários outros trabalhos e tratados — aos quais se reporta no texto *Vamos falar de Édipo, herói de uma velha legenda tebana*[60], fará uma reavaliação minuciosa do complexo de Édipo freudiano e apresentará sua análise sobre o pacto edípico e o pacto social, levando às últimas consequências a plenitude de significações que advêm dessa nova leitura.

---

[58] Ibid., p. 32.

[59] Dessa forma, expõe sua reavaliação do complexo de Édipo freudiano, a partir de alguns elementos centrais da tragédia *Édipo Rei*, de Sófocles; e defende que o herói tebano não padeceu do complexo de Édipo freudiano, mas de um traumatismo anterior pré-edípico; e que há que se distinguir dois níveis de estratificação ao se propor a análise do complexo de Édipo (Pellegrino, n.d.-bx).

[60] Pellegrino, H. (n.d.-by). *Vamos falar de Édipo, herói de uma velha legenda tebana [Título atribuído]*. [Rio de Janeiro]. Arquivo Hélio Pellegrino. Arquivo Museu de Literatura Brasileira. Fundação Casa de Rui Barbosa.

Figura 3

Discurso indignado de Hélio Pellegrino, ao lado de Vladimir Palmeira, na Passeata dos Cem Mil, em 26 de junho de 1968

Fonte: Hamilton Corrêa/AJB. Foto publicada no livro *Hélio Pellegrino: a paixão indignada* (Pires, 1998)

1.3. Defesa da democracia e sua prisão na Ditadura Militar

A defesa de Hélio Pellegrino pela relação entre Estado Democrático de Direito e liberdade de expressão, bem como a sua luta contra a ditadura no Brasil (1964–1985) e a tortura, se expressou em artigos, inúmeros protestos, passeatas, comissões, assembleias e manifestações. Pellegrino sempre se posicionava politicamente contra a violência do cotidiano, as iniquidades brutais da desigualdade social que se aprofundavam, a violação de direitos e a tortura na prática contumaz da ditadura militar — culminando na sua prisão por agentes da ditadura militar do país. Apesar das ameaças e riscos de morte, sua coragem e senso de urgência não permitiam outra ação, que não a de participar de organizações coletivas para superar as condições aviltantes e desumanas às quais a população brasileira era submetida. Para ele:

> O mundo — tal como está — não presta. Os povos subdesenvolvidos morrem de fome, mas, pelo menos, têm a chance de transformar essa fome numa bandeira revolucionária de luta. A fome nos obriga a forjar o homem novo — e nessa medida, ela se torna mestra do humanismo novo. Os outros — os povos ricos — morrem de uma fome pior. Eles não sabem para onde ir, nem o que fazer... Esse mundo, tal como está, precisa explodir. Os jovens, os artistas, os marginais que não se alinharam, os que teimam em ser pessoas precisam explodi-lo. Para que o homem sobreviva. A crise, hoje, é uma crise radical. O ser humano busca um sentido para a sua vida. O artista pode ser tudo o que quiser, menos bem comportado. Sua tarefa consiste em dar um testemunho ardente da sobrevivência do homem. Essa sobrevivência, hoje, só pode ser afirmada através de um inconformismo que chegue às últimas consequências. A respeitabilidade, em nosso tempo, é pior do que o pior palavrão.[61]

Após a morte de Edson Luís de Lima Souto, em março de 1968 — estudante pobre assassinado pelos militares por protestar contra o aumento do preço da comida no restaurante Calabouço —, irrompe um ciclo de protestos e indignação em busca da democratização do Brasil. Nesse contexto, Hélio Pellegrino é escolhido como um dos porta-vozes da luta contra a ditadura, sobretudo no ano de 1968. Um dos episódios desse período se deu em protesto frente à sequência de prisões arbitrárias, espancamentos, humilhações de estudantes que culminaram na sua vio-

---

[61] Pellegrino, citado por Pires, 1998, p. 60–61.

lenta repressão e no massacre da conhecida *Sexta-Feira Sangrenta*, em 21 de junho, na qual 28 estudantes foram assassinados pela polícia militar.[62]

Hélio Pellegrino foi escolhido para integrar uma comissão de intelectuais, artistas e estudantes para entrevista coletiva com o governador Negrão de Lima, representando uma média de 300 pessoas que o acompanharam até o palácio Guanabara.[63] Nessa ocasião, Pellegrino ressaltou ao governador que havia sido eleito por eles, por isso precisava apoiá-los; exigiu que se manifestasse publicamente repudiando a violência e que demitisse o chefe de polícia[64], além de dar ultimato para que ele cumprisse o que se esperava desse cargo político ou que se demitisse[65]. Sua coragem e destemor de lutar contra a ditadura o fizeram se expor e desconstruir a arbitrariedade do regime de diferentes formas, inclusive corajosas e espirituosas, a partir das quais zomba da repressão, como a descrita por Pires.[66]

> Entrou para o folclore a manifestação no Largo de São Francisco em que, diante de uma falha no blindado que dispersava os manifestantes a jato d'água, Hélio gritava pra multidão: — Gente, o brucutu broxou![67]

As reinvindicações democráticas por educação, direitos políticos, direitos civis e sociais e combate à fome eram cada vez mais reprimidas pelo governo ditatorial com prisões abritárias, assassinato, tortura, mas só aumentaram o inconformismo de grande parte da população na busca libertária e democrática de direitos. Esse contexto culminou na histórica Passeata dos Cem Mil — o maior protesto convocado pelos estudantes registrado após o golpe de 1964 —, na qual se reivindicava o fim da ditadura, da censura, da violência, mais verbas para as universidades e a

---

[62] *28 pessoas morrem na sexta-feira sangrenta.* (n.d.). Recuperado de: http://memorialdademocracia.com.br/card/sexta-feira-sangrenta-28-mortos-nas-ruas

[63] Pires, 1998, p. 58.

[64] Pellegrino, A., 2004.

[65] Pires, 1998.

[66] Ibid., p. 59.

[67] Com efeito, quebrar o silêncio com espirituosidade, humor e interesse caloroso pelo outro era uma marca também da sua posição psicanalítica no tratamento com seus analisantes; e uma característica contrária a uma tendência de frieza, neutralidade e impessoalidade que considera deformante no campo psicanalítico. Um episódio que expressa sua posição é lembrado por Pires (1998, p. 79), no qual: "Por três meses, o atendimento aconteceu e o candidato a cliente diz dever ao analista a consciência de que todos os seus problemas com os pais tinham origem na relutância em se assumir homossexual. Tempos depois, ele encontra com o ex-analista numa livraria e é surpreendido com a pergunta: — Como vai o seu complexo de rejeição? — provocou Hélio, marcando o encontro com muita risada e um forte abraço".

reabertura do restaurante Calabouço.[68] Dentre os diversos discursos no palanque, Pellegrino discorre sua fala antes da fala da principal liderança estudantil da passeata, Vladimir Palmeira, assim reiterando o direito de protesto da população: "O povo está na praça pública, logo está na sua casa. Este é um direito de propriedade que precisa ser respeitado".[69]

Acompanhando os detalhes bem descritos por Pires[70] a respeito desse período, registra-se que ao fim da manifestação é eleito para liderar a comissão dos 100 mil e segue para reunião marcada para a semana seguinte, em Brasília, acompanhado dos líderes estudantis, um advogado, um padre e um professor. Lembra ao ditador Costa e Silva que Pellegrino passou por eleição direta para estar ali capitaneando a comissão e que estavam em busca da libertação dos estudantes presos nas manifestações anteriores. Ainda tenta expor a necessidade de mudança do pacto perverso que estava em curso:

> Presidente, vamos supor que, a gente aqui conversando, um daqueles soldados tire o cassetete e venha pra cima de mim. O diálogo será impossível. Se sou agredido fisicamente, como posso conversar? É mais ou menos o que está havendo: o governo diz que quer conversar com os estudantes — eu acredito, e isso é meritório, é excelente. Mas as forças da repressão continuam espancando os estudantes no meio da rua. Não pode haver repressão, presidente. É preciso que os ânimos se acalmem.[71]

Costa e Silva faz a proposta de substituir um pacto perverso por outro. Acompanhando os fatos descritos por Pires[72], em troca de libertar todos os estudantes, o ditador propõe o acordo pelo fim de qualquer protesto e passeata. Diante da proposta indecorosa e aviltante ao direito fundamental de protesto, não há acordo, e Hélio Pellegrino vai elaborando uma experiência e um pensamento, junto com os que lutam com ele e/ou acompanham sua produção intelectual, de que é preciso acabar com um governo despótico, bem como "[...] acabar com o mito de um Governo majestático e isento de pososidade".[73]

Hélio segue fazendo depoimentos e escrevendo nos meios de comunicação que, à época, expressavam a maior resistência à ditadura; segue

---

[68] *Passeata dos cem mil afronta a ditadura.* (n.d.). Recuperado de: http://memorialdademocracia.com.br/card/passeata-dos-cem-mil-afronta-a-ditadura*Passeata dos cem mil afronta a ditadura*, n.d .

[69] Pellegrino, citado por Pires, 1998, p. 61.

[70] Pires, 1998.

[71] Pellegrino, citado por Pires, 1998, p. 60–61.

[72] Pires , 1998.

[73] Oliveira, n.d., citado por Pires, 1998, p. 64.

denunciando as prisões arbitrárias de quem representava a luta pelos direitos políticos no Brasil e de oposição de classe — o que se expressa em diferentes artigos como em "Os efeitos da ditadura e a ditadura dos fatos".[74] Contudo, a decretação do sangrento Ato Institucional Número 5 (AI-5), da Lei de Segurança Nacional, faz com que ele tenha que permanecer por um período de dois meses na clandestinidade por saber da perseguição dos militares, que haviam decretado sua prisão pelos artigos publicados no *Correio da Manhã*. Esta, por sua vez, durou três meses, no início do ano de 1969, e, graças a Maria Urbana e a seu amigo Nelson Rodrigues, é liberado. Este, por sua vez, estava com remorso por saber que aderira de forma reacionária à ditadura e, naquele momento, testemunhava a arbitrariedade e violência que o regime empreendia contra os que eram seus opositores e contra o seu amigo.[75] Contudo, tinha trânsito entre os militares e, com isso, tentou todos os recursos de que dispunha para a liberação de Pellegrino. O jornalista Pires[76] descreve os detalhes desse período, associando-o aos danos à sua saúde:

> Em toda a sua vida, Hélio Pellegrino assumia essas causas como um obstinado, muitas vezes sacrificando-se além de seus limites físicos. Em 1970, acabou tendo um enfarte que assumiu sérias proporções e lesou definitivamente seu coração.

A propósito, é um período no qual o psicanalista faz um pedido para a SPRJ escrever-lhe um documento no qual

> [...] ficasse dito — sem mais nada — que a minha prisão poderia causar ansiedade aos meus pacientes. O documento me foi negado, sob o pretexto de que a Sociedade não poderia imiscuir-se em assuntos políticos.[77]

Contraditoriamente à defesa do apoliticismo da SPRJ, a mesma instituição se vale do véu da neutralidade de forma oportunista para aceitar e manter, na condição de candidato a analista de seus quadros, um agente da tortura na ditadura militar: "[...] médico militar Amílcar Lobo, que logo seria denunciado por seu envolvimento com sessões de tortura, atendendo aos

---

[74] Pellegrino, citado por Pires, 1998, p. 65.

[75] Pires, 1998.

[76] Ibid., p. 69.

[77] Pellegrino, citado por Pires, 1998, p. 80.

prisioneiros para mensurar sua resistência em meio aos 'interrogatórios'"[78]. Pior que isso, a Sociedade já tinha consciência da denúncia muitos anos antes, quando Helena Besserman Viana já o havia denunciado e, obviamente, seu analista também tinha ciência da sua participação em equipe de tortura.[79]

Figura 4
Foto de perfil de Hélio Pellegrino

Fonte: antoniomiranda.com.br[80]

1.4. Defesa da democratização da psicanálise e sua expulsão da SPRJ

A democratização da psicanálise, o sentido de urgência em retirá-la da estranha atmosfera de torre de marfim na qual vinha se constituindo na história de sua institucionalização, alheia aos temas e problemas de seu tempo, apesar dos infinitos seminários sobre outros temas apartados

---
[78] Pires, 1998, p. 81.
[79] Ibid., p. 91.
[80] Disponível em https://www.antoniomiranda.com.br/poesia_brasis/minas_gerais/helio_pellegrino.html

da realidade social[81], fez com que Hélio Pellegrino debatesse e trabalhasse com realidades ou temas tabus e/ou silenciados, até então — como a violência do cotidiano no Brasil, a anistia, a tortura —, bem como uma reflexão crítica sobre a epistemologia, os fundamentos, os pressupostos, os conceitos fundamentais da psicanálise, além da propositura de uma prática psicanalítica que visasse a democratizá-la.

Assim, a aposta no trabalho para democratizar e tirar a psicanálise da torre de marfim tem início quando Hélio Pellegrino e Kattrin Kemper criam e passam a mediar os *Encontros Psicodinâmicos*, que consistiam em sessões públicas de análise de grupo, de duas horas, na faculdade Candido Mendes. O público era constituído pela classe média: "[...] advogados, médicos, artistas, engenheiros e, é claro, muitos analistas curiosos com a experiência pioneira".[82]

O fim dos atendimentos se deu quando "[...] a ideia de tirar do pedestal a psicanálise daria frutos mais duradouros"[83], com o surgimento da primeira Clínica Social de Psicanálise do Brasil, no Rio de Janeiro, em 1973, cujo projeto de trabalho foi de democratizar o acesso da psicoterapia psicanalítica que atenda

> [...] favelados, lixeiros, carteiros e outros profissionais que em situação normal jamais sonhariam em fazer análise [...]. Ao falar sobre ela, Hélio não perdia a chance de provocar, afirmando que o preço de cada sessão era o mesmo "de um lanche no botequim da esquina".[84]

Sua criação é expressão de uma aposta de Pellegrino e de um conjunto de psicanalistas de que ela possa ser uma saída contra a distorção das descobertas e da teoria freudiana e contra o elitismo da psicanálise. Nas palavras do autor:

> [...] conversávamos, d. Cataria Kemper e eu, na casa dela, em São Conrado. D. Catarina tinha sido minha analista didata e, depois disto, nos havíamos tornado amigos. Falávamos sobre Reich, sobre a perseguição por ele sofrida em Berlim, no tempo do nazismo. D. Catarina o havia inclusive

---

[81] Pellegrino, H. (n.d.-w). *Consequências do apoliticismo, na prática [Título atribuído]*. [Rio de Janeiro]. Arquivo Hélio Pellegrino. Arquivo Museu de Literatura Brasileira. Fundação Casa de Rui Barbosa

[82] Pires, 1998, p. 82.

[83] Ibid., p. 84.

[84] Ibid., p. 85.

> escondido, certa vez, no sótão de sua casa [...]. A propósito
> da Policlínica Psicanalítica de Berlim, que oferecia assis-
> tência psicoterápica a paciente sem recursos, ocorreu-me
> de repente a pergunta: por que não faríamos, aqui, um
> atendimento às pessoas de baixa renda [...]. Num país como
> o Brasil, nós, psicanalistas, somos por definição privilegia-
> dos [...]. Propus à dona Catarina que organizássemos um
> banco de horas psicanalíticas, a serem oferecidas, de graça,
> pelos colegas que quisessem participar. D. Catarina, com
> seu prodigioso poder de liderança, tomou o pião na unha
> e mobilizou o grupo fundador.[85]

Dessa forma, pioneiro na criação da Clínica Social de Psicanálise no Brasil, junto com Kattrin Kemper, tece uma reflexão sobre essa experiência em alguns textos abrigados na FCRB, como no escrito *Elitismo e psicanálise*[86], no qual apresenta um problema que para ele é central de pensar: a psicanálise é elitista? Desenvolve afirmação de que é certo que isso não diz respeito à sua essência, mas a um dado mais geral de que os benefícios da cultura são privilégios de poucos no capitalismo. Além disso, interpreta que ela vem sendo praticada com um uso ideológico para manter privilégios, o que também está presente no processo de formação pelas instituições psicanalíticas.

Em oposição a essa tendência, discute a proposta da Clínica Social e faz referência aos *Grupos terapêuticos de análise*, sob liderança de Jurandir Freire Costa, estruturando um serviço hospital-dia com o objetivo de evitar ao máximo a internação. Analisa o momento em que a clínica entra em crise e que precisa mudar, assinalando que irão tentar essa mudança inserindo a pesquisa científica articulada com o trabalho assistencial já realizado. Além disso, descreve a clínica como local de agitação cultural, de fórum de debates, mencionando o ciclo de palestras *Psicanálise e Política*, organizado em 1981, e as reações da Sociedade Psicanalítica do Rio de Janeiro. Reafirma a necessidade de desinstitucionalizar o processo de formação psicanalítica, analisando que a *Internacional Psychoanalytical Association* (IPA) corre o risco de se tornar uma *"multinacional psicanalítica"*. Critica essa forma ideológica de praticar a psicanálise, interpretando que ela não só não se assemelha com a forma que Freud tratava seus casos,

---

[85] Pellegrino, H. (n.d.-aa). *Elitismo e psicanálise*. [Rio de Janeiro]. Arquivo Hélio Pellegrino. Arquivo Museu de Literatura Brasileira. Fundação Casa de Rui Barbosa.

[86] Pellegrino, n.d.-aa, par. 12.

como também não caracteriza e perverte a psicanálise, pois se caracteriza pela essência de um *"apaixonado esforço de leitura do inconsciente"*[87], e não numa subordinação a meras exigências burocráticas.

Nesse e em outros textos, reitera a questão da necessidade de realizar um trabalho de reflexão crítica na psicanálise que diferencie o que é exigência e o que é recomendação da práxis psicanalítica. É um tema que irá perpassar a maior parte de seus escritos e está relacionado com a defesa da urgência de se pensar uma psicanálise brasileira. Pellegrino[88] desenvolve uma análise crítica sobre o desenvolvimento da ciência psicanalítica ao longo da história na relação com o momento histórico em que se insere, contextualizando que a necessidade de realizar a tarefa de uma reflexão interna sobre os fundamentos da psicanálise deparava-se com uma forma de praticá-la no país que a defende como ciência pura, neutra e apolítica. Contudo, desenvolve a análise de que já há uma política feita na própria escolha do interlocutor que pode entrar no consultório de um psicanalista e se interroga sobre o sentido dessa política na manutenção de privilégio, não naturalizando essa prática de exclusão dos pobres. Nas palavras do autor:

> Melanie Klein queria ver a psicanálise, ou seus benefícios, invadindo as escolas para prevenir as crianças das neuroses. Franco Baságlia sonhou com a socialização do atendimento à doença mental. Há sonhadores que, teimosamente, sonham com uma NOVA ORDEM, sobretudo para o Terceiro Mundo. É utopia, impostura ou loucura?[89]

O outro texto, *A clínica social de psicanálise*[90], por exemplo, foi escrito quando havia um ano dessa experiência. Discute os efeitos da modificação do critério de cobrança no *setting* grupal e no consultório privado. Retoma sua análise de que o preço cobrado nesse trabalho é um divisor de águas que não tem a ver com princípios científicos da psicanálise, mas é expressão de um gesto político e social ideológico de acumpliciamento de interesses

---

[87] *Elitismo e psicanálise*. Pellegrino, H., n.d.-aa.

[88] Id.

[89]   Pellegrino, H. (1985). *Psicanálise no Brasil*. [Rio de Janeiro]. Arquivo Hélio Pellegrino. Arquivo Museu de Literatura Brasileira. Fundação Casa de Rui Barbosa, par. 46.

[90] Pellegrino, H. (n.d.-a). *A Clínica Social de Psicanálise [Título atribuído]*. [Rio de Janeiro]. Arquivo Hélio Pellegrino. Arquivo Museu de Literatura Brasileira. Fundação Casa de Rui Barbosa, par. 4.

e privilégios da classe dominante. Uma hipótese que demanda reflexão é exposta pelo autor ao se indagar se esse pacto expressa

> [...] um acumpliciamento de interesses e privilégios capaz de, quem sabe, filtrar e modelar a própria fisionomia da neurose que irá aparecer em meu consultório, bem como o ritmo e a técnica por mim utilizados para tratá-la.

Passa então à análise do que é plenamente levado em conta no projeto de mudança do critério de pagamento ser o direito de o paciente receber o trabalho prestado pela clínica, assim como as suas condições econômico-sociais. Levanta uma hipótese importante de que há um elemento ideológico por trás da prática clínica costumeira. As psicoterapias psicanalíticas consideram que o valor a ser pago pelo sujeito deveria "[...] pesar-lhe, duramente, no orçamento, sem o que não iria ele valorizar o trabalho do analista [...]".

Uma curiosidade a respeito desse período é mencionada no texto *História para debate*, com o subtítulo *Luxo no lixo — a psicanálise tem lugar fora do asfalto?*[91], no qual Pellegrino propõe uma reflexão sobre a experiência da Clínica Social de Psicanálise no Morro do Cabrito, no Rio de Janeiro, fazendo referência a outras experiências de trabalho de clínicas sociais no mundo, citando a que foi fundada por Karl Abraham, em Berlim; por Reich, em Viena; por Schultz, no pós-guerra; por Anna Freud; além de se reportar à fala de Freud, de 1918, em Budapeste. A propósito, Pellegrino se reporta a uma mensagem que Michel Foucault lhe enviou de encorajamento desse trabalho da Clínica Social de Psicanálise que estava sendo realizado no Brasil[92]. Contudo, era de se esperar que:

> Ao trabalhar pela transformação na difusão da psicanálise, Hélio trabalhava também, inevitavelmente, contra a orientação da IPA, que norteava a atuação da Sociedade

---

[91] Pellegrino, 1985.

[92] Importante também mencionar que Hélio Pellegrino e Foucault tinham uma divergência fundamental, a qual foi exposta e desenvolvida no debate que compõe as célebres conferências de Foucault no Brasil, em 1973, publicadas com o título *Mesa-redonda com Michel Foucault*, parte do livro *A verdade e as formas jurídicas* (Foucault, 2013). A divergência se dá em torno das interpretações sobre a tragédia de Sófocles, *Édipo Rei*, e da concepção freudiana do complexo de Édipo; a partir da qual Pellegrino discorre sobre sua posição teórica de que Édipo representa uma estrutura constitutiva fundamental do psiquismo humano, do desejo e do inconsciente; e Foucault irá se contrapor a essa interpretação, a partir de uma concepção deleuziana de que Édipo não representa um estágio do desenvolvimento do ser humano, mas apenas uma imposição do poder que o psicanalista e a sociedade em geral "[...] estabelecem sobre os indivíduos" (Foucault, 2013, p. 129).

Psicanalítica do Rio de Janeiro, à qual ele e outros membros da Clínica Social eram filiados. Menos de um ano depois da criação da Clínica, os confrontos começaram, com a SPRJ pedindo que o grupo fosse rebatizado como "Clínica Social de Psicoterapia", no que não foi atendida.[93]

A partir do rigor da perspectiva teórica e psicanalítica de que parte, continua a escrever corajosamente sobre os problemas prementes da realidade do país.[94] Assim escreve, em 1976, o posfácio do livro *Armadilha para Lamartine*, tecendo reflexões críticas a respeito dos processos depressivos e opressores do isolamento; sobre uma história que atesta a busca por saber a verdade em relação ao próprio desejo e o uso da palavra como "[...] instrumento capaz de construir uma plena e espessa condição de sujeito, que integrasse verdade e imaginário, fantasma e desejo, consciência e inconsciente".[95] [96]

E assim escreverá, em 1978, um "Artigo corajoso, que nenhum jornal da época quis editar, sobre o caso Lourenço Diaféria — Jornalista enquadrado na Lei de Segurança Nacional, preso e torturado"[97]. O artigo se intitula *A dialética da tortura: direito versus direita*[98] e também está abrigado na FCRB. Nele, o autor faz uma importante interpretação psicanalítica sobre o uso da tortura no período da ditadura militar no país, entendendo-a como um sintoma que expressa a filosofia política da direita radical, cujo estudo e denúncia são de suma importância para a compreensão do Brasil e de outras manifestações do fascismo da direita no mundo. Questiona o dado de que em nosso país essa prática não se institucionalizou, ao mesmo tempo que caracterizou o surgimento e a prática da polícia militar na ditadura, o que é próprio de situações de clivagem e de um processo de solução de compromisso. Analisa que sua teleologia é o arbítrio, é não aceitar a condição humana de não ser perfeito e poder errar, não dando

---

[93]   Pires, 2004, p. 46.

[94]   Nesse período se dá o casamento com a física Sarah Barbosa, em 1974, a qual já conhecia e se reportava à coragem de Hélio Pellegrino nas provocações que ela fazia ao seu analista, levando-a a indagar-se sobre uma postura de passividade neste que o levava a atender confortavelmente a elite, enquanto os problemas do país se agravavam — crise que culminou na perda de sua confiança e fim de análise com ele, em 1968 (Pires, 1998).

[95]   Pellegrino, H. (1976a). *Armadilha para o leitor*. In Sussekind, C., Sussekind, C. Armadilha para Lamartine (p. 300). Rio de Janeiro: Editorial Labor do Brasil., p. 9

[96]   Outra curiosidade própria da escrita de Hélio Pellegrino e que é encontrada nesse posfácio é a característica de não obedecer a uma linearidade, mas expressar uma coerência teórica na força de argumentos que considera centrais para a leitura de áreas e temas candentes.

[97]   Pellegrino, 1976a, p. 59.

[98]   Pellegrino, H. (n.d.-b). *A dialética da tortura: direito versus direita [Título atribuído]*. [Rio de Janeiro]. Arquivo Hélio Pellegrino. Arquivo Museu de Literatura Brasileira. Fundação Casa de Rui Barbosa.

espaço, portanto, à soberania da Lei, já que afirma para si um estatuto de infalibilidade, exercendo o arbítrio em ações de impunidade e silêncio[99]. Identifica e analisa alguns elementos que caracterizam esse sintoma. Um deles é a presença de uma forte negação do conflito e negação do pensamento dialético, projetando para fora de si tudo o que denuncia a própria contradição ou dificuldade, o que é base para a necessidade de construção de um projeto político em torno de uma ideologia anticomunista — fenômeno que caracteriza a direita radical em vários cantos do mundo. Assim, analisar a estrutura ideológica da direita está em idolatrar um polo como justo e bom e demonizar o outro tido como absolutamente mau; idolatrar a instância repressora e repudiar absolutamente o que é reprimido. Outra característica é que não há encarnação de nenhum vínculo de substância concreta de virtudes nas figuras idolatradas, diferenciando o significado de se cultuar um herói de uma mera expressão de idolatria. Analisa que é sobre essa base que se funda o ódio à liberdade de imprensa e aos jornais livres e as tantas perseguições como denunciara pela ilustração do caso de perseguição ao cronista Lourenço Carlos Diaféria — interpretando que a crise não estava na crônica do autor, que fora tida como problema manifesto —, mas nos depoimentos de três presos políticos veiculados anteriormente em dois jornais de grande circulação. Nesse sentido, assume a posição de que a direita radical e a tortura são sintomas de uma doença social, política, filosófica e de pensamento que não consegue suportar a contradição e cuja necessidade é a manutenção de privilégios.

Um importante adendo é o de que esse problema social será pensado e denunciado por Pellegrino em outros graves episódios sintomáticos da paranoia, violência e ódio de classe no período militar do país; por exemplo, na constante denúncia e busca por descortinar a verdade que o autor travara a respeito do conhecido episódio do Riocentro, no qual:

> [...] 30 mil jovens assistem a um *show* de música e seriam vitimados num atentado terrorista promovido pela extrema direita. A revolta contra o arquivamento do processo será campo de batalha, e objeto do último artigo a ser escrito por Hélio — a um tempo seu primeiro texto póstumo — "A verdade e a honra militar".[100]

---

[99] É nesse contexto que analisa a importância de se denunciar e analisar a tortura, tida como tema tabu pelo governo militar.

[100] Pellegrino, A. 2004, p. 67.

Em 1979, surge a demanda para desenvolverem "[...] grupos de apoio à comunidade do Morro dos Cabritos. Junto à associação, promovem dinâmicas onde violência, toxicomania, pais e filhos eram as pautas"[101], trabalho ao qual a Clínica Social não se furta e que compunha a diversidade de atividades promovidas por ela.

Ainda dentro desse campo de atuação, cumprindo uma função de difusão da psicanálise, de ações públicas e de debate crítico sobre suas experiências de trabalho, surge uma sequência de debates promovidos pela Clínica Social, na Pontifícia Universidade Católica, sobre psicanálise e política, que entraram para a história do movimento psicanalítico e explodiram uma grande crise na psicanálise. O primeiro deles, em setembro de 1980, contou com a presença de Hélio Pellegrino, Eduardo Mascarenhas e Wilson Chebabi para discutirem o tema *Psicanálise e sua inserção no modelo capitalista*[102].

O texto original — base para a fala de Pellegrino na mesa-redonda mencionada, bem como outros textos que versam sobre esse tema —, se encontra no acervo da FCRB. Nele, o autor parte da constatação de que aparentemente não há relação entre psicanálise e política, contudo constrói uma argumentação no sentido de pensar que essa é uma grande ilusão e que essa relação existe de forma substantiva. Retoma a afirmação de que toda prática social é política, parafraseando Sartre na afirmação de que estamos condenados a fazer política, mesmo quando trabalhamos pelo conformismo. Para desenvolvê-la, trabalha com a metáfora do trem de ferro em movimento constante para afirmar a presença da política para todos os ocupantes, embora haja os que mantêm a ilusão de que estão parados. Nesse sentido, faz uma análise correlata à prática clínica psicanalítica, discutindo sua relação substantiva com a política, a começar pelo preço que o psicanalista cobra pelo seu trabalho, esse poderoso *leão de chácara* determinado pelo mercado, pela realidade política e social, que insere o psicanalista no modelo capitalista, permitindo a uma minoria entrar e participar de um trabalho que põe seus benefícios a serviço dos privilegiados, que pagam o privilégio do analista. Ele discute as várias consequências desse dado político de reprodução da estrutura e ideologia do capitalismo no consultório. Levanta uma

---

[101] Ibid., p. 61.

[102] Pellegrino, H. (n.d.-bo). *Psicanálise e sua inserção no modelo capitalista [Título atribuído]*. [Rio de Janeiro]. Arquivo Hélio Pellegrino. Arquivo Museu de Literatura Brasileira. Fundação Casa de Rui Barbosa.

discussão acerca da diferença entre o modelo apolítico de abstinência necessário à prática clínica — na medida em que transforma tudo em significante da escuta do campo do desejo — e a injustificável posição de levar esse modelo para fora do consultório e generalizá-lo no campo da realidade política e social. Interpreta esse segundo movimento de um apoliticismo do psicanalista, entendendo-o como ausente de fundamentos da ciência psicanalítica e como uma forma de fazer política numa posição de má-fé e de acumpliciamento com o *status quo* vigente, trabalhando pela inserção da psicanálise no modelo capitalista a ponto de não se aceitar algumas pessoas que tenham militância política de esquerda e orientação sexual diversa da heteronormativa em algumas instituições de formação psicanalítica. Nesse contexto, Pellegrino defende a tese de que "A psicanálise é um pensamento libertador, de esquerda. A favor da igualdade e da justiça"[103] [104], e de que a posição apolítica retira o caráter desmistificador, libertador e revolucionário presente na psicanálise freudiana. Para desenvolver essa tese, se vale da análise do mito fundador em *Totem e tabu*, do tema edípico, da dimensão igualitária e libertária presente na teoria da libido — em termos da concepção da passagem do autoerotismo para a procura do objeto "alteritário"; da teleologia de liberdade do processo de evolução psicossexual do ser humano no reconhecimento do Outro, de sua palavra e integridade. Analisa que as verdades que fundamentam as teorias psicanalíticas de Freud são incompatíveis com a exploração do homem pelo homem e que o apoliticismo conformista da instituição psicanalítica nega todos esses fundamentos.

Analisa como o apoliticismo parte de uma visão entitativa e nosologizante da doença mental, retirando todo o seu contexto histórico--social, não chegando sequer a questionar o sistema nosocomial ou os milhares de doentes cadastrados nos hospitais psiquiátricos do país, abandonados numa estrutura semelhante aos campos de concentração. Identifica que esse mesmo apoliticismo das sociedades psicanalíticas é o que não se interroga sobre a tortura, problema eminentemente

---

[103] Psicanálise e sua inserção no modelo capitalista. Pellegrino, n.d.-bo, par. 29.

[104] Pela sequência dos argumentos expostos nos originais presentes na FCRB, tudo indica que esse texto foi a base para a sua fala e/ou faça parte dos desdobramentos do texto elaborado para a mesa-redonda: *Inserção da psicanálise no modelo capitalista*. Além disso, se reinicia a discussão sobre a relação entre psicanálise e política a partir da metade desse texto para o seu fim, porém essa parte é escrita em fichas, o que sugere que o autor retoma o tema para desdobrá-lo em um momento posterior ao que foi escrito na primeira parte.

psicanalítico, além de ser expressão de sexualidade e de crueldade no campo social. Denuncia o escândalo desse apoliticismo a partir de vários exemplos, entre eles a presença de um "Sistema Nacional de Informações (SNI) psicanalítico" — referindo-se ao fato de que a sociedade psicanalítica lhe negou pronunciamento quando foi preso na ditadura, além dos meandros do escândalo da formação empresarial promovida pelas sociedades. Defende que elas hipostasiam a psicanálise em uma mercadoria rentável, deformando o que a caracteriza enquanto conhecimento, bem como o que denomina por integridade do pensamento freudiano e das verdades teóricas dessa ciência que legitimam a prática da luta pela democracia[105].

O até então jornalista Roberto Mello — que posteriormente se tornou psicanalista e cofundador da Fazenda Freudiana de Goiânia, Goiás — estava no auditório e buscou valorizar a palavra de Hélio Pellegrino, reproduzindo a fala dos três analistas no artigo intitulado *Barões da psicanálise*, publicado em 23 de setembro, no *Jornal do Brasil*.

No dia seguinte ao da publicação do artigo, houve o segundo debate, com o tema *Psicanálise e Fascismo*, interposto pelo professor Rômulo Noronha de Albuquerque, que

> [...] relata as torturas que sofreu e confirma, em público, o que Helena Besserman Vianna já havia denunciado anonimamente, em 1973, na revista argentina de psicanálise *Cuestionemos*: Amílcar Lobo, candidato à analista da SPRJ, atendia aos presos torturados com o codinome de Dr. Carneiro[106].

Pires[107] destaca que esse problema passa a ser uma causa pessoal de luta que Hélio Pellegrino levará adiante, a começar pela solicitação formal, no dia 2 de outubro, para que a SPRJ se posicionasse e tomasse as providências diante das graves denúncias sobre Amílcar Lobo.

De fato, essa será uma causa pessoal do psicanalista, levada às últimas consequências. Na FCRB, há todo um conjunto de documentos que permitem reconstruir parte dessa história do movimento psicanalítico

---

[105] Psicanálise e sua inserção no modelo capitalista. Pellegrino, n.d.-bo.

[106] Pires, 1998, p. 91.

[107] Ibid.

do Rio de Janeiro e da IPA, referentes à exclusão de Hélio Pellegrino do quadro de membros da SPRJ.[108]

Esses episódios, somados à gota d'água que o decisivo artigo de Roberto Mello representou, foram — ao invés de motivo suficiente e necessário para uma busca pela verdade, justiça, providências e reparação — suficientes para a comunidade psicanalítica mais reacionária usá-lo como pretexto para a expulsão do psicanalista da SPRJ, episódio que é relatado por Pellegrino:

> Nós participamos de uma mesa redonda da PUC e um repórter, o Roberto Mello do *Jornal do Brasil*, que é um sujeito brilhante, inteligente, fez uma reportagem sobre essa mesa-redonda por conta dele. Ele não me consultou, ele não falou comigo, ele não me mostrou previamente o texto. Ele fez a reportagem porque a mesa-redonda foi rica, curiosa, pitoresca. Foi uma coisa boa. O *Jornal do Brasil* publica uma página inteira e teve uma repercussão grande. Bom, os burocratas nos chamam, a mim e ao Mascarenhas e nos dizem simplesmente o seguinte: "Olha, por causa dessa matéria vocês estão excluídos da sociedade. Se vocês quiserem, vocês façam o seguinte: para não enfrentarem o vexame da exclusão, vocês se demitam, porque fica tudo bem." Aí eu tive a maior crise de cólera da minha vida... (risos), e eu

---

[108] Para se ter uma dimensão do valor historiográfico desses documentos, é possível mencionar alguns deles, entre o vasto conjunto abrigado no acervo. Há a solicitação de Hélio Pellegrino ao psicanalista Serge Lebovici de posicionamento com relação às denúncias feitas sobre Amílcar Lobo e sua ligação com a SPRJ (1981); bem como correspondência na qual Lebovici diz que Edward D. Joseph lhe responderá (1981). Há também a Assentada de Inês Etiene Romeu contra Amílcar Lobo (1981). Convocações para reuniões da SPRJ, propondo que Pellegrino explique as denúncias de Amílcar Lobo como membro de equipe clandestina de torturas das Forças Armadas Brasileiras. Há a recusa à proposta de que Hélio Pellegrino e Eduardo Mascarenhas se demitissem antes que a SPRJ os expulsasse, escrita por ambos, que fundamentam a incompatibilidade entre psicanálise e autoritarismo. Há o pedido de Pellegrino da inclusão da reportagem que deu origem à exclusão no calendário científico da instituição, negado por Vítor Andrade. Há cartas entre o psicanalista e o posterior presidente da SPRJ, Víctor Manuel de Andrade. Há a cópia do processo de Werner Walter Kemper com comentários (1983); abaixo-assinado sobre o caso Amílcar Lobo; documentos assinados por Vítor Manuel Andrade — à época, presidente da SPRJ; recursos de Pellegrino contra suas exclusões da SPRJ. Além de solicitação a esse presidente, feita pelo Fórum de Debates, de carta anônima que rotulava Hélio Pellegrino de comunista (1981). Somam-se a esses documentos diversos textos de combates teóricos sobre o que consiste a falsidade da defesa do apoliticismo e tantos outros que expressam argumentos sobre a incompatibilidade entre autoritarismo e psicanálise. Mais do que isso, compõem um testemunho de que, por trás da mentira da defesa do apoliticismo e da neutralidade, há a defesa da manutenção da prática concreta do autoritarismo e da violência para a manutenção do *status quo* e do poder perverso fundado em privilégios. Entre os documentos, encontramos ainda uma carta assinada por Vítor Manuel Andrade, informando a suspensão dos direitos de membro de Ernesto La Porta por ter assinado carta publicada no *Jornal do Brasil*, em 1981. Fora alguns artigos sobre as denúncias contra Amílcar Lobo, sobre o apoliticismo das instituições psicanalíticas, a resistência a Freud e correntes do pensamento psicanalítico da América Latina, entre outros importantes documentos.

> sou um sujeito colérico. Então eu tive uma crise de cólera gigantesca, eu falei aos brados durante quase uma hora, eu desmascarei, eu mostrei minha indignação, etc.[109]

Como se não bastasse, esse era só o início da sequência sintomática de uma série de fatos que expressam o pacto perverso pelo poder arbitrário, sem limites e pelos privilégios que estruturavam a instituição, que são minuciosamente descritos na biografia de Pires[110]. Essa realidade institucional sintomática fez com que o autor escrevesse uma série de textos sobre o problema, abarcando as outras expressões que ele tomava, por exemplo, na ausência de sentido da categoria sacerdotal de analista didata nas instituições psicanalíticas, entre tantos outros temas tabus, propondo um debate amplo e crítico sobre a formação psicanalítica.

Assim, devido ao seu posicionamento em defesa da democracia e à sua coragem de romper o silêncio diante de temas e problemas tabus em um regime autoritário, foi expulso da SPRJ, de maneira análoga ao procedimento pelo qual foi preso no regime militar. Diante do arbítrio, muitos psicanalistas integrantes da SPRJ eram contrários a essa decisão tomada pela cúpula da instituição e formaram, junto com Hélio Pellegrino, o Fórum de Debates, que promoveu importantes discussões sobre temas tabus da formação psicanalítica.

Obviamente, para o autor, a cumplicidade das instituições psicanalíticas com o governo ditatorial se reporta aos interesses da elite do país, ao que nada tem a ver com uma essência psicanalítica ou um fundamento psicanalítico, por excelência, mas tem que ver com interesses de classe e de manutenção de privilégios.

Da mesma forma, a estrutura elitista das instituições psicanalíticas, que busquem guarida numa suposta neutralidade, foi pensada por Hélio Pellegrino não só na sua expressão no Brasil, mas na forma elitista, autoritária e subserviente de estruturação de diversas instituições psicanalíticas no mundo, que precisam ser repensadas, de forma democrática, com abertura para o pensamento crítico e de forma livre. Diante, por exemplo, do caso Amílcar Lobo, Hélio Pellegrino solicitou diversas vezes um posicionamento da International Psychoanalytical Association (IPA), a qual só se posicionou frente ao caso muito tardiamente, em 1986, muitos anos após Pellegrino ser expulso e reintegrado por mandado judicial, em 1981.

---

[109] Pellegrino, H. (1996). Recordar, repetir, elaborar. *Psicanálise & Debate*, 1, 88–98., p. 97.
[110] Pires, 1998.

Assim, percebemos o caso como uma expressão sintomática de um problema maior, conforme já fora reconhecido por Pires[111], pois: "Realmente, seus pares engajados na mesma luta eram pouquíssimos". Com efeito, é reconhecido como um caso particular dentro de um dado maior no desenvolvimento das instituições psicanalíticas internacionais. Nesse sentido, Stephen Frosh e Belinda Mandelbaum[112] retomam os exemplos da Sociedade Psicanalítica Alemã (DPG), que atendeu às demandas do regime nazista ao retirar analistas judeus de seu quadro para encerrá-los no "Instituto G€oring"; além da ausência de posicionamento e conivência de instituições reconhecidas pela IPA diante da desigualdade e da repressão política no país. Estas estavam arvoradas num culto à neutralidade, numa perspectiva adaptativista e conformista que nada tem a ver com o compromisso com a prática social da psicanálise, com seu caráter libertador, histórico, democrático e subversivo, esvaziando a essência dos elementos radicais do pensamento psicanalítico.

Em vista da trajetória descrita, é notável a importância de Hélio Pellegrino para a psicanálise, não só pela expressão da defesa da relação entre psicanálise e democracia em sua prática ou enquanto figura que rompeu o silêncio e a adesão ao autoritarismo na ditadura militar e em diferentes instituições, a partir de uma base crítica de uma vertente psicanalítica, mas também porque um dos focos centrais da contribuição da sua produção psicanalítica está na reflexão crítica sobre os fundamentos epistemológicos, conceituais e práticos da teoria psicanalítica.

Em suma, em vista da trajetória do autor, constatamos que outras áreas do conhecimento — como as artes, a literatura, o jornalismo e a esfera política — reconhecem a contribuição de Hélio Pellegrino para o Brasil; sobretudo para a psicanálise, referindo-se a ela como "[...] uma das mais notáveis sínteses intelectuais de sua vida"[113]. Até mesmo a sua morte — causada por um ataque cardíaco, aos 64 anos — e seu enterro expressaram "[...] uma síntese, mais uma, de sua militância pelo Outro: amigos, mulheres, filhos, companheiros do PT, psicanalistas, religiosos"[114].

Não obstante, conforme será discutido no próximo capítulo, que apresenta praticamente uma ausência de estudos sobre o autor no mapea-

---

[111] Pires, 1998, p. 91.

[112] Frosh, S., & Mandelbaum, B. (2017). "Like Kings in Their Kingdoms": *Conservatism in Brazilian Psychoanalysis During the Dictatorship*. *Political Psychology*, 38(4), 591–604. Recuperado de: https://doi.org/10.1111/pops.12427

[113] Pires, 2004, p. 43.

[114] Ibid., p. 51.

mento da produção científica em psicanálise no Brasil, é estranho constatar que, após mais de trinta anos de sua morte e completando-se o centenário de nascimento neste ano de 2024, há um silenciamento sobre sua contribuição, sendo parcos ou inexistentes os estudos, na psicanálise, dedicados à análise da sua produção psicanalítica.

Dessa forma, em vista da ausência de pesquisas sobre o tema, reforça-se a justificativa científica, política, histórica e social de estudar a sua contribuição no campo da psicanálise. Por isso, o próximo capítulo se dedica a descrever um panorama de sua produção psicanalítica, a partir do estado da arte da produção psicanalítica do autor e sobre o autor; além de reflexões iniciais sobre o porquê do silenciamento em relação à sua contribuição.

Capítulo 2

*Por toda parte sentir o segredo das coisas vivas. Entrar por caminhos
ignorados, sair por caminhos ignorados.*[115]

2. Produção psicanalítica de Hélio Pellegrino

Este capítulo apresenta um levantamento sistemático de literatura
sobre a temática, um levantamento exploratório dos trabalhos publicados
pelo autor e sobre o autor e um panorama de seus escritos datilografados
e manuscritos, presentes no Museu de Literatura Brasileira, da FCRB.
Além disso, tece reflexões iniciais sobre o porquê de uma amnésia social
da contribuição da perspectiva psicanalítica de Hélio Pellegrino no Brasil,
por parte da pesquisa em psicanálise, da crítica psicanalítica, das instituições psicanalíticas e dos psicanalistas, o que leva à interrogação do que
se silencia ao silenciar sua contribuição.

2.1. Estado da arte: pesquisa bibliográfica nas bases de dados acadêmicos

Realizou-se uma primeira pesquisa do estado da arte sobre a temática, em dezembro de 2018, sob orientação do serviço de bibliotecários da
Universidade de Brasília (UnB), optando-se pelo levantamento de artigos,
a partir das bases de dados que são fontes primárias de informação. A
pesquisa foi realizada na base dos periódicos da Coordenação de Aper-
feiçoamento de Pessoal de Nível Superior (CAPES), que está disponível
para acesso interno da Universidade de Brasília (UnB). A partir do acesso
a esse banco, fizemos uma varredura nas grandes bases multidisciplina-
res: *Scopus, Web of Science, Wiley, Proquest, BVS-psi, BVS Brasil* e *EBSCO*, a
partir do descritor "Helio Pellegrino", entre aspas e sem acentuação, para
abarcar o maior número de trabalhos.

A *EBSCO* e a *BVS-psi* não localizaram resultados. As bases *Scopus*
e *Web of Science* (incluindo o *Scielo index*) localizaram apenas um artigo,

---

[115] Barros, M. (2010). *Poesia completa*. Lisboa, Portugal: LeYa, p. 59.

intitulado "Os quatro cavaleiros de um íntimo apocalipse" e suas biografias vicárias: Fernando Sabino, Otto Lara Resende, Hélio Pellegrino e Paulo Mendes Campos na escrita de perfis[116], que, embora importante, não tratam da produção psicanalítica do autor, mas de aspectos da biografia e amizade entre esse quarteto literário de Minas Gerais. A *Wiley* localizou apenas um artigo, nomeado "Like kings in their kingdoms: Conservatism in Brazilian Psychoanalysis During the Dictatorship"[117], que parte da análise de entrevistas de diferentes psicanalistas e atividades da Sociedade Psicanalítica Brasileira de São Paulo (SPBSP) que mencionam Hélio Pellegrino como parte do debate e discutem a denominada formação de uma psicanálise de direita e de esquerda no Brasil[118].

A *Proquest* localizou 15 resultados, entre dissertações, teses e artigos. E a *BVS Brasil* localizou dois resultados, um texto intitulado "Homenagem a Hélio Pellegrino"[119], publicado pelo periódico *Percurso*, e a entrevista com o autor: "Rememorar, repetir, elaborar: entrevista com Hélio Pellegrino"[120], localizada no periódico *Psicanálise & debate*, que foi solicitada junto à biblioteca da PUC/Minas BH, através do pagamento de uma taxa.

De modo geral, em vista do pequeno número de trabalhos encontrados, além dos procedimentos anteriormente descritos, realizou-se uma segunda catalogação do estado da arte de teses e dissertações sobre a temática a partir de duas fontes: o catálogo de teses e dissertações da CAPES e a Biblioteca Digital Brasileira de Teses e Dissertações (BDTD), bases de dados que abarcam a maior quantidade de teses e dissertações produzidas pelos programas de pós-graduação do Brasil. Novamente, foi realizada uma busca avançada nos metadados abarcando todos os campos a partir do descritor "Helio Pellegrino". A pesquisa no catálogo de teses e dissertações da CAPES trouxe apenas um resultado relevante, ao termo inicial de pesquisa; os resultados restantes indicam falsos cognatos, referentes a apenas parte do nome inicialmente buscado. O trabalho

---

[116] Betella, G. K. (2007). "Os quatro cavaleiros de um íntimo apocalipse" e suas biografias vicárias: Fernando Sabino, Otto Lara Resende, Hélio Pellegrino e Paulo Mendes Campos na escrita de perfis. *Estudos Avançados*, 21(60), 247–270.

[117] Frosh & Mandelbaum, 2017.

[118] O trabalho citado se embasa também em um texto de Hélio Pellegrino para discutir a psicanálise no Brasil.

[119] Chnaiderman, M. (1989). Homenagem a Hélio Pellegrino. *Percurso*, II, 7–9. Recuperado de: http://revistapercurso.uol.com.br/pdfs/p02_texto01_ano01.pdf

[120] Souza, J. L., & Fleury, M. (1996). *Rememorar, repetir, elaborar: entrevista com Hélio Pellegrino. Psicanálise & Debate.* São Paulo: Lar São Francisco de Assis na Providência de Deus.

encontrado é uma tese em estudos literários da Universidade Federal de Minas Gerais (UFMG), intitulada *Hélio Pellegrino: um ensaio biográfico*.[121][122]

Com relação à busca no banco da BDTD, a partir do mesmo descritor, não se encontrou nenhum resultado. Contudo, um novo levantamento atualizado foi feito em março de 2019 e encontrou-se o resultado relevante de uma dissertação publicada em 2018, intitulada *Kultur do Brasil: interpretação, função paterna e cultura brasileira*[123], que se propõe a abordar interpretações psicanalíticas sobre a cultura brasileira em alguns autores e, dentre eles, indica que discutirá, no segundo capítulo, a relação entre psicanálise e democracia com trabalhos de Hélio Pellegrino, M. D. Magno, Betty Milan e Lélia Gonzalez.

Em síntese, a partir desse levantamento sistemático do estado do conhecimento sobre a temática, nota-se que não há produção científica no Brasil que tenha como objeto de estudo o pensamento psicanalítico do autor, o que reforça a justificativa científica de se pesquisar esse tema. Além disso, levanta-se a necessidade de analisar a formação da psicanálise no Brasil por meio da reflexão sobre produção psicanalítica já existente. Essa reflexão sobre a produção psicanalítica no Brasil, como já foi analisado, é recente e parca.

2.2. Levantamento e leitura exploratória dos trabalhos psicanalíticos publicados pelo autor e sobre o autor

Como momento inicial deste estudo teórico, o ponto de partida foi o levantamento do estado da arte dos trabalhos científicos mapeados anteriormente, na busca de investigar se havia trabalhos publicados que tratassem do objeto de estudo proposto pela presente pesquisa.

Num segundo momento, houve a escolha por um levantamento e leitura exploratória dos trabalhos publicados por Hélio Pellegrino que não se restringissem aos escritos acerca do tema psicanalítico. Os trabalhos são mencionados a seguir não para detalhar o caminho de pesquisa, mas

---

[121] Drummond, T. F. (1998). *Hélio Pellegrino: um ensaio biográfico*. Faculdade de Letras, Universidade Federal de Minas Gerais, Minas Gerais, Brasil.

[122] Por ser o único trabalho encontrado de pós-graduação que se dedicou especificamente ao estudo do autor, considerou-se a importância da leitura da tese para a presente pesquisa, por isso foi solicitada uma cópia do material pelo Programa de Comutação Bibliográfica (COMUT) existente entre as bibliotecas das universidades federais do Brasil.

[123] Basso, F. (2018). *Kultur do Brasil: interpretação, função paterna e cultura brasileira*. Instituto de Psicologia, Universidade Federal do Rio Grande do Sul, Porto Alegre, Brasil.

por servirem de um primeiro levantamento sobre a bibliografia publicada do autor, referente tanto aos temas da psicanálise quanto à diversidade de temas de outros campos do saber aos quais se dedicou.

Entre os que compuseram essa primeira leitura, incluem-se os seguintes artigos do psicanalista, os quais tratam do tema psicanalítico: *O ego e o real: primeiras considerações*[124], *Psicanálise: Ciência e Consciência*[125], *Pacto edípico e pacto social: da gramática do desejo à sem-vergonhice brasílica*[126], *Psicanálise da criminalidade brasileira: ricos e pobres*[127], *Pacto edípico e pacto social*[128], *Édipo e a paixão*[129], suas entrevistas e trabalhos apresentados em mesas-redondas, por exemplo, o debate do qual participou e que foi publicado no livro *A verdade e as formas jurídicas*, de Foucault[130].

Nesse contato exploratório com seus escritos, também foram encontrados poesias, cartas, artigos, capítulos de livros do autor, identificando-se os que tinham o tema da psicanálise como central e os que tratavam de outros temas. Como parte da revisão bibliográfica, também foram levantados textos que versavam sobre o autor e outros livros de autores que o citam ou que fazem referência à sua importância. Dessa forma, a partir de uma leitura mais livre, é possível rememorar e inventariar o percurso das seguintes obras lidas: *Minérios domados*[131] — um livro póstumo que reúne 190 poesias de Hélio e revela sua paixão pela literatura, seu apreço e escrita poética sobre o tema da beleza e da natureza humana; *Meditação de Natal*[132]; *Crise na psicanálise*[133], coordenado pelo autor e que contém um

---

[124] Pellegrino, H. (1974a). Psicanálise: ciência e consciência. In *Psicanálise em crise* (p. 162). Petrópolis, RJ: Vozes.

[125] Pellegrino, H. (1974b). O ego e o real: primeiras considerações. In Brasil, H. V., Pais de Barros, C., Gárcia, C., Katz, C. S., Leão, E. C., Pellegrino, H., Ribeiro, I., & Chebati, W. de L. (ed.), *Psicanálise & Debate* (p. 162). Petrópolis, RJ: Vozes.

[126] Pellegrino, H. (2017). Pacto edípico e pacto social: da gramática do desejo à sem-vergonhice brasílica. In *Psicanálise* (pp. 27–36). Rio de Janeiro: FUNARTE.

[127] Pellegrino, H. (1984). Psicanálise da criminalidade brasileira: ricos e pobres. *Folha de São Paulo*.

[128] Pellegrino, H. (1987b). Pacto Edípico e Pacto Social. In *Grupo sobre grupo* (pp. 195–205). Rio de Janeiro: Editora Rocco.

[129] Pellegrino, H. (1987a). Édipo e a paixão. In *Os sentidos da Paixão* (pp. 307–327). São Paulo: Companhia das Letras.

[130] Foucault, M., SantÁnna, A., Katz, C., Pellegrino, H., Lima, L., Pinto, M., Amaral, M, Machado, R., Crus, R., & Muraro, R. (2013). Mesa-redonda com Michel Foucault. In Foucault, M. *A verdade e as formas jurídicas*. Rio de Janeiro: Editora Nau.

[131] Pellegrino, H. (1993). *Minérios domados: poesia reunida*. Rio de Janeiro: Rocco.

[132] Pellegrino, H. (2003). *Meditação de Natal*. São Paulo: Planeta do Brasil. Ilustrado por Olilon Moraes, Mauricio Paraguassu.

[133] Filho, G. C. (ed.). (1982). *Crise na psicanálise. Graal*. Rio de Janeiro.

capítulo de sua autoria; *Grupo sobre grupo* e *A burrice do demônio*[134] — livro publicado meses após sua morte, que contém uma seleção de 59 artigos publicados entre 1968 e 1988, principalmente no *Jornal do Brasil* e na *Folha de São Paulo*.

Outros livros compõem uma bibliografia sobre o autor, dentre os quais podemos citar: *Hélio Pellegrino: a paixão indignada*[135], *Hélio Pellegrino A-Deus*[136] — livro que reúne textos de diferentes autores (psicanalistas e outros que conviviam com ele) sobre psicanálise e religião, em homenagem ao autor; *Não conte a ninguém*[137]; e *Hélio Pellegrino: lucidez embriagada*[138] — coletânea organizada por Antônia Pellegrino.[139]

2.3. Panorama da produção psicanalítica do autor no Arquivo Hélio Pellegrino da FCRB

Dada a importância dessa primeira leitura exploratória dos trabalhos já publicados pelo autor ou sobre o autor, foi possível notar que esse levantamento inicial não possibilitava um mapeamento e catalogação ampla da produção psicanalítica dele, o que é importante para o desenvolvimento da pesquisa que objetiva também construir uma memória e uma análise de sua produção psicanalítica.

Nessa busca, o acesso à tese *Hélio Pellegrino: um ensaio biográfico*[140] foi relevante para a construção da indagação levantada anteriormente, pois deixa rastros de um levantamento bibliográfico de sua produção. Dentre as fontes consultadas por ela, nota-se que o *Arquivo Hélio Pellegrino*, do Museu de Literatura Brasileira, da FCRB, assumiu grande importância por conter uma diversidade de documentos de suas produções sobre diferentes temas. Por isso, além de entrevistas com familiares e pessoas próximas a Pellegrino, a autora escolheu um recorte de documentos presentes nos arquivos do autor, antes da escrita de uma biografia sobre ele.

---

[134] Pellegrino, H., 1989.

[135] Pires, 1998.

[136] Moura, J. C. (ed.). (1988). *Hélio Pellegrino A-Deus*. Petrópolis, RJ: Vozes.

[137] Vianna, H. B. (1994). *Não conte a ninguém*. Rio de Janeiro: Imago.

[138] Pellegrino, A., 2004.

[139] É composta por uma seleção de cartas do arquivo FCRB, com diversos temas. Embora muitas cartas não tratem da psicanálise, elas situam momentos de algumas descobertas de Pellegrino sobre temas relacionados ao campo, a partir de análises de outros temas, como a tortura, por exemplo, discussão na qual está implícito o pensamento psicanalítico do autor.

[140] Drummond, 1998.

Entre o fragmento do arquivo selecionado para objeto de sua pesquisa, há cartas enviadas e recebidas, fotos, ensaios, trechos de alguns artigos e poesias, dando ênfase a uma pesquisa e análise literária na biografia do autor. Contudo, à época da pesquisa, não identificara um realce do tema da psicanálise nos arquivos do autor, conforme assinalara:

> Embora a psicanálise — a que Hélio se dedicou durante a maior parte de sua vida — não se apresente como um assunto de particular destaque, não se pode deixar de mencionar, além de cartas assinadas por psicanalistas renomados, a presença de documentos relativos à história do movimento psicanalítico no Brasil, sendo alguns deles bastante elucidativos.[141]

Frente a esses indícios dados pela autora, impôs-se a necessidade de uma visita técnica de estudos na FCRB pela possibilidade de realizar um levantamento desses documentos, cartas e produção intelectual que tratam especificamente do tema psicanalítico. Ademais, a partir da referência da autora de que havia, no arquivo, todo um conjunto de artigos publicados em jornais, de difícil acesso, cogitou-se a possibilidade de encontrar um conjunto, mesmo que pequeno, de ensaios e artigos que não haviam sido encontrados e que tratassem do tema psicanalítico, tendo em vista que grande parte dos escritos do autor — que foram publicados em jornais — tratam desse tema. Por esse caminho, vislumbrou-se a possibilidade de fazer uma leitura e catalogar — pelo arquivo — cartas, ensaios e artigos publicados em jornais e outros que não o foram, permitindo ampliar o acesso ao conjunto de seus trabalhos.

Essa visita de estudos ao acervo teve o agendamento confirmado e foi realizada no período de 22 de fevereiro a 11 de março de 2020.[142] Nessa etapa, o foco foi levantar o material contido nos arquivos pessoais de Hélio Pellegrino do acervo do Museu de Literatura Brasileira, da FCRB, selecionando os títulos que tratassem expressamente da psicanálise.

Não foi possível ler absolutamente toda a produção sobre o tema psicanalítico contida no acervo, pois, ao contrário do que se supunha, a

---

[141] Ibid., p. 257–258.

[142] Nesse momento, o projeto desta pesquisa foi avaliado e contemplado por um edital de apoio a visitas técnicas de estudo, que concedeu recursos financeiros pela Fundação de Apoio à Pesquisa do Distrito Federal (FAP-DF) e contribuiu para a concretização dessa etapa, pelo que agradeço.

partir das colocações de Drummond[143] de que não havia destaque para assunto da psicanálise no acervo, a grande surpresa foi a de que havia uma extensa e complexa teia de produção dos escritos do autor que tratavam expressa e centralmente do tema psicanalítico.[144]

Desse modo, constata-se que a produção do autor sobre o tema é mais robusta do que se pensava; foram encontrados mais de 200 documentos e escritos especificamente sobre o tema psicanalítico. Havia algumas produções intelectuais com mais de 100 páginas manuscritas e/ou datilografadas. Por isso, foi feita uma seleção, na pasta catalogada pelo termo *produção intelectual*, a partir do título, de textos que tratavam expressamente da psicanálise. Iniciou-se então a leitura dos trabalhos, enquanto se aguardava o retorno do contato com os familiares do autor. Foi recebida autorização deles para a digitalização do material catalogado sobre o tema da tese, a fim de se continuar a trabalhar com ele no retorno da visita técnica, conforme consta em documento assinado pela pesquisadora.

Portanto, é necessário desconstruir o equívoco de que não há um destaque da produção psicanalítica do autor na instituição e retificar a análise, a partir da descoberta de que a instituição anfitriã, Fundação Casa Rui Barbosa (FCRB), abriga praticamente a maior parte dos escritos psicanalíticos de Pellegrino, atualmente. Além disso, grande parte de sua produção psicanalítica que se encontra nos acervos da fundação é inédita, de difícil acesso ao público, por não ter sido publicada.

Haja vista a importância da função que o autor cumpriu em um trabalho de difusão da psicanálise no Brasil — para além dos círculos fechados das sociedades psicanalíticas —, esse dado da dificuldade atual de acesso a seus trabalhos parece um contrassenso, mas não é. Grande parte do material psicanalítico contido na pasta que foi catalogada como *produção intelectual* é composta por escritos que se tornaram públicos de outra forma em sua época. Foram lidos em mesas-redondas, conferências, palestras, discursos, circulares das sociedades psicanalíticas, artigos e ensaios, em grande parte inéditos (no sentido da publicação escrita), e muitos datilografados, com emendas, que posteriormente foram publicados em jornais. Logo, foi uma verdadeira descoberta percorrer a riqueza, a

---

[143] Ibid.

[144] Pode-se supor, também, que na época do levantamento da tese referida, o acervo não contava com os escritos sobre psicanálise do autor, inviabilizando mencioná-los.

complexidade e a vastidão desse acervo e se deparar com a teia complexa dos escritos psicanalíticos ali contidos.

Sem a pretensão de esgotar as possibilidades de levantamento e análise de todo o arquivo do autor que trata do tema psicanalítico, no acervo, num exercício de síntese, é possível situar o leitor quanto à teia complexa e à riqueza de conteúdo psicanalítico que está catalogada em diferentes pastas no Museu de Literatura Brasileira, da FCRB. Os arquivos do autor foram agrupados em pastas nomeadas como: *correspondência pessoal (CP), correspondência familiar (CF), documentos pessoais (DP), produção intelectual (PI), produção de terceiros (PT), diversos (DV), CS e CT.*[145]

Na pasta *documentos diversos*, constam listas de membros das Sociedades Filiadas à Associação Brasileira de Psicanálise (ABP) (1973), da Sociedade de Psicoterapia de Grupo do Rio de Janeiro (SPAG/RJ) (1981), do IV e V Congresso Psicanalítico Latino-Americano (1962) e da Comissão de Organização do VIII Fórum Internacional de Psicanálise (n.d.). Há também listas de telefones e endereços dos colaboradores da Clínica Social de Psicanálise Anna Kattrin Kemper (n.d.). Encontram-se listas bibliográficas sobre a psicanálise, da obra de Freud, das cartas publicadas entre Freud e Wilhelm Fliess (n.d.), e dos artigos de Pellegrino publicados nos jornais. Foram encontrados ainda anteprojetos de estatutos, regimentos, regulamentos e da Sociedade Psicanalítica do Rio de Janeiro (SPRJ) de 1978 a 1983; currículo oficial (1983); regimentos e ata de discussão e aprovação do Estatuto dessa instituição (1983); regulamentos da Associação Psicanalítica Internacional (IPA) — de acordo com as decisões do XXX Congresso da instituição (1977); projeto para a Comissão de Reforma do Currículo do Instituto de Ensino de Psicanálise da SPRJ (1983) e uma proposta esboçada de regulamento para admissão de psicanalistas na Clínica Social de Psicanálise (n.d.). Além de cópias de figuras do teste criado por Hermann Rorschach (n.d.), ata da Assembleia Geral Extraordinária do Centro de Estudos Psicanalíticos (1979), carnês e recibos de pagamento à Sociedade de Psicoterapia Analítica de Grupo do Rio de Janeiro (SPAG/RJ) e à Sociedade Psicanalítica do Rio de Janeiro (SPRJ) — referentes ao ano de 1981, e à Clínica Social de Psicanálise — referentes ao período de 1985 a 1987; lista de tópicos de evento; cartazes e folhetos divulgando eventos sobre direitos humanos, o índio na Constituinte, literatura e psicanálise (n.d.).

---

[145] Não foi encontrada a tradução para as siglas que nomeiam essas duas últimas pastas.

Na pasta *documentos pessoais*, há certificados, referentes ao período de 1945 a 1981, de participação em alguns eventos, de apresentação de conferência sobre psicanálise e política proferida na I Semana de Ciências Humanas da Faculdade de Ciências Humanas, de Belo Horizonte. Há contratos de cessão e recibos de pagamento de direitos autorais a Hélio Pellegrino, concernentes aos seguintes trabalhos publicados no *Jornal da República* no ano de 1980: *De vento em popa*; *Tortura democratizada*; *Aos solavancos*; *Bezerra vs. Bezerra*; *A insânia insone* e *Deu xá no câncer* e ao livro *O exemplo de Anna K.*, referentes ao período de setembro a dezembro de 1979. Encontramos também denúncia do Ministério Público encaminhada a Hélio Pellegrino, por incitamento à subversão da ordem político-social, referente ao ano de 1969, e um documento no qual se declara que Hélio Pellegrino necessitou de cuidados médicos devido a ameaças à sua integridade física e de sua família, assim como atestados sobre insuficiência coronariana e fratura da mão, referentes ao período de dezembro de 1968 a março de 1967.

Em *correspondência pessoal*, estão reunidas correspondências, poemas, poucos artigos, cartas enviadas e recebidas a Carlos Drummond, Millôr Fernandes, entre outros. Assim como diversificados documentos de interesse psicanalítico. Um deles é um artigo intitulado *Pensando sobre luto e melancolia (1987)*; comentários sobre o trabalho de Contardo Calligaris; escritos sobre o texto de Hélio Pellegrino *Édipo e a paixão* e sobre o livro *Tratado de la pasión: la pasión como forma de conocimiento*; documentos e um dossiê contendo matérias de jornais que dizem respeito à situação da Colônia Juliano Moreira (1986); escritos que descrevem sua situação nessa instituição e pedido de apoio, mencionando o interesse da Divisão de Saúde Nacional de Saúde Mental (DINSAM) em exonerá-lo. E consta uma descrição da psicanálise em Cuba, assim como a preparação de um congresso de trabalhadores de saúde mental da América Latina (1986).

Na pasta nomeada pela sigla *CT*, há abaixo-assinados, circulares, notas circulares, artigos e cartas, formando uma diversidade de documentos referentes à psicanálise que permitiriam uma reconstrução de parte da história do movimento psicanalítico no Rio de Janeiro. Nesse conjunto, há documentos referentes ao Círculo Psicanalítico do Rio de Janeiro (1978), à Clínica Social de Psicanálise (1978), à democratização do Brasil, à Comissão Teotônio Vilela para as prisões (1984), à carta de aceitação do convite para participar do comitê organizador de encontro de profissionais da Saúde Mental em Cuba (1986).

Como o próprio nome já diz, a pasta catalogada pelo termo *correspondência familiar* reúne cartas cujos familiares são signatários e correspondentes do autor. Já no arquivo identificado pela sigla *CS*, há um conjunto vasto de documentos de valor histórico, cultural, social e político sobre as instituições psicanalíticas. Permitem reconstruir e refletir sobre a relação entre instituições psicanalíticas e autoritarismo no período da ditadura militar, sobre parte da história do movimento psicanalítico no Brasil, bem como formam um testemunho de trabalho incansável pela democracia nas instituições psicanalíticas.

Nesse conjunto, há documentos referentes às cartas entre Hélio Pellegrino e a Sociedade Psicanalítica do Rio de Janeiro (SPRJ), concernentes ao período de 1972 a 1981. Entre elas, há a solicitação de Hélio Pellegrino ao psicanalista Serge Lebovici de posicionamento com relação às denúncias feitas sobre Amílcar Lobo e sua ligação com a SPRJ (1981), bem como correspondência na qual Lebovici diz que Edward D. Joseph lhe responderá (1981). Convocações para reuniões da SPRJ, propondo que Pellegrino explique as denúncias de Amílcar Lobo como membro de equipe clandestina de tortura das Forças Armadas Brasileiras. Há a proposta de que Hélio Pellegrino e Eduardo Mascarenhas se demitissem antes que a SPRJ os expulsasse, recusada por ambos, fundamentando a incompatibilidade entre psicanálise e autoritarismo. Há o pedido de Pellegrino da inclusão, no calendário científico da instituição, da reportagem que deu origem à sua exclusão, negado por Vítor Andrade. Há cartas entre o psicanalista e o posterior presidente da SPRJ, Víctor Manuel de Andrade. Há também a Assentada de Inês Etiene Romeu contra Amílcar Lobo, publicada em 1981.

Há diversos documentos referentes à crise na SPRJ, no período da ditadura militar. Entre eles, os que se referem à formação em psicanálise e suas etapas na SPRJ (1980), os que elaboram e justificam a necessidade de reforma dos Estatutos e Regulamentos da instituição (1981); solicitações de convocação de Assembleia Geral Extraordinária; resposta aos pedidos de esclarecimento dos motivos da não convocação à assembleia por Jacob David Azulay — na qual compareceriam torturados na ditadura militar (1986).

Há também todo um conjunto de documentos referentes à exclusão de Hélio Pellegrino e Eduardo Mascarenhas do quadro de membros da SPRJ; bem como cartas coassinadas por ambos.[146] Ademais, encontramos docu-

---

[146] Algumas foram publicadas no *Dossiê Amílcar Lobo*, do livro *Crise na Psicanálise* (Filho, 1982).

mentos escritos por Pellegrino, os quais explicam essa expulsão vinculada ao caso Amílcar Lobo e sua relação com a SPRJ. Além destes, encontramos diversos documentos da SPRJ: atas, informativos de circulação interna, regulamentos, Resoluções da Comissão de Ensino da SPRJ, depoimentos de Amílcar Lobo (1981), relações de documentos que constam em sua pasta, artigo sobre acusações a ele, abaixo-assinados sobre a ligação dele com a SPRJ e outros assuntos; há arrazoados, entre outros.

Há ainda a apelação civil do psicanalista ao Tribunal de Justiça do Estado do Rio de Janeiro, cuja apelada é a SPRJ; um documento de confirmação de visita do comitê de sindicância da IPA enviado à SPRJ, entre outros documentos relativos ao período de 1981 a 1982. Há a correspondência assinada por Robert S. Wallerstein, que foi, por um período, presidente da IPA, desculpando-se por não ter apoiado Helena Besserman Viana na denúncia que fizera em 1973 frente ao caso Amílcar Lobo, publicada em 1987.

Somam-se a esses documentos outros que expressam argumentos quanto à incompatibilidade entre autoritarismo e psicanálise; correspondências ao diretor do Instituto de Ensino de Psicanálise (IEP) da SPRJ (1981); cartas sobre as dificuldades enfrentadas pelos integrantes do Fórum de Debates; carta assinada por Vítor Manuel Andrade, informando a suspensão dos direitos de membro de Ernesto La Porta por ter assinado carta publicada no *Jornal do Brasil*, em 1981. Há também alguns artigos sobre as denúncias contra Amílcar Lobo, o apoliticismo das instituições psicanalíticas, a resistência a Freud e as correntes do pensamento psicanalítico da América Latina.

Há correspondências entre Anna Kattrin Kemper e Pellegrino, também chamada por ele de Catarina Kemper; cópia de carta sobre o desligamento de Kattrin Kemper da SPRJ (1981); assim como um documento que expressa questionamentos de Leão Cabernite sobre a psicanalista, destinados à Comissão de Ética da SPRJ[147]; além de cartas deste solicitando medidas da mesma comissão diante das críticas de Hélio Pellegrino (1986).

Há a cópia do processo de Werner Walter Kemper com comentários (1983); abaixo-assinado sobre o caso Amílcar Lobo; documentos assina-

---

[147] Ao nos depararmos com esse documento e com alguns dados presentes na biografia elaborada por Pires (1998, p. 81) acerca de uma vinda da IPA ao Brasil "[...] para apurar queixas sobre a conduta da analista com seus clientes graças a uma denúncia da SPRJ", não encontrando nada que justificasse a manifestação institucional de descrédito ao trabalho psicanalítico que desenvolvia, nota-se que os questionamentos vieram de Leão Cabernite, bem como se nota repetição de sua forma de exigir medidas diante das críticas de Pellegrino por meio da elaboração das cartas mencionadas anteriormente.

dos por Vítor Manuel Andrade — à época, presidente da SPRJ; recursos de Pellegrino contra suas exclusões da SPRJ; comunicado justificando o seu não aceite diante do convite para ministrar seminários na instituição (1981); solicitação para que esta pare de ignorar a existência do *Fórum de Debates* e o reconheça como órgão da instituição (1981); solicitação a esse presidente, feita pelo Fórum de Debates, de carta anônima que rotulava Hélio Pellegrino de comunista (1981); exemplares dos boletins do Fórum de Debates de 1981 a 1983; carta à Comissão de Ética da SPRJ, assinada por Hélio Pellegrino; solicitação feita a ele, pela SPRJ, a respeito de questionamentos de Leão Cabernite (publicada em 1986); solicitação de posicionamento de Serge Lebovici diante das denúncias sobre Amílcar Lobo e sua relação com a SPRJ (1986). Cartas coassinadas por Eduardo Mascarenhas de 1981 a 1982[148]. Encontramos ainda documento de pedido de retratação da International Psychoanalytical Association (IPA), após a confirmação da atuação de Amílcar Lobo em equipe de tortura; documento que expressa desculpas da IPA por não ter aceitado a denúncia da psicanalista Helena Besserman Viana, em 1973, sobre o caso Amílcar (1986); comunicados da suspensão dos direitos de Ernesto La Porta e críticas aos participantes do Fórum de Debates.

Encontramos nessa pasta os seguintes artigos de Pellegrino, que provavelmente não foram publicados, referentes ao tema: *A crise atual da SPRJ, consequência e coroamento de outras lutas*; *As acusações que pesam sobre o Dr. Amílcar Lobo Moreira da Silva*; *Almirante sem leme*; *Contra as portas fechadas*; *A crise institucional da SPRJ*; *Documentos e história*; *A doença da instituição psicanalítica: SPRJ* ; *O Dr. Amílcar Lobo fez à Folha de S. Paulo no dia 8.2.81 esclarecedoras declarações*; *O Dr. Vítor Manuel Andrade, em circular distribuída para todos os colegas*; *Em mesa-redonda na PUC, denunciei o apoliticismo das instituições psicanalíticas*; *Falar-se-á, assim, de Melanie Klein, de Abraham, de Ferenczi, de Bion*; *A instituição é um mal necessário*; *Contribuição para uma análise institucional da SPRJ: um estudo de caso (1981)*[149]; *Lapso e verdade (1987)* e *Conversa produtiva: 21/8/75* — coassinado por Carlos Barreto, Wilson Chebabi, Fábio Lacombe e Jeremias Lima em 1975.

Na pasta intitulada *produção de terceiros*, há produções de outros autores guardadas por Hélio Pellegrino. Nela se encontram poemas,

---

[148] Alguns documentos dessa pasta foram publicados na íntegra no *Dossiê Amílcar Lobo*, do livro *Crise na Psicanálise* (Cerqueira Filho, 1982).

[149] Discurso escrito que fora lido no Colégio Mineiro de Psicanálise, em Belo Horizonte, 1981, e posteriormente publicado no livro *Crise na Psicanálise* (Filho, 1982).

romances e contos de literatos brasileiros; recortes de jornais, como a sanção de Leonardo Boff; relatórios, por exemplo, sobre a comunidade terapêutica Maxweel e o de visita realizada pela Comissão Teotônio Vilela à Penitenciária do Estado, em 1984; há conferências e artigos de outros psicanalistas guardados pelo autor, como o artigo *Totens e Tabus da Instituição Psicanalítica*[150]; além de artigos de autores de outros campos, como um artigo de crítica da arte, de Mário Barata. Há ainda uma grande quantidade de textos com dedicatórias a Hélio: relatos de caso clínico, conferências, discursos, ensaios, dissertação e tese. Entre os ensaios, consta um de crítica do Hospital Psiquiátrico de Minas Gerais[151] e o ensaio *A politização na sociedade disciplinar e a possível quebra de dualidade: comunidade externa x asilos-colônia.*

Por último, há a pasta catalogada pelos arquivistas como *produção intelectual*. Nela constam 520 produções textuais, sendo a maioria composta por artigos e ensaios, além de outros diversos tipos de escrita. A centralidade da análise perpassa diferentes temas: romances, obras literárias e poéticas, filmes, mitologia, política (democracia, ditadura), estrutura social do Brasil, violência, criminalidade, personalidades públicas, personalidades políticas, religião, fenômenos históricos do capitalismo, tortura e psicanálise.

Nessa pasta, há 180 produções que tratam expressamente da psicanálise enquanto tema central. É composta por artigos e ensaios; textos para serem publicados em capítulos de livros, prefácios; outros elaborados para aulas, falas em mesas-redondas e discursos; escritos baseados em conferências dadas por ele; esboços e notas para elaboração de ensaios; poesias; escritos manuscritos em cadernos; artigos e ensaios datilografados em diferentes versões (extensas e/ou curtas); alguns publicados posteriormente em revistas; outros inéditos e muitos publicados nos jornais. Abordam diferentes recortes temáticos, por exemplo: a constituição do sujeito pela alteridade, a relação entre psicanálise e política, o apoliticismo das instituições psicanalíticas; psicanálise, democracia e transformação social; estruturação econômico-social-político-cultural do Brasil; violência; criminalidade; personalidades públicas da história do movimento psicanalítico; personalidades políticas; religião; fenômenos

---

[150] La Porta, E. (1981). *Totens e Tabus da Instituição Psicanalítica*. [Rio de Janeiro]. Arquivo Hélio Pellegrino. Arquivo Museu de Literatura Brasileira. Fundação Casa de Rui Barbosa.

[151] Barreto, F. P. (1972). *Crítica do Hospital Psiquiátrico de Minas Gerais*. [Rio de Janeiro]. Arquivo Hélio Pellegrino. Arquivo Museu de Literatura Brasileira. Fundação Casa de Rui Barbosa.

históricos do capitalismo; tortura; a relação entre pacto edípico e pacto social; tratados de releitura sobre o complexo de Édipo freudiano a partir de uma análise minuciosa da obra de Sófocles — incluindo-se *Édipo Rei, Édipo em Colono* e *Antígona*; ética da psicanálise, entre outros.

Dessa forma, considera-se que os arquivos do Museu de Literatura Brasileira abrigam grande parte da produção psicanalítica do autor. Dessarte, há que se ressaltar a importância das cartas e documentos para a reconstrução da biografia e de parte da história do movimento psicanalítico no país.

Em vista do exposto, é digno de reflexão o dado curioso de que, por mais que haja poucos estudos sobre Hélio Pellegrino ou sobre suas interpretações no campo das ideias entre esse pequeno conjunto, a maioria parte de interesses da área dos estudos literários, jornalísticos ou sobre religião e política, ou seja, campos do saber externos à psicanálise que inclusive reconheciam que a produção intelectual-síntese mais notável do autor se deu na área da psicanálise Pires[152]. Contudo, conforme mencionado, após mais de trinta anos de sua morte, não há sequer um estudo do campo psicanalítico dedicado ao pensamento psicanalítico autor.

Esse silêncio da contribuição da leitura da psicanálise elaborada por Hélio Pellegrino no Brasil, por parte da pesquisa em psicanálise, das universidades, da crítica psicanalítica, das instituições psicanalíticas e dos psicanalistas, leva à interrogação do que se silencia ao silenciar sua contribuição. Ampliando essa questão, embora haja um amplo material do autor que demonstra que ele mantém um diálogo rico, vasto e rigoroso com a psicanálise, a obra dele não repercute muito na psicanálise que se faz atualmente. Cabe indagar o porquê disso.

A hipótese desta pesquisa é que o recalcamento de sua contribuição simboliza um processo de amnésia, esquecimento e ocultamento da essência do compromisso social da psicanálise, bem como de contradições sociais, epistemológicas e questões candentes ao campo psicanalítico. Assim, sem a pretensão de exaurir essa questão, as próximas páginas que seguem se dedicam a tecer algumas reflexões iniciais sobre ela.

---

[152] Pires, 1998.

2.4. Amnésia social da contribuição de Hélio Pellegrino: símbolo de um silêncio sobre temas fundamentais para a psicanálise e sobre a essência de seu compromisso social

> *Essa* impregnação desnaturante *da ciência psicanalítica foi o fato essencial que escapou aos marxistas de 49, signatários do documento. Na verdade, ao fazerem a crítica da psicanálise, tomavam gato por lebre, substituindo gato por lebre, substituindo a descoberta revolucionária de Freud por uma contrafação ideológica que a falsificava — e a encobria. Sob influência da* ego psychology *norte-americana, em plena expansão nos Estados Unidos, a psicanálise revestira-se de características adaptativas e conservadoras, a serviço, não da verdade do desejo, mas do* way of life *americano. Esta visão caricata da psicanálise, capaz de esconder seu rosto autêntico, deformando-o e aviltando-o, é que foi tomada, pelos críticos marxistas, como sua versão original. Nesta medida, tais críticos, em função de graves prejuízos ideológicos, tornaram-se cúmplices involuntários de uma impostura.*[153]

O conceito de *amnésia social* em um campo do saber se reporta a um esvaziamento da radicalidade dos conceitos desse campo[154]. Talvez, a coragem de Hélio Pellegrino de romper o silêncio acerca dos problemas estruturais do capitalismo, da psicanálise e do Brasil o tenha levado a se debruçar, nos diferentes escritos, sobre como se desenvolve uma amnésia dos elementos mais originais da teoria freudiana, dos seus conceitos fundamentais, como o conceito de inconsciente e de complexo de Édipo; da análise do tema de revoluções fundadoras da cultura — presente no mito de *Totem e tabu* e em outras descobertas freudianas; além de desenvolver uma análise minuciosa sobre os fundamentos e os conceitos básicos da psicanálise. Por isso, o silenciamento de sua contribuição talvez seja uma expressão simbólica também de um silenciamento a respeito de elementos que considera centrais na psicanálise, como o compromisso social.

Além disso, sua sensibilidade social e uma compreensão profundamente histórica o levam a criticar uma psicanálise conformista, apolítica e neutra que se desenvolvia em diferentes práticas predominantes e tendências teóricas das instituições psicanalíticas no período ditatorial do Brasil, descortinando e refletindo criticamente sobre o que sustenta tais

---

[153] Pellegrino, 1989, p. 42.

[154] Jacoby, R. (1977). Amnésia Social: uma crítica à psicologia conformista de Adler a Laing. Rio de Janeiro: Zahar.

práticas e suas consequências em nível subjetivo e social, contrapondo-se a essa tendência a partir do debate sobre a epistemologia, os fundamentos da psicanálise e suas implicações éticas e políticas.

Ademais, é importante relembrar o resgate histórico de Pires[155] de que, durante os debates na PUC, surgiu na plateia a denúncia do professor Rômulo Noronha de Albuquerque sobre as torturas que sofrera e de que estava certo que a SPRJ tinha consciência de que Amílcar Lobo atuava como integrante de equipe de tortura, desde a denúncia de Helena Besserman Viana. A partir desse depoimento, Hélio Pellegrino solicitou por diversas vezes à SPRJ que recebesse os presos políticos para escutar suas denúncias acerca da atuação de Amílcar Lobo na tortura e se posicionar frente a isso. Ao contrário do que se esperaria de uma sociedade democrática, a instituição não aceitou seus pedidos, mas, diante das críticas que Pellegrino tecia — acerca do apoliticismo, da ausência de leitura dos textos de Freud, da existência de barões da psicanálise e do apoliticismo nas sociedades psicanalíticas —, a instituição respondeu expulsando Pellegrino e Eduardo Mascarenhas, os quais tiveram que enfrentar batalha judicial para serem reintegrados. Essa foi uma resposta absolutamente solidária ao costumeiro autoritarismo do período ditatorial expresso pela polícia militar, que, diante de sua defesa da democracia, prendeu-o no ano seguinte ao de sua participação na Passeata dos Cem Mil.

Esses fatos históricos envergonham a história das sociedades psicanalíticas no Brasil — análogos a algumas tendências presentes na adesão de instituições psicanalíticas ao autoritarismo no mundo[156], que se aliaram a regimes autoritários no país ou se omitiram frente a eles, sustentando-se numa forma ideológica de praticá-la como se fosse possível considerá-la uma ciência neutra, pura, asséptica e apolítica, alheia aos problemas sociais de sua realidade. O que, para o autor, nada tem a ver com a ciência psicanalítica em si, mas se constitui num instrumento que serve e se beneficia da dominação e da ideologia de classe burguesa e visa à manutenção de privilégios.

Nesse sentido, ele faz pensar que não só a teoria advém de uma prática, mas a sua distorção ideológica também. Ou seja, a forma ideológica de praticar a psicanálise pela via elitista, apolítica e neutra se relaciona com a forma ideológica de se conceber a teoria e os seus conceitos fundamentais.

---

[155] Pires, 1998.

[156] Frosh & Mandelbaum, 2017.

Por isso, para o autor, a tarefa de uma reflexão sobre os fundamentos da psicanálise é central, pois o apoliticismo ativo e passivo tem consequências, tanto na terapêutica adotada quanto no plano teórico da conceituação e da teorização da psicanálise, distorcendo sua essência libertária, recalcando descobertas, conceitos e teóricos que estruturam o cerne do edifício psicanalítico, com vistas a reforçar revisionismos e universais abstratos.

Nesse sentido, questiona a perda da radicalidade histórica da plenitude de significações da compreensão acerca da interconstituição entre psiquismo, o outro e o mundo externo — que está presente na psicanálise, mas que é esvaziada dessa dimensão, de seu conteúdo radicalmente histórico, e transformada em um jogo mecanicista, entitativo, constitucional, individualizante e abstrato.

Além disso, analisa as sérias consequências dessas apropriações teóricas que incluem o recalcamento da obra freudiana na história do movimento psicanalítico e das sociedades psicanalíticas que menciona, criticando o fato de não se ler Freud em algumas instituições psicanalíticas. Quando se lê Freud, nota-se, por exemplo, uma apropriação elitista da teoria, do complexo de Édipo e da visão conservadora da função da lei no sentido da manutenção de privilégios, legitimação da injustiça e da opressão, desconsiderando que o privilégio é anterior ao pacto edípico e social. Constrói argumentos no sentido de defender que essa apropriação é ideológica, tem o sentido de reforçar a conservação dos privilégios da classe dominante, legitimar a sua violência estrutural e retirar o poder de desmistificação que está na essência do método da psicanálise, na essência da descoberta radical do conceito de inconsciente, bem como na concepção do complexo de Édipo e da lei como geradora de igualdade, de alteridade e da exigência civilizatória de um Estado Democrático de Direito[157].

Nota-se que, a partir da análise da realidade brasileira, Pellegrino repensa elementos fundantes do processo civilizador e, com isso, apresenta uma leitura particular não só sobre o complexo de Édipo, mas sobre os elementos fundadores da humanização no processo civilizatório, expressos na nova formulação que apresenta na articulação conceitual entre pacto edípico e pacto social.

A originalidade de sua interpretação fora reconhecida em congresso do Chile, referido anteriormente, no qual apresentou sua tese de que

---

[157] Pellegrino, H. (n.d.-h). *A psicanálise está confinada, limitada às classes dominantes [Título atribuído]*. [Rio de Janeiro]. Arquivo Hélio Pellegrino. Arquivo Museu de Literatura Brasileira. Fundação Casa de Rui Barbosa.

Édipo não padeceu do incesto e parricídio pelos pais que o amaram e o cuidaram (Mérope e Políbio), mas padeceu de vicissitudes pré-edípicas, referentes aos pais que o condenaram à morte e a um desamor fundante (Laio e Jocasta), dos quais não conseguiu se desaferrar[158]. O autor leva às últimas consequências a plenitude de significações que advém dessa nova leitura materialista do complexo de Édipo freudiano.

A partir dessa análise, Pellegrino busca pensar em diferenças que são definitivas para a diferenciação entre um pacto edípico e um pacto social humanizador, estruturante da Lei, e em que consiste um pacto pelo poder perverso. Tal diferenciação é fundamental para a compreensão de seus efeitos intrapsíquicos e sociais, que são históricos.

Nesse contexto, o autor defende a tese de que a psicanálise é necessariamente um pensamento a serviço da igualdade e da justiça e de que a posição apolítica retira o caráter desmistificador, libertador e revolucionário; posição presente numa tendência psicológica predominantemente aceita e não questionada, que busca silenciar ou desacreditar essa verdade e a esquerda freudiana[159].

Ademais, seus escritos levantam o questionamento sobre o recalque da pesquisa política, além do revisionismo sintomático da obra de Reich só seguir até a análise do caráter, mas se silenciar quanto à riqueza do exame da relação entre sexualidade e política, sexualidade e fascismo.

Reforça a necessidade de compreender a psicanálise como uma prática contrária a qualquer pretensão de adaptação do sujeito e atribui a Lacan uma tentativa séria e rigorosa de combate aos revisionismos ao discutir a insubordinável dimensão do desejo e sua estrutura democrática. Contudo, reforça sua posição contrária ao pedantismo, afetação, sectarismo e obscurantismo de muitos dos seguidores[160]. Desse modo, questiona o esquecimento do debate sobre essa dimensão do desejo, assim como o esquecimento da essência, mito fundador da cultura, de *Totem e tabu*.

Analisa, por exemplo, que a visão da doença pela perspectiva classificatória, como entidade nosológica, de forma individualizante, e pela concepção da medicalização da doença mental é grave sob todos os aspectos e

---

[158] Vamos falar de Édipo, herói de uma velha legenda tebana. Pellegrino, n.d.-by.

[159] Pellegrino, H. (1979a). *Comigo não, violão*. [Rio de Janeiro]. Arquivo Hélio Pellegrino. Arquivo Museu de Literatura Brasileira. Fundação Casa de Rui Barbosa.

[160] Pellegrino, H. (n.d.-w). *Consequências do apoliticismo, na prática [Título atribuído]*. [Rio de Janeiro]. Arquivo Hélio Pellegrino. Arquivo Museu de Literatura Brasileira. Fundação Casa de Rui Barbosa, par. 2.

tem seus reflexos na prática sintomática de forma que a loucura dos ricos é considerada pela psicanálise e, por outro lado, há a ausência da preocupação com a loucura dos pobres presos e enclausurados, anulados objetiva e subjetivamente nos hospitais psiquiátricos. Para Pellegrino, qualquer justificativa dessa omissão teórica e prática é ideológica porque busca camuflar a realidade através de conceitos e corrobora a estrutura de dominação vigente, com o lucro, a exploração e adoecimento dos sujeitos, tirando da doença seu poder de denúncia, nas diferentes classes sociais. Além disso, a ausência de trabalhos contra as formas de discriminação se expressa na "ausência de um trabalho profilático, junto a pais, professores, líderes de categorias profissionais, na defesa dos direitos da criança e do adolescente"[161], na omissão da responsabilidade social diante dos doentes mentais pobres que são jogados em verdadeiros "campos de concentração para os doentes do povo"[162], assim como na omissão diante do sistema prisional brasileiro.

Para o autor, a defesa ativa dessa omissão não advém de uma irracionalidade pura e simples, mas se articula com um posicionamento teórico e conceitual que esvazia a psicanálise de seu conteúdo radicalmente histórico, transformando-a em um jogo mecanicista, entitativo, constitucional, sectário, individualizante, abstrato e que está presente, por exemplo, na concepção reafirmada de que o ser humano é inatamente cruel, mal, violento, lobo do homem. Essa visão naturalizante busca individualizar os fenômenos para justificar não se envolver na responsabilidade social diante de sintomas que são necessariamente sociais, históricos e produções da cultura.

Essa é uma questão absolutamente atual diante, por exemplo, da recente tese escandalosa de "estupro culposo". Frente à criminalidade que, para o autor, sempre foi um problema estrutural do Brasil, o apoliticismo da psicanálise que não se interroga sobre a tortura — embora seja problema eminentemente psicanalítico — e a expressão da sexualidade e crueldade no campo social aponta para o esgotamento e limites dessa visão de uma psicanálise conformista e reacionária que não busca desnudar os aspectos históricos na origem de um fenômeno, tampouco transformá-los, mas se apoiar em universais abstratos para a construção de sua ideologia e de seu elitismo.

Pela análise do assassinato de Ângela Diniz, por exemplo, o autor tratou do problema como expressão simbólica da reafirmação de que o

---

[161] Id.

[162] Id.

crime é um sintoma da estrutura social e da violência dos ricos burgueses contra o povo brasileiro. A partir dessa leitura, desenvolve uma crítica à naturalização da violência pela vertente psicológica que afirma que todos carregam, dentro de si, todas as paixões humanas ou que reduz os problemas sociais a um jogo mecânico do dinamismo das pulsões. Ou seja, a crítica da apropriação da teoria das pulsões parte de sua análise de crimes, explorações, torturas e violências vividas cotidianamente no país, e com isso discute a insuficiência da vertente psicológica. Esta desconsidera que a luta de classes se desdobra de forma implacável em crimes como esses e em outras explorações, torturas e violências suportadas pelo povo brasileiro. Nesse ponto, entra a sua abordagem sociológica que o leva a uma revisão da abordagem dos problemas a serem tratados, isolando-os em universais abstratos individualizantes que não permitem compreender as mediações dos problemas sociais, tampouco as mediações históricas da constituição da subjetividade, ocultando a origem histórica dessas dimensões em universais abstratos e servindo, portanto, a uma leitura naturalizante e unitária que é própria da ideologia burguesa.[163]

Com isso, outro elemento aparece como digno de nota. Esse recalcamento não é só teórico, mas fundamenta a naturalização de fenômenos históricos como a violência, a desigualdade, as instituições voltadas para reprimir e violentar o pobre e o trabalhador no país, bem como para reprimir e violentar os movimentos ou esquecer e recalcar trajetórias pessoais que lembrem a possibilidade da construção de uma verdadeira democracia para a maioria da população brasileira. Com isso, nota-se uma recusa reiterada da própria realidade, como se esses problemas que assolam o país e a própria história do país fosse reiteradamente apagada e esquecida. Esse dado é digno de nota e o sociólogo Octavio Ianni tece algumas considerações sobre ele:

> É como se grande parte do pensamento brasileiro estivesse em estado de amnésia, não só com relação aos séculos de escravismo, mas também no que se refere às graves desigualdades sociais, étnicas, de gênero e regionais que constituem o Brasil; a rigor, um singular conglomerado de brasis.[164]

---

[163] Pellegrino, H. (n.d.-r). *Burguesia absolvida*. [Rio de Janeiro]. Arquivo Hélio Pellegrino. Arquivo Museu de Literatura Brasileira. Fundação Casa de Rui Barbosa.

[164] Ianni, 2004, p. 152.

Esse estado de amnésia também se repõe no esquecimento de trajetórias, autores, pensadores, como Hélio Pellegrino, como emblema do esforço pelo apagamento de uma vertente que afirma ser a psicanálise um pensamento de esquerda. Nesse sentido, Ianni[165] entende esse processo como parte de um processo maior, no qual não só parte da literatura e da ciência é esquecida, como o pior da própria história do poder arbitrário das ditaduras das elites tem retornado na história do país, em busca de impor os interesses de poucos e impedir a organização política da sociedade no rumo de conquistas verdadeiramente democráticas para a maioria da população. Nesse sentido, se atualiza o esquecimento ativo de toda uma história de trabalhos, pensamentos invisibilizados, trajetórias individuais e coletivas, que mostram a face da força dos coletivos que batalharam pelas conquistas democráticas no país:

> Da mesma maneira, deixam de lado, ou esquecem, toda a história de lutas pelas liberdades democráticas, desde Frei Caneca e Rui Barbosa e Raymundo Faoro, passando pelo abolicionismo, o civilismo, a luta contra a ditadura do Estado Novo, a luta contra a ditadura militar.[166]

Nesse sentido, também podemos refletir sobre os porquês do esquecimento de interpretações que problematizam esse esquecimento, como as de Hélio Pellegrino, e sobre os porquês do silenciamento sobre sua história no movimento psicanalítico, a qual dá testemunho de uma vida e de um pensamento complexo e fértil a favor do reconhecimento da psicanálise como uma ciência de esquerda, a favor da transformação social e da democracia; que desnuda o que gera e mantém as desigualdades, tendo em vista as possibilidades de participação e transformação real dessa estrutura social. Dessa forma, entende-se que a psicanálise pode tanto tornar-se presente no jogo da transformação social como insistir por esquecer essa sua essência e se transfigurar para servir e ser servida do poder hegemônico.

Por fim, longe de lamentar o que denomina por crise de fundamentos da psicanálise, o psicanalista parafraseia Sartre e reafirma a tese de que tudo é político; assim, os posicionamentos teóricos, a concepção e prática terapêutica partem, sempre, de premissas e fundamentos, frequentemente

---

[165] Ibid.

[166] Ibid., p. 239.

inconscientes e implícitos, que precisam sair do nível inconsciente e se tornar translúcidos, assim como os compromissos implícitos com os pactos políticos, e com os projetos de sociedade da realidade social de seu tempo. Isso atesta decisivamente a força e o vigor da psicanálise enquanto práxis viva e pensamento crítico, afirmando que só se pode ser autenticamente freudiano e avançar em suas descobertas através da posição de uma psicanálise crítica e não dogmática. Esse dado confirma a compreensão de que a ciência é luta e de que é preciso que a psicanálise faça parte da luta pela transformação social.[167]

Os desdobramentos e a fertilidade de sua interpretação são inúmeros. Contudo, conforme fora mencionado, apesar de sua contribuição e da atualidade das questões que levantara, o levantamento do estado da arte já exposto expressa que não há produção científica da psicanálise sobre os escritos do autor nesse campo. Trabalhou-se com a hipótese de que isso passa pelo silêncio temático de problemas candentes do Brasil e do modo de produção capitalista, afetando inclusive a amnésia ideológica de não se abordá-los do ponto de vista da teoria psicanalítica, bem como de não se ler Freud e suas descobertas mais originais, além da amnésia de não discutir criticamente a epistemologia da psicanálise por um pensamento conservador acadêmico.

A análise de Pellegrino centra-se no porquê de as instituições psicanalíticas não enfrentarem todas essas questões teóricas, éticas e políticas, domesticando a psicanálise, num revisionismo dos universais abstratos, transformando-a em um instrumento ideológico e mecânico para a manutenção de privilégios e empobrecendo a essência constitutiva de seu pensamento crítico. Por isso, para o autor, o esquecimento da radicalidade substantiva presente nas principais descobertas e conceitos que fundam o edifício psicanalítico precisa ser pensado, pois advém das consequências de um apoliticismo ativo e passivo que retira a essência libertária presente no campo psicanalítico e cujas consequências se expressam no plano epistemológico, bem como na terapêutica adotada.

2.5. Recorte da presente análise

A par da amplitude da contribuição de Hélio Pellegrino para a psicanálise e levando-se em conta que o foco do livro é a produção psicanalítica

---

[167] Pellegrino, H. (n.d.-i). *A psicanálise experimenta em nossos dias uma crise radical de seus fundamentos. [Rio de Janeiro].* Arquivo Hélio Pellegrino. Arquivo Museu de Literatura Brasileira. Fundação Casa de Rui Barbosa.

do autor, esta pesquisa selecionou, no Museu de Literatura Brasileira, um conjunto de 180 escritos que tratam expressamente do tema psicanalítico, referentes à pasta catalogada como *produção intelectual* para se ter dimensão da totalidade do material abrigado na FCRB.[168]

Numa leitura exploratória desse material, foi possível identificar a recorrência sistemática de alguns recortes temáticos, o que conduziu a uma nova leitura, que possibilitou a construção de categorias aglutinando esses recortes temáticos. Além disso, partindo da ponderação do tempo previsto para a finalização da pesquisa, foi possível selecionar um novo recorte, nesse conjunto, de uma amostra de 139 trabalhos que expressassem a discussão desses recortes temáticos de forma proporcional. O que, por sua vez, conduziu à elaboração de uma planilha que mapeasse o conjunto desses trabalhos, a partir das categorias construídas em eixos temáticos para, então, possibilitar uma análise interna das tendências e da estruturação do pensamento psicanalítico do autor.

Em cada trabalho, por sua vez, alguns aspectos investigados eram privilegiados ou se tornavam autônomos do tratamento da temática, levando à construção de categorias que aglutinassem esses recortes dentro de um mesmo eixo temático central. Essa planilha está elaborada no Quadro 1, que segue anexo a este livro, para possibilitar ao leitor um panorama dos principais recortes temáticos desenvolvidos por Hélio Pellegrino.

Diante do exposto, esse procedimento de levantamento sistemático de bibliografia possibilitou compreender os elementos fundamentais da história do pensamento psicanalítico do autor. Ao mesmo tempo, há que se ressaltar que a marca central da estruturação de sua produção é a característica da crítica na reflexão e construção da teoria e da prática psicanalíticas, não cedendo a uma leitura fechada, descontextualizada, a-histórica, mas a uma práxis da psicanálise como ciência aberta e não dogmática, que pensa em si, em seu povo e em seu tempo.

Isso posto, é a partir desse lugar que as tendências presentes em seu pensamento puderam ser mapeadas e analisadas, formando uma totalidade compreensível que articula a importância dos temas tratados que passa pela: reflexão sobre a constituição humana, os fundamentos psicanalíticos sobre a epistemologia da ciência psicanalítica; contribuições e críticas

---

[168] Vale mencionar que o critério acrescido a essa escolha parte da identificação realizada de que essa pasta presente na FCRB reúne também a maioria dos artigos e ensaios publicados — os quais já foram elencados na leitura exploratória mencionada na descrição metodológica, assim como a maioria dos escritos do autor, manuscritos e/ou datilografados, publicados ou inéditos.

às produções de autores da psicanálise que o influenciaram; análise das instituições psicanalíticas; análise do apoliticismo da psicanálise; revisão das teorias das relações objetais; análise da formação do ego e as posições psíquicas; análise do complexo de Édipo, do pacto edípico e do pacto social; entre outros. Constrói, assim, uma leitura da psicanálise com suas implicações na clínica, nas instituições e nos espaços coletivos, em geral, a qual expressa a discussão de um pilar fundamental da psicanálise, que é o seu compromisso social. Esse compromisso é constituído por fundamentos, por uma prática e por uma ética, além de estar imbuído em um projeto de sociedade de transformação dos problemas sociais presentes no país, relacionado aos problemas estruturais do capitalismo internacional.

Dessa forma, identificando-se que a preocupação dos escritos do autor, do início ao fim, passa por um pilar fundador do edifício psicanalítico, que é o compromisso social da psicanálise, cabe então a pergunta a partir da qual os próximos capítulos se desenvolverão: sob quais bases conceituais o pensamento psicanalítico de Hélio Pellegrino se desenvolve?

Aqui, diferentes conceitos fundamentais que expressam as tendências presentes no pensamento psicanalítico do autor poderiam fazer parte dessa escolha. São tão férteis quanto e ainda estão por serem escritos. Contudo, pensando em critérios como as categorias fundamentais que ele trabalha e que expressam a diferenciação entre o que é exigência e o que é recomendação no campo psicanalítico, bem como no que é inegociável para a psicanálise que Hélio Pellegrino trabalha e no que ele rompe com uma perspectiva psicanalítica ortodoxa; além de pensar em apanhar as continuidades e rupturas de seu pensamento psicanalítico — que expressam continuidades com o campo do desenvolvimento histórico do pensamento psicanalítico e no que ele inaugura uma leitura particular dessa ciência —, optou-se pela escolha de trabalhar com os conceitos expostos a seguir.

Portanto, os próximos capítulos se propõem a desenvolver um mapeamento e análise de seis conceitos fundamentais que expressam as tendências do pensamento psicanalítico do autor: inconsciente, natureza e finalidades do aparelho psíquico — abordando sua concepção acerca da teoria da libido e da teoria das relações objetais —, transferência, complexo de Édipo, pacto edípico e pacto social.

Capítulo 3

Somos imperfeitos, incompletos, separados — exilados. Temos que perder os primeiros — e mais absolutamente cobiçados — objetos do nosso desejo. O corte separador do nascimento, que marca biologicamente nossa expulsão do corpo da mãe, tem que ser depois reeditado, elaborado e construído, em termos psíquicos-existenciais. Nascemos uma vez, quando somos expulsos do organismo materno. E, pela Lei do Pai, que interdita o incesto e instaura o primado da linguagem e da ordem do simbólico, nascemos uma segunda vez. A interdição do incesto, fundadora da cultura, inscreve no plano da sexualidade e do desejo a cárie de incompletude que constitui o nosso centro, e nos permite emergir enquanto sujeitos. A vicissitude edípica, ao barrar a onipotência do desejo, quebra o labirinto de espelhos onde se acoita a arrogância narcísica e, induzindo-nos à modéstia, nos condena à perigosa vertigem da liberdade.[169]

3. Inconsciente

Este capítulo discorre sobre a leitura pellegriniana do conceito de inconsciente. Abrange um pensamento sobre suas origens, constituição e funcionamento, nas suas diferentes manifestações. Dentre as formações do inconsciente, esta pesquisa se detém, sobretudo, na descoberta fundamental de Freud do complexo de Édipo como o centro do psiquismo humano, das neuroses e das psicoses. Por fim, apresenta uma leitura nova de Hélio Pellegrino no que concerne às suas reflexões sobre as origens do inconsciente.

3.1. Inconsciente e alteridade

O conceito de inconsciente freudiano é central no pensamento de Hélio Pellegrino. Contrapõe a sua perspectiva à concepção presente na psicologia do ego, que o esvazia de suas significações enquanto instância com leis próprias, centro do psiquismo e sede do desejo, em favor de uma

---

[169] Pellegrino, 1989, p. 100.

concepção adaptativa, de fortalecimento do eu e de ênfase no aspecto consciente. A primazia desse conceito está presente em praticamente toda a sua produção intelectual no campo psicanalítico, e as ideias centrais em torno dela fundamentam um parâmetro a partir do qual o autor vai mobilizar uma série de temas nesse campo e em outros campos do saber.

Assim, na continuidade do pensamento freudiano, assim como lacaniano, insiste em manter a concepção do inconsciente e suas leis próprias na estruturação do psiquismo, bem como a compreensão topológica do sujeito constituído por instâncias em conflito, irredutíveis umas às outras: inconsciente, pré-consciente e consciente. Também abordará as reformulações teóricas dessa noção nos conceitos do eu, supereu e isso, da segunda tópica, sobretudo nas análises que desenvolve sobre os quadros esquizoparanoides e depressivos. Contudo, importante mencionar de saída que, a par das continuidades, um ponto central a partir do qual marca uma leitura nova de Hélio Pellegrino está nas suas formulações sobre as origens do inconsciente.

Dessa forma, para visualizar um quadro geral do que, referente a esse conceito, é abordado nos 139 trabalhos selecionados no mapeamento de sua produção psicanalítica, segue uma breve descrição panorâmica das formações do inconsciente analisadas pelo autor. Sua perspectiva acerca do inconsciente expressa um arcabouço teórico sobre suas origens, constituição e funcionamento, nas suas diferentes manifestações. Assim, dentre as formações do inconsciente, se detém, sobretudo, na descoberta fundamental de Freud do complexo de Édipo como o centro do psiquismo humano, das neuroses e das psicoses.[170]

De modo geral, esses diferentes escritos analisam manifestações do inconsciente no complexo de Édipo, de castração, nos lapsos, nos sonhos, nas fantasias, na formação dos sintomas, na arte, na literatura, na política, na transferência, em posições teóricas, nas instituições e na prática terapêutica da ciência psicanalítica e sua relação com os desenvolvimentos de outras ciências, nas instituições psicanalíticas e nas omissões temáticas fundamentais que esvaziam descobertas e conceitos fundadores da psicanálise.

Detalhando um pouco mais, há uma diversidade de escritos do autor sobre a formação de sintomas, compreendendo que eles dependem das

---

[170] É digno de nota pontuar que essa centralidade da escolha do autor em trabalhar com o conceito do complexo de Édipo enquanto conceito central da psicanálise determinou a escolha do livro em abordar esse conceito no último capítulo.

situações objetivas com as quais o sujeito lida, do grau de incorporação dos objetos — sobretudo nas primeiras fases do desenvolvimento infantil — e das várias técnicas utilizadas e das técnicas defensivas para lidar com os objetos internos e externos; tais como as que se estruturam na histeria, na fobia, na neurose obsessiva, na paranoia e na depressão. Há ainda um grande conjunto de trabalhos que se detêm na análise da estruturação da posição esquizoide; sobretudo no que concerne aos processos de retraimento da libido da consciência para o inconsciente; à relação entre id, ego e superego, nesse processo, além de muitos escritos nos quais desenvolve uma análise sobre o conflito básico presente na posição depressiva, os processos de introversão da libido e a função da agressão nesses processos; diferenciando os processos de agressão primária e agressão secundária.[171]

Faz-se necessário também mencionar a presença de trabalhos que discutem a estruturação dos sintomas da voracidade, da violência, da criminalidade; de fenômenos como a rebeldia, o suicídio, o fetiche; dos processos psíquicos inconscientes presentes na estruturação do fascismo e sua relação com o incesto, contrários à resolução de Édipo, bem como de outras formações sintomáticas da cultura, como a organização de governos autoritários, o problema estrutural e sintomático dos golpes no desenvolvimento do capitalismo no Brasil e em outros países do capitalismo internacional e sua constituição recorrente pelo mecanismo da paranoia. Neles, analisa também a característica da imposição de que o outro se torne objeto especular do próprio desejo. Isso além da relação entre esses mecanismos e a imposição de contrarrevoluções preventivas — fenômeno sintomático e característico da ideologia burguesa e sua violência estrutural —, e o efeito estrutural da violência nesse sintoma.[172]

Dessa forma, desenvolve nesses trabalhos uma análise sobre o grau de internalização dos objetos na formação dos sintomas, sobre os processos presentes no estágio de dependência infantil e no estágio da diferenciação do objeto, além de expor a noção que parte dos conflitos psíquicos, das diversas técnicas às voltas do desejo de separar-se e do medo de separar-se do objeto — presentes na técnica fóbica, obsessiva, depressiva, na atividade persecutória e de que modo ela se funda na relação

---

[171] Cabe ainda mencionar que, no acervo do autor, há também todo um conjunto de trabalhos nos quais desenvolve reflexões acerca da segunda tópica: isso, eu e supereu; sobretudo a partir da análise dos sintomas na posição esquizoide e na posição depressiva.

[172] Pellegrino, H. (n.d.-k). *A transição intransitiva.* [Rio de Janeiro]. Arquivo Hélio Pellegrino. Arquivo Museu de Literatura Brasileira. Fundação Casa de Rui Barbosa.

objetal, nos processos de externalização do objeto aceito e internalização do objeto rejeitado. Articulada a essas concepções, também expõe a noção de ansiedade, abarcando a análise dos processos que constituem a ansiedade primária de nadificação, ansiedade depressiva, ansiedade fóbica e ansiedade persecutória.[173]

A partir da análise da atividade persecutória, por exemplo, desenvolverá uma análise sobre os processos inconscientes de introjeção de relação objetal má, de transformação intrapsíquica em relação persecutória, de idealização do objeto externo, frustração, decepção, raiva, medo de grande perda, mobilização da agressão paranoide para o objeto e culpa.[174]

Cabe destacar que a constituição de si na relação com o outro é a base de qualquer análise psicanalítica. Esse é o cerne da leitura que Hélio Pellegrino faz sobre a origem do inconsciente, da consciência, do pré-consciente, da linguagem e, de modo geral, do psiquismo humano, considerando a importância do fenômeno objetal como o fundamento da constituição humana, além de reformular e acrescentar, a essa concepção, a importância da dimensão alteritária irredutível do ser humano enquanto fundamento da origem do psiquismo e suas instâncias.[175]

Assim, na constelação dos conceitos que expressam a perspectiva psicanalítica do autor, outros conceitos centrais se tecem em torno desse fundamento, como: a concepção sobre a carência, prematuração e desamparo humano, a concepção sobre a origem e a constituição da função simbólica no ser humano; os processos de incorporação primária, identificação indiferenciada, defesas regressivas contra a condição de alteridade, identificação secundária; a análise dos elementos fundadores da identificação primária, de seu abandono para a relação predominante de diferenciação do objeto; a passagem da dependência infantil para a dependência madura dos objetos; os processos de diferenciação progressiva dos objetos, o desenvolvimento do psiquismo e as implicações dos processos de identificação na esfera cognitiva e afetiva; a formação do narcisismo primário, secundário; uma concepção sobre o princípio do prazer e o princípio de realidade; uma concepção acerca das pulsões; os

---

[173] Pellegrino, H. (n.d.-c). A diferenciação é marcada pelo fato de que há, na dependência primária, não apenas identificação, mas incorporação oral [Título atribuído]. [Rio de Janeiro]. Arquivo Hélio Pellegrino. Arquivo Museu de Literatura Brasileira. Fundação Casa de Rui Barbosa.

[174] Id.

[175] Pellegrino, H. (n.d.-p). *As premissas redutivistas sobre as quais Freud se apoiou [Título atribuído]*. [Rio de Janeiro]. Arquivo Hélio Pellegrino. Arquivo Museu de Literatura Brasileira. Fundação Casa de Rui Barbosa.

processos de identificação agregadora presentes na cultura e seu efeito estruturante; a angústia como expressão de um fenômeno essencialmente objetal; a função da ambivalência; a função da agressão, da agressão diferenciada, da agressão depressiva — a partir da crítica do conceito que reduz a compreensão da agressividade a uma compreensão constitucional e somática; a função da raiva; as funções do silêncio; o fenômeno transferencial; entre outros conceitos da psicanálise.

Nesse sentido, é também a partir do fundamento que atribui o psiquismo ao desenvolvimento das relações objetais — e não da concepção que atribui o substrato da vida psíquica à estrutura pulsional[176] —, articulado com a noção de recalque, que abordará a diferença entre os processos primários e secundários, conteúdo latente e conteúdo manifesto; discutindo tanto a fertilidade da acepção freudiana do funcionamento do inconsciente pelos processos primários da condensação e do deslocamento quanto a acepção lacaniana, a qual concebe a correspondência desses processos com os modelos linguísticos presentes na noção de metáfora e metonímia, respectivamente.[177]

Do mesmo modo, partindo de uma concepção freudiana que concebe a centralidade do inconsciente, Hélio Pellegrino privilegia uma fase de elaboração da teoria do recalque em Freud — a qual considera mais fértil. Nesta, trata dos processos de repressão e recalque em termos "[...] de relação do sujeito consigo mesmo e com seu mundo"[178], com os objetos externos e internos, e em termos sociais e morais — ao discutir origem da histeria, por exemplo, contrapondo-se às interpretações de direção genética, que atribuem centralidade da origem dos conteúdos inconscientes a uma fonte somática da pulsão que busca a descarga em seus representantes psíquicos.

Consequentemente, analisará a função da repressão e do recalque e sua função na estruturação psíquica, sempre, na relação entre os sentidos e as formas que ganha na sociedade concreta. Ademais, numa revisão crítica acerca da teoria da repressão e do recalque na psicanálise, desen-

---

[176] Essa contraposição marcará uma novidade, que será cada vez mais presente na leitura que Hélio Pellegrino faz da psicanálise.

[177] Pellegrino, H. (n.d.-bj). *Os autores costumam centrar a diferença, entre Freud e Jung, a partir do conceito de inconsciente [Título atribuído]*. [Rio de Janeiro]. Arquivo Hélio Pellegrino. Arquivo Museu de Literatura Brasileira. Fundação Casa de Rui Barbosa.

[178] Pellegrino, H. (n.d.-i). *A psicanálise experimenta em nossos dias uma crise radical de seus fundamentos*. [Rio de Janeiro]. Arquivo Hélio Pellegrino. Arquivo Museu de Literatura Brasileira. Fundação Casa de Rui Barbosa, p. 13.

volve argumentos sobre sua interpretação de que analisar a repressão em termos exclusivamente individuais funciona como produto ideológico, na medida em que naturaliza e universaliza processos que são próprios da particularidade histórica do capitalismo, desconhecendo que nessa particularidade histórica "a repressão não visa ao controle dos instintos. Ela visa à manutenção dos privilégios de classe".[179]

Solidária a essa concepção, desenvolverá uma leitura sobre os processos conscientes e, sobretudo, inconscientes presentes no desenvolvimento e nas vicissitudes da sexualidade no processo de intercâmbio social, pensando-a, principalmente, a partir da noção central do complexo de Édipo. Parte da noção da marca da falta na sexualidade enquanto não equivalente à noção de genitalidade e da fertilidade da descoberta freudiana da linguagem inconsciente nas neuroses, presente na descoberta e na teoria da sexualidade.

Por conseguinte, desenvolvendo suas reflexões sobre o desenvolvimento da sexualidade pré-edípica, edípica e genital, desenvolverá a análise da importância dos processos de interdição da sexualidade incestuosa para a estruturação psíquica e desenvolvimento de uma sexualidade madura, bem como da necessidade estruturante da cultura em oferecer expressões da sexualidade livre dos sujeitos, numa via de mão dupla.[180]

Dessa forma, pensa a obra de arte, a literatura, como manifestação da sexualidade livre, a serviço da alteridade e da função coesiva da cultura. Centra sua análise na diferença entre um pacto edípico e um pacto social estruturados pela lei do temor — formando uma lei perversa, que não é capaz de manter coesão social, e um pacto pautado no discurso desejante, na liberdade, na dissolução de privilégios no prazer *comunitário e da comunicação*, que caracteriza a lei estruturante e uma estruturação simbólica pelo discurso desejante.[181]

Em vista disso, não naturaliza os processos de desenvolvimento da sexualidade em concepções entitativas, próprias de um reducionismo ao mecanicismo libidinal e pulsional, mas defende pensá-los a partir das suas

---

[179] Pellegrino, H. (n.d.-ai). *Falar mais de Freud do que de Fairbairn, mas desta maneira falar de Fairbairn [Título atribuído]*. [Rio de Janeiro]. Arquivo Hélio Pellegrino. Arquivo Museu de Literatura Brasileira. Fundação Casa de Rui Barbosa, p. 15.

[180] Nesse sentido, defenderá a importância de um trabalho preventivo de líderes de profissão na luta pelos direitos a uma sexualidade livre da criança, contra toda discriminação (*Consequências do apoliticismo, na prática*, Pellegrino, H., n.d.-w).

[181] Pellegrino, H. (n.d.-bh). *O tema da nossa mesa-redonda é sexualidade e poder*. [Rio de Janeiro]. Arquivo Hélio Pellegrino. Arquivo Museu de Literatura Brasileira. Fundação Casa de Rui Barbosa, par. 36.

mediações históricas constitutivas, tanto no desenvolvimento de uma sexualidade incorporadora quanto no de uma sexualidade genital madura. Por isso, partirá de uma perspectiva que busca analisar as relações entre sexualidade e lei — lei estruturante do desejo, da cultura, do pacto edípico —, bem como as relações entre saúde e sexualidade individual e coletiva, pois interpreta que essas são dimensões solidárias e constitutivas da sexualidade em suas diferentes manifestações, assim como as dimensões solidárias entre sexualidade coisificada e autoritarismo, caracterizadas pela repressão da sua dimensão erótico-alteritária — o que é próprio de regimes totalitários.[182]

Com relação a essa problemática, se reporta a Reich e à sua compreensão de que o problema sexual é também político, lembrando que é próprio das sociedades totalitárias a manutenção de sujeitos submissos, manipuláveis, bem como a repressão da sexualidade, da capacidade de amar, de assumir a dimensão erótica, de buscar a justiça.[183]

Nesse sentido, destaca uma descoberta fértil e importante presente na evolução psicossexual da teoria da libido que é esquecida e frequentemente negada por muitas instituições que distorcem a descoberta psicanalítica da tendência de que o desejo e a sexualidade humana madura sejam alteritários, equalitários, libertários, alo-eróticos, abertos à essência e ao desejo do outro, o que implica o repúdio à dominação entre os homens[184]. Dessa forma, analisará ser sintomático o esquecimento desse aspecto libertário presente no pensamento freudiano, com vistas a um uso ideológico da teoria para reforçar uma adesão ao conformismo e à adaptação a um aspecto da cultura do capitalismo que privilegia e reforça a noção do individualismo e do homem lobo do homem.

Logo, não naturaliza as vicissitudes que a sexualidade ganha, mas propõe analisá-las a partir das mediações históricas presentes no processo de intercâmbio social. Com isso, analisará os caminhos do desenvolvimento da sexualidade no sentido da passagem pelo Édipo, a serviço da lei ou a serviço de fixações incestuosas — próprias dos processos de submissão a regimes autoritários, ao conformismo, ao masoquismo.[185]

---

[182] Ibid.

[183] Pellegrino, H. (n.d.-ay). *O encontro psicanalítico pode ser, fora de dúvida, definido como um encontro existencial [Título atribuído]*. [Rio de Janeiro]. Arquivo Hélio Pellegrino. Arquivo Museu de Literatura Brasileira. Fundação Casa de Rui Barbosa.

[184] Pellegrino, H. (n.d.-q). *As relações de excludência: psicanálise e favela se excluem [Título atribuído]*. [Rio de Janeiro]. Arquivo Hélio Pellegrino. Arquivo Museu de Literatura Brasileira. Fundação Casa de Rui Barbosa., par. 7.

[185] Ibid.

Por isso, desenvolve argumentos no sentido de analisar a solidariedade que há entre as dimensões do desenvolvimento da sexualidade e a esfera política, pois há uma articulação entre o desenvolvimento da sexualidade, processos de libertação, reconhecimento e aceitação do outro ou processos de masoquismo, submissão, conformismo, fixações incestuosas e a adesão a regimes totalitários. Portanto, defende a não naturalização dos processos de identificação com autoridades sádicas e dos processos de dessublimação repressiva do capitalismo que dão livre curso a uma sexualidade solitária; que costura crueldade, sadismo e masoquismo no campo sexual e social, além de um moralismo presente no rígido controle da sexualidade livre de preconceitos.[186]

Ademais, ressalta que essa característica do caráter fascista pode estar em diversos movimentos extremistas de direita e de esquerda, cuja característica é uma sexualidade pervertida que impõe uma submissão irrefletida diante do autoritarismo irracional e de tudo o que o ele representa a partir dos processos de identificação com a autoridade sádica, internalizada, aderente à proibição da felicidade e da capacidade de amar, algoz de si e do outro.[187]

Em vista do exposto, defenderá o resgate de uma análise psicanalítica não subjetivista e consequente acerca do desenvolvimento da sexualidade e da repressão, que alcance sua relação intrínseca com a dimensão política, com os diferentes pactos existentes na estrutura social de qualquer cultura; sem o que a análise dos conceitos fundamentais da psicanálise se torna ideológica. Nesse sentido, analisará:

> A repressão da sexualidade, analisada em termos exclusivamente edípicos, representa um produto ideológico destinado a escamotear uma análise consequente e consistente do fenômeno da repressão social como um todo, a serviço da manutenção de estruturas sociais injustas, violentadoras da pessoa humana e, por isso mesmo, necessariamente repressivas.[188]

Nesse mesmo sentido, no período ditatorial que o Brasil enfrentou, com o uso bárbaro e recorrente da tortura contra quem se opunha ao

---

[186] Pellegrino, H. (n.d.-aq). *Marxismo e psicanálise, dois instrumentos de desmistificação*. [Rio de Janeiro]. Arquivo Hélio Pellegrino. Arquivo Museu de Literatura Brasileira. Fundação Casa de Rui Barbosa.

[187] Pellegrino, H. (n.d.-an). *Houve o recalcamento de Reich [Título atribuído]*. [Rio de Janeiro]. Arquivo Hélio Pellegrino. Arquivo Museu de Literatura Brasileira. Fundação Casa de Rui Barbosa.

[188] O encontro psicanalítico pode ser, fora de dúvida, definido como um encontro existencial. Pellegrino, H., n.d.-ay, p. 2.

regime, questionará a ausência — nas instituições psicanalíticas — do debate sobre o significado simbólico da tortura, apesar de ser um problema eminentemente psicanalítico concernente aos processos de desenvolvimento da sexualidade, crueldade e seu vínculo com o campo social.[189]

De forma análoga, contestará os sentidos de uma amnésia nas instituições psicanalíticas, que ignoram as pesquisas mais férteis de Reich sobre a relação entre fascismo, capitalismo, repressão sexual e família autoritária. Por exemplo, no texto *Houve o recalcamento de Reich*[190], o autor questiona o abandono da importante pesquisa de Reich e da fundamental pergunta que levantara acerca do que levou os operários a apoiarem o fascismo. Retoma sua contribuição na interpretação do fascismo enquanto uma doença que não se restringe a uma escolha política alheia a uma constituição caracterológica, mas diz respeito a essa constituição e seu vínculo indissolúvel com um sistema social que impõe esses traços caracterológicos, intrapsiquicamente, reforçando uma direção social cruel e violenta para as pulsões sexuais primárias recalcadas. Dessa forma, entende-o como uma expressão da imposição do sistema internalizada, intrapsiquicamente, na repressão da alegria, do conhecer, da criatividade, da liberdade, da felicidade, constituindo um caráter pautado numa crueldade a partir da identificação com autoridades sádicas, caráter que é expressão da "[...] irracionalidade organizada, é o sadismo armado, é a impossibilidade de pensar e de viver dialeticamente"[191] nas diferentes dimensões da vida.

Pellegrino afirma a importância dessas pesquisas de Reich para a psicanálise e para a compreensão de que a aceitação da interdição do incesto vincula-se ao direito do ser humano à liberdade do desejo. Menciona ainda outra contribuição dos estudos de Reich sobre a função social da família autoritária, patriarcal, repressiva, usina inesgotável de fixação, de culpa e de medo. Analisa a relação entre estruturação da família que opera sob essas ações e sentimentos e a função de servir ao fascismo, ao invés da resolução de Édipo; ou, no máximo, torna-se fonte de uma rebeldia não libertária, expressa na luta contra um tirano, contudo sob sua mesma lógica e correndo o risco de transformar-se no opressor.[192]

---

[189] Pellegrino, H. (n.d.-bi). *O tema desta mesa-redonda é: inserção da psicanálise no modelo capitalista [Título atribuído].* [Rio de Janeiro]. Arquivo Hélio Pellegrino. Arquivo Museu de Literatura Brasileira. Fundação Casa de Rui Barbosa.

[190] Houve o recalcamento de Reich. Pellegrino, n.d.-an.

[191] Id.

[192] Id.

Assim, em seus trabalhos, percebe-se que o autor parte do conceito de inconsciente para pensar a própria psicanálise, as instituições psicanalíticas — nas omissões temáticas fundamentais que esquecem descobertas fundadoras da psicanálise, bem como a epistemologia da psicanálise, tema que considera fundamental.

Para o leitor, pode haver um estranhamento ao se deparar com o fato de que a discussão do conceito de inconsciente passa, para Pellegrino, necessariamente por uma discussão epistemológica, pois é um tema que raramente é objeto de uma análise sistematizada nesse campo. Contudo, é importante compreender que a consciência dos limites da razão humana levou o autor a pensar sobre as raízes epistemológicas da psicanálise, tirando-as do terreno do inconsciente, com vistas a se pensar na articulação entre perspectiva teórica, prática terapêutica e projetos de sociedade que elas necessariamente encampam. Isso o leva a defender que essa é uma tarefa sem termo e basilar, que deve ser empreendida sempre no desenvolvimento de qualquer ciência.[193]

Assim, a preocupação com as origens epistemológicas de um campo da ciência é uma constante em seu pensamento e caracteriza uma parte central da produção de seus escritos, sobretudo num primeiro período, da década de 1950 a 1970. Há uma passagem em que ele ilustra a preocupação constante em seus textos em refletir sobre a articulação entre as concepções ou esvaziamentos teóricos nos revisionismos da psicanálise, suas formas de praticá-la e a necessária relação com projetos de sociedade com os quais contribui para fortalecer e/ou para transformar. Nesse sentido, não tem dúvidas de que: "A notícia que temos da cor das lentes do nosso óculo vai torná-las menos preconceituosas — ou mais descoloridas. Todo conhecimento implica, necessariamente, um par de óculos".[194]

Nesse esforço, defenderá a necessidade da desconstrução da ideia ideológica de torre da ciência apartada da realidade social, fundada na neutralidade, bem como a necessidade de desconstrução do racionalismo clássico e da filosofia positivista unitária que sustenta o capitalismo com pretensão do saber absoluto, neutro; voltado para o controle, dominação e adaptação do ser humano. Partindo da compreensão da característica

---

[193] Ao mesmo tempo, ele não é o único autor a fazer isso e se valeu de trabalhos de outros autores que pensam a não neutralidade, a não naturalização da constituição da ciência, mas sua constituição histórica; perspectiva contrária ao positivismo e racionalismo dominantes, que encampam projetos de sociedades aderentes ao adaptacionismo, à ideologia da neutralidade e à manutenção da dominação de classe.

[194] Pellegrino, 1989, p. 66.

limitada da razão humana, defenderá a necessária reflexão crítica sobre o surgimento e desenvolvimento dos paradigmas de ciência, seus fundamentos, pressupostos, princípios epistemológicos, os desdobramentos das crises das ciências, seus compromissos históricos, políticos e a necessária desconstrução do fracassado orgulho racionalista enquanto único modelo de ciência. Nesse sentido, dirá:

> A exigência — consciente ou não — de ser Deus, perfeito e onipotente, acarreta sempre um agudo ódio e desprezo pela condição humana. É essa posição filosófica do pensador absurdo, descrita por Camus no Mito de Sísifo. O pensador absurdo rejeita a razão humana, limitada e imperfeita, bem como a suprema injúria de uma morte possível. Com isto, confessa sua arrogância e a notícia da monstruosa impaciência que o corrói, cuja raiz é o sentimento de impotência, filha do isolamento.[195]

Com efeito, esse esforço em tornar clara a epistemologia que parte da ciência, a partir de um debate amplo e crítico, perpassa a totalidade dos trabalhos do autor que expressam, de saída, uma relação entre as escolhas teóricas, visão de homem, projetos políticos de sociedade e suas implicações nas diferentes esferas da vida, formando uma teia complexa. Ou seja, esses elementos se articulam numa totalidade indissolúvel. Fica evidente, assim, que a alteridade assumida se posiciona; isto é, a importância de a pessoa que parte de uma posição teórica e científica ter clareza e refletir criticamente acerca dos fundamentos, paradigmas, pressupostos, divergências teóricas e suas implicações na prática e nos projetos de sociedade que assume, enquanto uma tarefa fundamental a partir da qual se assume a liberdade e responsabilidade teórica, prática e política pelas próprias posições. Para ele:

> E, por que, em primeiro lugar, o tema na aparência tão disjuntivo: a psicanálise em crise? Em verdade, disjuntivas são nossas intolerantes mesquinhezas, cujas raízes se constituem de inconsciência não lavrada — não resgatada — pela luz de Logos. Se relutarmos em nascer, refugando o risco e a responsabilidade de posições próprias, precisaremos obscurecer e, mesmo, denegrir quaisquer discordâncias que afirmem a existência do Outro, centrado em sua autonomia. A alteri-

---

[195] Id.

> dade assumida me posiciona, fundado em mim mesmo. Se prefiro — ou preciso — ser epígono, seguidor — ou sectário — de quem quer que seja, tento, em verdade, abrir mão de mim para dissolver-me numa simbiose indiferenciadora que me dispense do risco, da angústia e da honra de uma autêntica existência. A crise da psicanálise, na medida que demarca, generosamente, confrontos e contrastes, longe de separar os que a debatem, junta-os.[196]

Em face do panorama exposto, é notável que o conjunto dos 139 trabalhos expressa uma amplitude de análises do autor acerca das formações do inconsciente, ao ponto de se poder afirmar que uma pesquisa inteira poderia se deter no conceito de inconsciente na produção psicanalítica de Hélio Pellegrino. Diante dessa constatação, é importante fazer a ressalva de que uma análise como essa está além das minhas capacidades nos limites do objetivo deste estudo e que, portanto, essa pesquisa não pretendeu ser exaustiva com relação a cada uma das formações do inconsciente abordadas; mas se deterá, nas páginas seguintes, num esforço de sintetizar as ideias centrais que perpassam o pensamento do autor acerca dessas diferentes formações. Interessa para a presente pesquisa discorrer sobre as continuidades e rupturas do pensamento do autor acerca do conceito de inconsciente com relação ao seu desenvolvimento na ciência psicanalítica.

3.2. Descoberta do inconsciente e as repercussões da concepção do sujeito constituído por instâncias em conflito

Uma ideia central no pensamento de Hélio Pellegrino acerca da importância do conceito de inconsciente é o destaque da revolução copernicana operada por Freud na ciência, com a descoberta do sujeito constituído por três instâncias em conflito: inconsciente, pré-consciente e consciente; heterogêneas e irredutíveis umas às outras, cada uma com suas leis de funcionamento. Além de inverter o corte epistemológico que concebia a centralidade do sujeito constituído pela consciência e descobrir a centralidade do inconsciente na constituição psíquica, expressa com sua linguagem, em diferentes manifestações — como nos sintomas —, um esforço que caracteriza o trabalho psicanalítico[197]. Assim, de forma

---

[196] Pellegrino, 1974b, p. 8–9.

[197] Pellegrino, H. (n.d.-u). *Complexos inconscientes: representações psíquicas afetivamente carregadas [Título atribuído]*. [Rio de Janeiro]. Arquivo Hélio Pellegrino. Arquivo Museu de Literatura Brasileira. Fundação Casa de Rui Barbosa.

recorrente, trabalhará as implicações dessa descoberta no campo científico, epistemológico e no processo terapêutico.

Inicialmente, cabe mencionar que a descoberta do sujeito constituído por três instâncias, com suas leis próprias, em conflito, quebra a noção do papel unificador e unidimensional dos conceitos presentes no positivismo. Faz ver a presença do conflito na constituição psíquica e que o "[...] inconsciente é o centro do sistema solar — não a consciência"[198], ao contrário da suposta homogeneização que preconiza a constituição psíquica pela consciência.

Além do que essa descoberta inaugura um corte epistemológico que dá importância à compreensão do psiquismo enquanto totalidade e que é preciso apreendê-la em sua complexidade, em suas contradições constitutivas que se expressam nos diferentes registros; perspectiva contrária à ideia de uma unidade originária do psiquismo humano conforme as leis imutáveis das ciências naturais.

Igualmente, Hélio Pellegrino[199] identifica que essa descoberta científica radical da psicanálise assim como a descoberta de Marx da luta de classes — negada pela forma filosófica do positivismo são incompatíveis com a ideologia burguesa, pois esta tem interesse em manter o encobrimento dessas verdades e em ocultar a injustiça da estrutura social que dá origem aos seus privilégios — justo porque há consequências libertadoras em "des-cobrir" essas verdades. Além do que, o faz a partir de uma perspectiva abstrata e unitária do sujeito e da sociedade. Em decorrência dessa negação e da tentativa de compatibilizá-las, o autor irá discutir as resistências a essas descobertas pelo reformismo do marxismo e pelo reformismo da psicanálise americana, identificando que, ao longo da história:

> A resistência das construções ideológicas burguesas contra o marxismo e a psicanálise foram enormes. A princípio, ambas ciências foram negadas, e a elas não se deu qualquer crédito nos arraiais do conhecimento acadêmico. Com o passar do tempo, as verdades do marxismo e da psicanálise não puderam mais ser ignoradas. Na impossibilidade de negá-las, foram recuperadas pela ciência oficial, não sem antes lhes serem feitos a barba e os bigodes.[200]

---

[198] Pellegrino, H. (1976b). *Desculpas por repetir, consolo-me com Napoleão [Título atribuído].* [Rio de Janeiro]. Arquivo Hélio Pellegrino. Arquivo Museu de Literatura Brasileira. Fundação Casa de Rui Barbosa., p. 4.

[199] Pellegrino, H. (n.d.-m). *Algumas coisas que direi hoje, terei que repeti-las amanhã [Título atribuído].* [Rio de Janeiro]. Arquivo Hélio Pellegrino. Arquivo Museu de Literatura Brasileira. Fundação Casa de Rui Barbosa.

[200] Ibid., p. 5–6.

Dessa forma, articula essa análise com a discussão presente no artigo de Althusser sobre o reformismo em Marx e Freud, analisando que os conceitos são esvaziados de sua concretude histórica e de sua contradição por uma teorização mecânica, abstrata, homogênea, supostamente neutra e apolítica. Novamente, a consciência e seu papel de unificação, de adaptação e de normalização são reforçados pelo corte epistemológico da unificação presente no reformismo da psicanálise norte-americana[201]. Em sua leitura:

> Este corte epistemológico foi recuperado pelo reformismo da psicanálise americana, que fez da ciência inveterada por Freud uma espécie de psicologia do ego, na qual o inconsciente é uma forma de consciência enterrada, ou consciência dos porões.[202]

Essa escolha implica um processo de encobrimento da realidade, a reafirmação do *status quo* próprio da ideologia da classe dominante e uma perspectiva adaptativista e neutra, contrária às descobertas freudianas mais radicais. Defende que o poder que caracteriza o método e a práxis científica da psicanálise e do marxismo, em essência, é o de desmistificação e de negatividade crítica, enquanto efeitos que permitem ao sujeito se diferenciar e poder emergir como tal. Isto é, negar a sua instrumentalização, indiferenciação e sua objetificação próprias do capitalismo e poder se desenvolver em sua alteridade, no interesse comunitário.

Essa concepção não é nada secundária, mas central na acepção que Hélio Pellegrino tem da psicanálise enquanto práxis científica que nega a negação humana, assim como nega os processos de indiferenciação e de objetificação próprios do capitalismo.[203] Com relação a esse aspecto, em primeiro lugar, a concepção de sujeito da qual parte pode ser assim descrita: "O sujeito é, inicialmente, em seus pisos fundadores, o fato de ele não ser o seu objeto. Ao assumir essa negatividade, o sujeito se põe e se contrapõe ao objeto e, nesta medida, emerge e se diferencia como sujeito"[204]. Nesse sentido, o objetivo da psicanálise não se confunde com

---

[201] Ibid.

[202] Ibid., p. 10.

[203] Essa acepção está presente desde um dos seus textos publicados mais antigos, como na apresentação do livro *Psicanálise em crise*, de 1974, até nos textos nos quais desenvolve uma discussão do método da psicanálise e do marxismo, nos escritos a partir da década de 1980, que estão abrigados na FCRB.

[204] Marxismo e psicanálise, dois instrumentos de desmistificação, Pellegrino, n.d.-aq, p. 19.

uma tarefa de homogeneização, objetificação ou a reforçar processos de dependência mutiladora; pelo contrário:

> O alvo da psicanálise consiste em restituir ao sujeito o seu poder de negatividade, que o funda como sujeito. A construção da possibilidade de uma perspectiva reparadora, capaz de dissolver e negar — identificações e situações que atentam contra a identidade própria — eis o objetivo do trabalho psicanalítico.[205]

Assim, negar a negação do sujeito, isto é, negar-se a ser objeto, implica assumir-se enquanto alteridade, assim como reconhecer o outro enquanto outro, na sua alteridade, e nessa relação poder emergir enquanto sujeito. Isto é: "Não sou o objeto e, na medida em que não o sou, faço-o ser como objeto e, na medida em que o objeto é, pelo poder de minha negatividade passo a ser o sujeito que sou"[206]. Portanto, é uma atividade que não reprime os processos eróticos, essencialmente humanos, de assunção do diferente em si e no outro; por isso é uma atividade subversiva contrária ao capitalismo antierótico — característico do livre curso de uma sexualidade coisificada, pois: "Eros respeita o parceiro, com-sente na sua existência, fá-lo existir numa primazia doadora de ser que é, ao mesmo tempo, assunção de ser próprio, através da felicidade e do gozo do Outro"[207]. Dessa forma, ressaltará que a capacidade alteritária é uma característica essencialmente humana articulada com sua função erótica, pois:

> Eros — o que une, o que integra, o que solidariza os seres humanos na sua mais íntima e concreta realidade, o que reparte alegria e gozo, o que dissolve privilégios e hierarquias no prazer comunitário e comunicado — este é o princípio da subversão revolucionária, o patrono das transformações radicais a serviço do homem.[208]

Essa posição perspectivadora e separadora, que nega a imposição da indiferenciação, é contrária à dominação entre classes que existe na estrutura social do capitalismo, pois:

---

[205] Ibid., p. 18.

[206] Ibid., p. 22–23.

[207] Ibid., p. 14.

[208] Ibid., p. 13–14.

> O sistema de dominação imperante e vigente busca por todos os meios castrar, no ser humano, seu poder de negatividade. Se sou outro, com relação ao sistema, não estou dissolvido e integrado nele, ganho a possibilidade de vê-lo de fora, isto é, com uma determinação crítica que irá desmascarar e desmistificar tudo aquilo que, no sistema, me nega em minha humanidade.[209]

Dessa forma, não é um trabalho no sentido de naturalizar as catástrofes sociais presentes na estrutura de dominação constitutiva da desigualdade social, mas implica uma perspectiva reparadora que permite ao sujeito lidar com as contradições internas e externas, numa escala psíquica; processo similar a essa mesma busca do marxismo na esfera econômica:

> Na verdade, ambas se debruçam sobre o humano, com o objetivo de torná-lo mais inteligível. O marxismo procura por detrás das ideologias, sistemas, instituições o movimento real da sociedade, a dialética da luta pela qual os homens buscam construir sua liberdade. O marxismo é, em última análise, uma formidável teoria da alienação humana, cujas origens se enraízam no campo do econômico. A psicanálise, por seu termo, busca compreender, no homem, aquilo que, em nível psicológico, é capaz de aliená-lo de sua liberdade [...]. O marxismo busca tornar conscientes as forças revolucionárias da sociedade, de modo a permitir-lhes assumir um projeto de transformação de sociedade, com vias a uma desalienação do ser humano: aumento de sua área de liberdade. [...]. O mesmo, em escala psicológica, pretende a psicanálise. Ela visa a permitir que o ser humano assuma, contra as forças internas que o mantêm alienado, a autoria de si mesmo, isto é: do seu autêntico projeto existencial [...]. A patologia psicológica é inseparável da patologia social. Um mundo inumano, movido por um sistema inumano — o modo capitalista de produção — só pode gerar inumanidade, doença, alienação.[210]

Corresponde a essa acepção o valor dado à psicanálise enquanto instrumento de desmistificação que se esforça por se valer da ciência do inconsciente, com sua linguagem significável e:

---

[209] Ibid., p. 23–24.

[210] Pellegrino, H. (n.d.-t). *Como se constitui uma ciência [Título atribuído]*. [Rio de Janeiro]. Arquivo Hélio Pellegrino. Arquivo Museu de Literatura Brasileira. Fundação Casa de Rui Barbosa., p. 1–3.

> Decorre daí que o esforço psicanalítico consiste em transformar uma ciência — a do inconsciente — numa tomada de consciência, pessoal e existencial, daquelas verdades que constituem o campo, hoje alargado e enriquecido, da descoberta freudiana original[211].

Contudo, para ele, a tarefa de trazer à consciência os conteúdos inconscientes é absolutamente divergente da acepção presente na psicologia do ego norte-americana, conformista e adaptativista:

> Esta consciência, encarnada e buscada, não se confunde, por sua vez, com a falsa consciência, meramente adaptativa e normalizadora, que pretende do ser humano, como exigência reificante e alienante, que ele desista de seu discurso, peculiar e original, para tornar-se o repetidor automático de textos — e contextos — que lhe são impostos, e o transcendem.[212]

Nesse sentido, nota-se que a relação entre autonomia e liberdade não se confunde com uma noção individualista e subjetivista da constituição do sujeito e da consciência pautada numa afirmação dos processos do individualismo e do isolamento do indivíduo; pelo contrário, essa relação não pode ser compreendida fora da relação alteritária e comunitária com o outro, pois esta é a condição fundamental da origem do psiquismo, conforme destaca:

> Nos dias que correm, a espécie de consciência que se arroga à virtude de um saber sem crítica e sem dúvida, a respeito de si própria e do mundo, descai inevitavelmente e se transforma em ideologia ou — o que dá no mesmo — num esforço de falsa racionalidade de falso conhecimento, sob cujo véu encobridor se ocultam todas aquelas forças que pretendem negar no homem sua dignidade, autonomia e liberdade. Consciência é apropriação de si mesmo, — e da própria ipseidade — através de uma abertura alteritária ao não si mesmo, ao ser outro por cuja mediação nos fundamos em nossa ipseidade. A consciência, por conseguinte, será tanto mais diferenciada e autêntica quanto mais profunda e ampla for a abertura alteritária que a funda. Isso implica afirmar que a consciência é consubstancial ao esforço gradativo para ver, em profundidade, amplitude e objetividade, o rosto do

---

[211] Pellegrino, 1974b, p. 7.

[212] Id.

> mundo e do Outro. Este esforço, por sua vez, estrutura a perspectivação separadora que faz de nós seres nascidos e diferenciados, capazes de nos defrontarmos com o mundo e com o Outro, aptos, nesta medida, a consentir na existência do mundo e do Outro.[213]

Essa citação expressa uma característica marcante da leitura pellegriniana da psicanálise, que afirma a relação indissolúvel entre a ciência psicanalítica e o que concebe como ética da alteridade que a constitui. Nesse sentido, a concepção acerca da origem do psiquismo, da consciência e do inconsciente é inconcebível enquanto originada de forma abstrata ou entitativa, na qual se cogita a possibilidade da origem do psiquismo por um sujeito ou um ente isolado e abstrato, fora da relação com o outro. Pelo contrário, a relação com o outro é central para se descobrir como essas instâncias se fundam, se constituem e se desenvolvem, assim como se origina a função simbólica, eminentemente humana.

Em suma, vale mencionar que Hélio Pellegrino concebe o objeto de estudo que é o ser humano de ordem radicalmente diferente do objeto de estudo das ciências naturais, estruturado como ser de linguagem, pelas instâncias do inconsciente, do pré-consciente e da consciência — irredutíveis uma à outra; formado pela capacidade de criação artística, de transformação ou manutenção da sociedade. Essa perspectiva passa por uma leitura particular de Hélio Pellegrino que concebe a origem desses fenômenos psíquicos na relação do sujeito com o outro, com o mundo e a partir da qualidade humana irredutível de sua dimensão alteritária. Essa concepção inaugura uma leitura particular do autor, marcada por continuidades e rupturas com relação às formulações presentes na história do desenvolvimento da psicanálise acerca das origens do inconsciente, que serão abordadas a seguir.

3.3. Origens das formações do inconsciente

Escolhe-se sintetizar as continuidades e rupturas entre o pensamento psicanalítico de Hélio Pellegrino e os principais teóricos desse tema na evolução da psicanálise, aos quais o autor se reporta, para discutir a sua concepção acerca das origens do inconsciente.

Em primeiro lugar, há uma continuidade fundamental entre a perspectiva do autor e a concepção freudiana de que o inconsciente se constitui como o centro da vida psíquica, a partir do qual emerge a consciência;

---

[213] Ibid., p. 8.

instâncias heterogêneas que passam a constituir o psiquismo humano: "Consciência — Inconsciente: duas províncias — dois mundos — exigindo duplo passaporte. A consciência e o inconsciente têm leis próprias, código próprio e autonomia de funcionamento".[214]

Ademais, reconhece em Freud um descobridor de continentes novos por romper com a concepção dominante por muitos séculos que reduz o homem ao cogito cartesiano, ao ego, à consciência e que não considerava as formações do inconsciente objeto de estudo da ciência, quiçá os fenômenos psíquicos, mas considerava-o lixo. Com essa quebra do cogito cartesiano, com a inversão e revolução conceitual operada por Freud, o inconsciente não só passa a ter estatuto de fenômeno psíquico, mas: "Mais ainda: é no inconsciente, sede do desejo, que se modela o destino humano".[215]

Dessa maneira, em continuidade com o pensamento freudiano, Pellegrino afirmará que a psicanálise é uma ciência movida pela paixão pelo conhecimento do inconsciente humano e pelo esforço de descobri-lo nas suas manifestações e de significá-lo. Dessa forma, dirá:

> A descoberta do inconsciente, do complexo de Édipo, da castração, a possibilidade de fazer dos sintomas, dos lapsos, do material onírico, enfim, do discurso do inconsciente um significante capaz de render-se à paixão do significável e, portanto, ao significado, é aventura sua, que mudou a face do homem — sua identidade.[216]

Um outro aspecto de continuidade, que considera fundamental e no qual o autor radica a sua origem em Freud, Jung e Lacan, está no fato de esses autores levarem às últimas consequências um aspecto radical acerca do conceito de inconsciente como não sendo mera extensão da consciência, ou uma parte oculta desta, e que não mais equivale psiquismo à consciência, mas considera o inconsciente como a instância central da constituição do psiquismo, do destino humano e da estruturação do ser humano pela linguagem[217]. Para o autor, esses teóricos, que são os maiores representantes dessas verdades na psicanálise,

---

[214] Pellegrino, H. (n.d.-v). *Consciência — Inconsciente [Título atribuído]*. [Rio de Janeiro]. Arquivo Hélio Pellegrino. Arquivo Museu de Literatura Brasileira. Fundação Casa de Rui Barbosa, p. 1.

[215] Id.

[216] Pellegrino, H. (n.d.-u). *Complexos inconscientes: representações psíquicas afetivamente carregadas [Título atribuído]*. [Rio de Janeiro]. Arquivo Hélio Pellegrino. Arquivo Museu de Literatura Brasileira. Fundação Casa de Rui Barbosa, p. 5.

[217] Pellegrino, H. (n.d.-bq). *Quem fala de psicanálise e Jung fala de Freud e Jung [Título atribuído]*. [Rio de Janeiro]. Arquivo Hélio Pellegrino. Arquivo Museu de Literatura Brasileira. Fundação Casa de Rui Barbosa.

> [...] sabem que o ser humano é consciência e inconsciente. Sabem, por outro lado, que o campo da consciência emerge do inconsciente, como parte visível de um imenso território submerso. [...]. É de Jung a imagem: a consciência se assemelha ao pico de um *iceberg*, cuja extensão empalidece diante da massa mergulhada no mar.[218]

Outro aspecto fundamental de continuidade e ruptura entre as suas concepções acerca da origem e constituição do inconsciente está em considerá-lo supraindividual e que vai além dos limites do conteúdo recalcado presente na história individual, isto é:

> O inconsciente freudiano está longe de constituir-se apenas dos materiais recalcados, decorrentes de experiência individual. Ele se funda a partir de uma primeira expressão psíquica dos instintos, enraizados, por um lado, no soma e, por outro, adquirido no ID uma primeira expressão psíquica, não diretamente [...]. Isto significa que o inconsciente freudiano é originariamente filogenético, supraindividual, implicando uma herança arcaica, uma vez que os instintos não podem ser avaliados em termos de aquisição individual.[219]

Essa citação sintetiza tanto uma continuidade quanto uma ruptura de Hélio Pellegrino com respeito ao cerne dessa análise sobre as origens do inconsciente. A continuidade está em atribuir à leitura de Freud, Jung e Lacan a descoberta da dimensão supraindividual do inconsciente e a ruptura central está em articular a origem dessa instância — bem como da consciência — a um substrato somático. Esmiuçando, expressará a importância da dimensão supraindividual do inconsciente e atribuirá a Freud a descoberta fundamental do complexo de Édipo como o centro do psiquismo, das neuroses e da psicose.[220]

Para o autor, a mesma concepção da dimensão supraindividual do inconsciente continua presente em Jung, sobretudo no conceito de inconsciente coletivo e no conceito de arquétipos. Nesse ponto, interpreta que há uma continuidade substantiva entre o conceito de inconsciente em Freud e o conceito de inconsciente coletivo em Jung e nos faz refletir até que ponto essas divergências foram determinadas pelos conflitos emocionais entre Freud e Jung, mas que não conseguiram ser expressas como uma divergência teórica substantiva entre as principais noções psicana-

---

[218] Ibid., p. 2.

[219] Os autores costumam centrar a diferença, entre Freud e Jung, a partir do conceito de inconsciente, Pellegrino, n.d.-bj, p. 9–10.

[220] Ibid.

líticas desenvolvidas pelos autores, por mais que exista uma criatividade e genialidade, a seu ver, nas reformulações de Jung.[221]

Dois argumentos são centrais em sua análise de que há uma continuidade substantiva entre ambos. O primeiro diz respeito à dimensão supraindividual do inconsciente, que Jung e tantos autores buscam enfatizar para marcar a diferença entre a sua concepção de inconsciente coletivo e a de Freud, mas que Hélio Pellegrino contrapõe:

> Ora, não há nada mais arquetípico, filogenético, primordial, do que a estrutura edípica [...]. A estrutura do Édipo nos transcende, infinitamente, embora tenhamos que repeti-la, integrá-la ou adoecermos dela, em nossas vidas individuais [...] pois marca o advento da vida social e da ordem simbólica, isto é: o advento da humanidade do homem.[222]

> O Édipo marca o advento da mediação, isto é: o surgimento da junção simbólica, que é o centro, a essência da condição humana. 'O homem é um animal simbólico', segundo a definição de Carrier. O Édipo sagra — consagra — crisma a separação da mãe. [...].[223]

Outro argumento que, para o autor, demonstra uma continuidade substantiva entre Freud e Jung está em ambos conceberem a origem do inconsciente ancorada no soma. Se, para o inventor da psicanálise, o inconsciente se funda a partir da energia pulsional, cuja base somática gera efeitos psíquicos ao nível de representações inconscientes, isso implica que:

> O aspecto psíquico dos instintos só é conhecido, portanto, para Freud, a partir dos efeitos estruturantes gerados, nas representações psíquicas, pelas catexis instintivas das quais ficam essas representações investidas. Esses efeitos, por sua vez, se subordinam ao interjogo dinâmico de três instâncias psíquicas (EGO, ID, SUPEREGO).[224]

Aqui, Freud expressará a dificuldade de uma definição precisa do que seja a pulsão, reconhecendo a opacidade da teoria das pulsões e atribuindo essa imprecisão à própria característica da pulsão, da qual só temos notícia a partir das suas manifestações em representações psíquicas

---

[221] Ibid.

[222] Complexos inconscientes: representações psíquicas afetivamente carregadas, Pellegrino, n.d.-u, p. 4.

[223] Ibid., p. 5.

[224] *Os autores costumam centrar a diferença, entre Freud e Jung, a partir do conceito de inconsciente*, Pellegrino, n.d.-bj, p. 8.

cuja origem está numa carga energética[225]. Hélio Pellegrino constatará a mesma dificuldade na definição de arquétipos, por Jung, identificando que: "É extremamente difícil, senão impossível, uma definição precisa do que sejam os arquétipos"[226]. Contudo, há uma correspondência entre a definição substantiva presente no conceito de pulsão e no conceito de arquétipo, de Jung:

> Os arquétipos — tanto quanto os instintos freudianos — se manifestam através desses efeitos. De sua energia psíquica. De sua energia psíquica brotam os símbolos, os mitos, as imagens primordiais, os rendimentos espirituais para os quais tende o ser humano.[227]

Da mesma forma, reconhecerá em Lacan a continuidade dessa acepção da dimensão suprapessoal do inconsciente, o qual enfatiza sua atribuição a Freud como precursor do algoritmo linguístico estruturalista do homem ser constituído como linguagem, ou seja, a linguagem ser sua própria essência. Com relação a essa asserção, cabe mencionar que essa descoberta e a fertilidade de seus desdobramentos estarão presentes na concepção que Hélio Pellegrino desenvolve do início ao fim, ressaltando que:

> Hoje, nos nossos dias, quando a linguística estrutural se torna um modelo privilegiado para a abordagem dos problemas humanos, Jacques Lacan constrói uma leitura monumental do texto freudiano, a partir de um modelo estruturalista. Freud é redescoberto, inclusive, como precursor do célebre algoritmo saussuriano, constitutivo do signo linguístico. O inconsciente — e Lacan o demonstra — é estruturado como linguagem. E Freud, sem dizê-lo explicitamente, permite uma leitura desse tipo.[228]

Portanto, reconhece a dimensão supraindividual do inconsciente nessa acepção de Lacan — o que marca um aspecto fundamental de continuidade entre a perspectiva de Pellegrino e de Lacan acerca do inconsciente, com a ressalva de que Hélio Pellegrino irá romper com um aspecto da concepção presente em Lacan. Em ruptura com o pensamento de Freud, Jung e Lacan, Pellegrino não atribui a origem dos fenômenos inconscientes a uma base somática e, apesar de considerar o conceito de pulsão fundamental para a

---

[225] Roudinesco, E., & Plon, M. (1998). Dicionário de Psicanálise. In *Plos Pathogens* (v. 2, n. 5).

[226] Quem fala de psicanálise e Jung fala de Freud e Jung, Pellegrino, n.d.-bq, p. 2.

[227] *Os autores costumam centrar a diferença, entre Freud e Jung, a partir do conceito de inconsciente*, Pellegrino, n.d.-bj, p. 9.

[228] Ibid., p. 4.

compreensão de sua *relação* com o inconsciente, não o considera fundamental para a compreensão da *origem* dessa instância. Assim, reconhece que:

> Jacques Lacan, com sua leitura estruturalista de Freud, demonstrou que o inconsciente freudiano é estruturado como linguagem. Isto significa que a *estrutura pulsional do ID, o estruturar as representações inconscientes*, o faz segundo modelos linguísticos, utilizando, fundamentalmente, duas línguas de retórica — a metáfora e a metonímia, que correspondem à condensação e aos deslocamentos, descritos por Freud.[229]

Para Pellegrino, os conceitos se complexificam ao ponto de se atribuir o caráter supraindividual do inconsciente às pulsões e não mais restringindo-os ao campo dos conteúdos recalcados advindos da experiência individual, pois:

> [...] se se demonstra que as pulsões freudianas são dotadas de atributos retóricos, isto é, linguísticos, decorre daí que elas ganham, por esta causa, mais uma dimensão supraindividual. A estrutura profunda da linguagem é tão velha quanto o próprio homem, já que não existe condição humana sem linguagem.[230]

Portanto, o conceito de pulsão ganha uma centralidade para concepção acerca da *origem* do psiquismo, do inconsciente e de sua estrutura gramatical, linguística, filogenética, fundadora de inúmeros enunciados. Conforme o exposto, Hélio Pellegrino identificará a continuidade dessa concepção não só em Freud, Jung, Lacan, bem como em Melanie Klein, pois, a seu ver:

> Tanto para Freud, quanto para Jung, ou Melanie Klein, os instintos são sempre representados, mediatizados, no campo do psiquismo, através de fantasias inconscientes, de imagens arquetípicas, de símbolos, mitos, fantasias, etc. Os instintos, nessa medida, ganham uma dimensão semiótica, isto é, inscrevem-se na ordem da linguagem.[231]

Nesse ponto, Hélio Pellegrino rompe com a concepção que atribui a *origem* do inconsciente à pulsão, isto é, a concepção que atribui a uma

---

[229] Ibid., p. 9–10.
[230] Ibid., p. 10.
[231] Ibid., p. 16.

base somática ou uma carga energética a origem das representações psíquicas. Para ele, em última instância, indicar a base constitucional do inconsciente é retirar o alcance mais radical da descoberta freudiana do inconsciente. Por isso, ele radicaliza essa descoberta e redimensiona essa articulação, invertendo e inaugurando, nesse ponto, uma nova formulação sobre as origens do inconsciente e uma reformulação epistemológica que considera da maior importância:

> Há, aqui, um problema extraordinariamente importante. Os três grandes atribuem ao instinto uma dimensão semiótica, ou linguística. Isto é próprio? Ou estarão eles incorrendo numa impropriedade epistemológica? [...]. Creio que sim. Se os instintos tivessem uma dimensão semiótica, ou linguística, os animais falariam, ou produziriam imagens arquetípicas, lendas, mitos, religiões, poesia e prosa. [...].[232]

A meu ver, nesse ponto, o autor opera uma mudança epistemológica da psicanálise análoga à que a psicologia sócio-histórica de Vygotsky opera frente à concepção acerca do desenvolvimento psicogenético de Piaget. Ou seja, da mesma forma que Vygotsky[233] irá se contrapor ao postulado de que o desenvolvimento é pré-requisito da aprendizagem, invertendo-o ao postular que o aprendizado precede e faz progredir o desenvolvimento, Hélio Pellegrino irá se contrapor à análise que atribui a origem do inconsciente à pulsão ao radicalizar a origem histórico-social do inconsciente.

Para Hélio Pellegrino[234], se essa energia ancorada no soma produzisse as funções psíquicas que são eminentemente humanas, tais como a linguagem, a arte, a atividade contemplativa alteritária, as fantasias, os mitos, as religiões, a literatura, a atividade criativa, os diferentes modelos econômicos de sociedade — as quais são radicalmente diferentes das atividades e leis imutáveis do mundo animal —, os animais também produziriam todas essas formações e funções psíquicas eminentemente humanas. Eles falariam, produziriam diferentes modelos econômicos e sociais de sociedade, produziriam arte, mitos etc. Contudo:

> O animal é transcendido pelas leis cósmico-biológicas, e se encontra imerso, extático, na natureza, com a qual faz uma relação imediata, predeterminada, segundo pautas

---

[232] Id.

[233] Vigotski, L. S. (2000). *A construção do Pensamento e da Linguagem*. São Paulo: Martins Fontes.

[234] Os autores costumam centrar a diferença, entre Freud e Jung, a partir do conceito de inconsciente, Pellegrino, n.d.-bj.

> que ele não pode modificar. O homem, pelo contrário, é livre. Ele se constitui, enquanto sujeito humano, a partir de uma margem de in/determinação e de liberdade, que faz dele um transgressor da lei cósmica. O sujeito humano se constitui como transgressor da lei. Ele é transcendente à lei e, por isto, é capaz de conhecê-la e nomeá-la e, também, de desconhecê-la e desrespeitá-la.[235]

Para ele, essa diferença fundamental não possui uma conotação hierárquica de valor, mas é apenas uma característica presente no seu pensamento que indica a preocupação em refletir sobre a característica radicalmente histórica do ser humano que, em essência, o diferencia dos animais, não atribuindo a origem dessa característica a uma fonte somática da pulsão, mas à essência histórica do ser humano, que o faz ser constituído pelo que vai denominar como ser de totalidade, de indeterminação, de liberdade e de alteridade, a partir da relação com o outro. Nesse sentido, irá radicalizar a centralidade do fenômeno objetal na *origem* do psiquismo. Portanto, como fora dito, o autor rompe com a possibilidade de se cogitar a origem da função simbólica do ser humano e a origem do psiquismo — do inconsciente, do pré-consciente e do consciente — fora da relação com o outro ou a partir de uma fonte energética abstrata que coloca a relação em segundo plano.

Sendo assim, para ele não é possível conceber que as fantasias inconscientes são geradas por uma característica solipsista, abstrata e teórica da representacionalidade das pulsões. Pelo contrário, as fantasias só podem ser compreendidas, sempre, como originadas na complexa teia das relações com o outro. Num movimento dialético que abarca processos de idealização da imagem do outro, imagem denegrida de si, ao ser rejeitado pelo outro, há tentativas infaustas de idealização da própria imagem, cuja fantasia está relacionada a ser amado por esse outro e se pintar com as cores que o outro gostaria de ver, inflacionando-se para tentar se ressarcir da rejeição sentida. Assim, o interessante é que, para ele, a fantasia não se reportará, então, a apenas uma reação simbólica remetida a um aumento de tensão somática, mas essencialmente à história das relações objetais. Nesse sentido, é também na história das relações objetais que se encontram os fundamentos de toda supervalorização narcísica.[236]

---

[235] Ibid., p. 16.

[236] Pellegrino, H. (n.d.-bc). *O narcisismo é — sempre — um fenômeno secundário [Título atribuído].* [Rio de Janeiro]. Arquivo Hélio Pellegrino. Arquivo Museu de Literatura Brasileira. Fundação Casa de Rui Barbosa.

Ademais, ao se deter na análise do que se oculta por trás do fenômeno da supervalorização narcísica, sua interpretação é de que esse fenômeno constitui uma tentativa de substituir o amor que não se recebeu do Outro pelo amor que também não se conseguiu lhe dar. Para ele, há uma ambivalência nesse fenômeno e uma fantasia ilusória que esconde uma imagem denegrida e inferiorizada de si, que tenta ressarcir-se desse dano por meio de uma imagem idealizada de si.[237] [238]

Da mesma forma, a origem e a constituição da consciência não são naturalizadas e atribuídas a uma base biológica. Fará uma reformulação da concepção que limita a compreensão do consciente à atividade perceptiva tida como captação de estímulos e sensações. Se contrapõe ao reducionismo nessa acepção, apresentando a centralidade da noção de alteridade na origem da consciência. Dirá: "Perceber é intuir presenças e objetos, não captar estímulos ou sensações"[239]. É notável que essa reformulação de Pellegrino busca abarcar a amplitude da significação da descoberta da natureza humana ser intransigentemente em relação com o outro, com a história, linguagem, liberdade, indeterminação e alteridade. Assim, a centralidade do fenômeno objetal também será a base da sua reformulação e concepção acerca da origem da consciência:

> O nódulo da consciência, para Freud, é o fenômeno da percepção, a partir do qual o ego se constitui, como uma camada cortical do id. A percepção dos estímulos exteriores está para o ego assim como o instinto está para o id. Mas, se assim é, não se pode explicar por que os animais não têm consciência. Ter consciência é, antes de mais nada, fazer relações de objeto. Só posso ter consciência de mim na medida em que este de mim se refere a alguma coisa que não é mim mesmo.[240]

Nesse ponto, vale mencionar que há um texto ilustrativo de como ele desenvolve esse argumento e redimensiona a relação entre a origem do consciente e do ego no desenvolvimento das relações objetais. Intitula-se *O ego é, constitutiva e copulativamente, uma relação com o real*[241]. Nele, o autor

---

[237] Id.

[238] Manuscrito. Na sequência aparece o texto reescrito datilografado em três páginas, o que sugere que o manuscrito serviu de rascunho para a parte datilografada que se segue.

[239] Pellegrino, H. (n.d.-p). *As premissas redutivistas sobre as quais Freud se apoiou [Título atribuído]*. [Rio de Janeiro]. Arquivo Hélio Pellegrino. Arquivo Museu de Literatura Brasileira. Fundação Casa de Rui Barbosa, p. 23.

[240] Id.

[241] Pellegrino, H. (n.d.-aw). *O ego é, constitutiva e copulativamente, uma relação com o real [Título atribuído]*. [Rio de Janeiro]. Arquivo Hélio Pellegrino. Arquivo Museu de Literatura Brasileira. Fundação Casa de Rui Barbosa.

propõe uma discussão ontológica da constituição do ego e desenvolve a tese de que essa instância, desde o nascimento, rompe a identificação primária com a mãe e faz relações de objeto, reconhece o real e o outro em sua alteridade, e passa a ter consciência dessa relação, mesmo que de forma rudimentar, profunda e irreflexiva. Se reporta a Otto Rank para afirmar o nascimento como um acontecimento gerador de uma angústia psíquica, para além de uma angústia organísmica identificada por Freud. Ou seja, defende a concepção de que o ego é a história das relações de objeto que estabelece e que existe a possibilidade ontológica do ser humano de intuir o real alteritário e, a partir daí, fundar um rudimento de subjetividade; além de se contrapor à noção de que uma suposta carga energética possa fundar a subjetividade ou a consciência. Nesse sentido, atribui ao ego a condição de ser outro em relação ao real e, nessa medida, a possibilidade de se alienar de si e do real ou de construir uma ipseidade. Critica a leitura utilitária da função do ego em Freud e desenvolve a afirmação de que a condição transutilitária e a função alteritária do ego é que determina todos os outros níveis de atividades mentais, inclusive a dimensão utilitária do ego. Contudo, analisa que o ego precisa de suporte da realidade para construir sua pertinência e aceitar sua condição alteritária.

> Nesse sentido, podemos dizer que o ego, desde seu início, é intencionalidade, é consciência de, é relação com o real. O ego, ao nascer, experimenta, como fato psicológico, a sua separação do organismo materno. Ele tem uma profunda e irreflexiva ciência do real, e isto significa: o ego, desde seu nascimento, tem de si mesmo, como subjetividade, uma profunda e irreflexiva ciência. A este fenômeno chamamos de alteridade. [...].[242]

> A alteridade representa, pois, no ego, a sua função constitutiva de perceber o real como real ou, o que vem a dar na mesma, uma vez que o ego é relação, de perceber-se como subjetividade, fundada como relação ao Outro, ao não si mesmo. [...]. Claro está que a alteridade, revelada ao ego pelo nascimento, está longe de poder equiparar-se à consciência que o adulto tem do mundo e de si mesmo como ser no mundo. A transcendência do ego, isto é, sua condição de ser outro em relação ao real, vai constituir o centro em torno do qual se processará a evolução psicológica do ego. Esta evolução, por sua vez, constituirá um processo no qual

---

[242] Ibid., p. 1.

> o ego, ou se conquista progressivamente, como alteridade,
> ou se perde e se aliena de si e do real.[243]

Portanto, a assertiva de longo alcance em Pellegrino está na acepção do ser humano enquanto ser de alteridade: a partir da qual "se depreende, por um lado, a necessária referência à fala, ao discurso do sujeito, e, por outro lado, ao Outro enquanto lugar de absoluta alteridade dos significantes"[244]. Desse modo, poderíamos dizer que é a partir da essência da constituição humana pela dimensão da alteridade e pela história do desenvolvimento das relações objetais que se funda o psiquismo que diferencia o ser humano dos animais.

Nesse sentido, a concepção acerca da origem do psiquismo, da consciência e do inconsciente é inconcebível enquanto originada de forma abstrata ou entitativa, na qual se cogita a possibilidade da origem do psiquismo por um sujeito ou um atributo energético isolado e abstrato, fora da relação com o outro. Pelo contrário, a relação com o outro é central para se descobrir como essas instâncias se fundam, se constituem e se desenvolvem, assim como se origina a função simbólica, eminentemente humana.

Isso posto, nota-se uma coerência interna entre essas reformulações conceituais que Hélio Pellegrino tece, que marcam continuidades e rupturas com relação às concepções sobre as origens do inconsciente no desenvolvimento da psicanálise. Podemos, por fim, mencionar sua atualização, de forma bem elucidativa, nas reformulações acerca das concepções sobre a arte e a criatividade.

Ele identificará que há uma concordância fundamental, na psicanálise, em conceber que "[...] toda obra de arte lança raízes no inconsciente. A consciência também entra em sua elaboração. O artista e, mais radicalmente, o escritor, como cidadão de dois mundos"[245]. Mas, especificamente, Pellegrino, em diferentes escritos, discorrerá sobre a tese da obra de arte como expressão de fantasias inconscientes, reconhecendo que uma diferença essencial entre a obra de arte e a psicanálise está no trabalho realizado pela psicanálise para elucidar e interpretar os conteúdos inconscientes em causa e o trabalho da obra literária está no objetivo de expressá-los em forma de beleza. Nesse sentido:

---

[243] Ibid., p. 1–2.

[244] Ibid., p. 79.

[245] Pellegrino, H. (n.d.-al). *Há um consenso: toda obra de arte lança raízes no inconsciente [Título atribuído]*. [Rio de Janeiro]. Arquivo Hélio Pellegrino. Arquivo Museu de Literatura Brasileira. Fundação Casa de Rui Barbosa, p. 1.

> Do ponto de vista psicanalítico, portanto, pode-se, no caso, falar de conteúdo manifesto e conteúdo latente. Deste o escritor quase nunca tem consciência. O escritor diz sempre mais do que sabe, ao contrário do crítico, que sabe mais do que diz.[246]

Ao mesmo tempo, elucidará uma diferença fundamental entre três linhas de pensamento sobre o tema da atividade criativa e da obra de arte: a perspectiva freudiana, kleiniana e a perspectiva que parte. Inicialmente, destacará a perspectiva freudiana que concebe a atividade artística como saída sublimatória das pulsões insatisfeitas diante de uma realidade que a frustra e que busca transformar através da criação artística:

> Esta atividade, por sua vez, se manifesta através de fantasias inconscientes, basicamente motivadas pelo dinamismo das pulsões instintivas na sua busca incessante de prazer. O ser humano, em seus pisos básicos, é voltado — e devotado — à busca do prazer. O princípio do prazer define a teleologia do ID freudiano. Acontece, entretanto, que essas exigências pulsionais são cruelmente frustradas pela realidade, regida pelo princípio da realidade. Há, aqui, um conflito nuclear, do qual podem originar-se, ou um ajustamento adaptativo, "normalizador", ou uma repressão — com risco de neurose —, das demandas pulsionais inadequadas à realidade, ou, ainda, uma transfiguração sublimatória das pulsões instintivas e de suas exigências de prazer. A criatividade e a realização artística se inserem, para Freud, nessa terceira saída, e representam um de seus mais nobres aspectos. [...]. A arte, para Freud, está, portanto, constitutivamente fundada numa frustração, numa carência, e suas formas visam a recriar, substitutivamente, uma realidade em si mesma insatisfatória. O artista é, em última análise, o campeão de uma fome que só a fantasia pode saciar.[247]

Para Pellegrino[248], Melanie Klein realiza uma reformulação dessa acepção, visto que considerará a arte como uma produção secundária e reparatória ao ódio pelas figuras primordiais; acepção que posteriormente se desdobrará na concepção da centralidade da pulsão de morte no pensamento kleiniano. Nessa linha de pensamento:

---

[246] Ibid., p. 1–2.

[247] Pellegrino, H. (n.d.-bm). *Psicanálise e criatividade.* [Rio de Janeiro]. Arquivo Hélio Pellegrino. Arquivo Museu de Literatura Brasileira. Fundação Casa de Rui Barbosa., p. 1.

[248] Ibid.

> A criatividade, dentro das concepções kleinianas, exprime a capacidade reparatória do ser humano, isto é, sua possibilidade de reconstruir as figuras primordiais — mãe, pai — que ele danificou ou destruiu com o seu ódio, na fantasia inconsciente. A força criadora lança suas raízes na fase depressiva do desenvolvimento infantil. Pela culpa depressiva, em virtude dos ataques lançados contra as figuras que a cuidam, e que são boas e más, ao mesmo tempo, a criança também cuida, repara, reconstrói. A criatividade, para Melanie Klein, é geneticamente secundária, com relação ao ódio, e surge como uma forma privilegiada de mitigar — ou neutralizar seus efeitos.[249]

Ou seja, por mais que apresente uma reformulação, para Pellegrino[250], essa segunda linha de pensamento expressa uma continuidade com a concepção freudiana de que a arte seja uma produção secundária; além do mais, sua origem está na fonte energética do jogo pulsional. Nesse ponto se expressa a discordância fundamental do pensamento de Pellegrino com relação às duas acepções, pois, a seu ver, a atividade criativa e a arte não decorrem de conflitos cuja base seja pulsional ou de processos secundários, com origem em uma fonte somática. Para ele, a atividade artística não é secundária, mas sua origem expressa uma capacidade constitutiva de liberdade e originalidade do ser humano, a abertura à alteridade e ao Outro, assim como uma necessidade de simbolizar a realidade, numa tarefa sem termo:

> A obra de arte, nesta medida, ao invés de pretender uma recriação substitutiva da realidade, consegue, ao contrário, desvendá-la. A última fome do homem é a realidade e o esplendor do mundo. É disto que fala o ato criador, em sua essência.[251]

Dessa forma, expressa uma perspectiva radicalmente histórica do ser humano, da origem do inconsciente, contrária a qualquer perspectiva naturalizante. Isso posto, já é possível adentrarmos as reformulações que Hélio Pellegrino desenvolve acerca do conceito de pulsão, da teoria da libido, da teoria das relações objetais e da transferência.

---

[249] Ibid., p. 1.

[250] Ibid.

[251] Ibid., p. 2.

Capítulo 4

Amigo? Aí foi isso que eu entendi? Ah, não; amigo, para mim é diferente. Não é um ajuste de um dar serviço ao outro, e receber, e saírem por esse mundo, barganhando ajudas, ainda que sendo com o fazer a injustiça aos demais. Amigo, para mim, é só isto: é a pessoa com quem a gente gosta de conversar, do igual o igual, desarmado. O que de um tira prazer de estar próximo. Só isto, quase; e os todos sacrifícios. Ou — amigo — é que a gente seja, mas sem precisar de saber o por que é que é. Amigo meu era Diadorim; era Fafafa, o Alaripe, Sesfrêdo.[252]

4. Natureza e finalidades do aparelho psíquico a partir da teoria da libido

Este capítulo expõe a perspectiva do autor acerca *da natureza e finalidades do aparelho psíquico*; abarcando a sua concepção sobre a teoria da libido, as relações objetais e a qualidade das relações objetais na ontogênese do psiquismo. E discute outro conceito que expressa as tendências presentes em sua perspectiva teórica e de prática terapêutica que é o conceito de *transferência*, que engloba os sentidos, o valor da interpretação e o manejo da transferência.

Hélio Pellegrino reconhece a teoria da libido enquanto um pilar fundamental do edifício teórico da psicanálise; no entanto, a par de uma dimensão libertária que para ele constitui a sua essência e expressa o seu valor indiscutível, reconhece também um processo de ocultamento dessa dimensão, além do predomínio de uma ênfase em aspectos mecanicistas, fisicistas, biologicistas e naturalizantes presentes no desenvolvimento desse conceito e no desenvolvimento do conceito de pulsão. Para o autor, assim pensados, tais conceitos se mostram anacrônicos e inadmissíveis, tendo em vista as novas possibilidades epistemológicas de reformulá--los, considerando as perspectivas reacionárias e conformistas que eles sustentam na história da psicanálise. Diante das fragilidades conceituais argumentadas, será desenvolvida a tese da necessidade de substituir a

---

[252] Rosa, J. G. (2001). *Grande sertão: veredas* (20. ed.). Rio de Janeiro: Nova Fronteira., p. 236–237.

centralidade atribuída à teoria da libido por uma teoria do desenvolvimento baseada nas relações objetais.

4.1. Reflexão crítica sobre a prévia teoria do real que sustenta o desenvolvimento da teoria da libido

Para Hélio Pellegrino, Freud cria a psicanálise a partir de uma teoria das neuroses em termos rigorosos e acertados ao discordar de Breuer na análise da origem da dissociação histérica, contrapondo-se à suposição de uma origem fisiológica aos estados hipnoides e concebendo a atribuição da etiologia das neuroses a fatores morais e sociais que se reportam à relação do homem consigo e com o seu mundo. Mais especificamente, isso ocorre na descoberta de ideias e afetos tidos como insuportáveis para a consciência do sujeito, que geram um conflito psíquico entre os valores aceitos, sofrem a censura da consciência, processos de defesa e permanecem recalcados, num nível inconsciente, gerando conflitos psíquicos que se expressam nos sintomas.[253]

Ou seja, Pellegrino[254] reconhece em Freud a origem de uma teoria plenamente psicológica do funcionamento psíquico, do inconsciente, da sexualidade, da etiologia e da formação das neuroses. Não obstante, reconhece que Freud muda essa perspectiva em vários momentos de sua elaboração teórica — cuja teoria da libido é um emblema —, em função das premissas epistemológicas implícitas que incorporou, buscando conciliar essas descobertas revolucionárias com o fisiologismo predominante, com uma mistificação vigente dos conceitos de força em Newton e em Helmholtz, com os conceitos darwinistas e biologicistas e com o racionalismo cartesiano presente na perspectiva da decomposição dos fenômenos a naturezas simples. Isto é, isola elementos ao racionalismo cartesiano a naturezas simples e atribui-lhes uma causalidade psíquica. Nesse sentido, entende que Freud transfigurará essas descobertas ao atribuir a origem do psiquismo a uma fonte somática, fisiológica, biológica, que forma o cerne da perspectiva instintivista:

> Para Freud, a etiologia das neuroses é sempre instintiva. São impulsos reprimidos, sexuais ou agressivos, que causam as neuroses. Aqui surge um importante problema: que

---

[253] *A psicanálise experimenta em nossos dias uma crise radical de seus fundamentos*, Pellegrino, n.d.-i.

[254] Id.

> nas neuroses haja sempre impulsos instintivos reprimidos, não há dúvida. Que estes impulsos estejam exacerbados e alcancem níveis surpreendentes de intensidade e violência também não resta dúvida. Que os pacientes tomem esses impulsos e procurem defender-se, é fora de questão. Mas isto não significa que a etiologia das neuroses, por tais motivos, e em virtude desses fatos observados, deva ser instintiva. O que Freud observou já é a neurose e não a causa da neurose.[255]

Em outras palavras, Hélio destaca um passo revolucionário que Freud dá ao romper com Breuer exatamente no ponto em que ele vai desenvolver sua análise de que os sintomas histéricos têm suas origens sociais, morais, cujos conteúdos inconscientes recalcados, em conflito com a consciência, retornam no corpo. No entanto, para provar que o que ele descobriu era ciência, ele negocia com os pressupostos científicos de até então. Ou seja, por mais que tenha a descoberta genial do inconsciente atuando na manutenção desses sintomas, posteriormente vai submeter essa análise ao entendimento de que o substrato e a base fundamental desse sintoma é somática. Então, em vários momentos da obra freudiana ele vai realçar que a origem dos materiais inconscientes advém dos materiais recalcados presentes na história do sujeito. Em outros momentos, vai passar a enfatizar a pulsão como elemento central na origem e desenvolvimento dos sintomas. Mas quando faz a inversão, a base somática, ao fim e ao cabo, acaba explicando a origem das fantasias inconscientes, os conflitos entre pulsão de vida e pulsão de morte. Nesse ponto, vale mencionar que o autor reconhece a importância de haver mudanças significativas na teoria da pulsão de Freud. Mas não assumir a radicalidade histórica na origem desses fenômenos, vê aí o problema da presença de elementos cartesianos em Freud, relacionados à redução às naturezas simples de base somática, bem como os momentos nos quais se recalca a radicalidade dessas descobertas.[256]

Dessa forma, Pellegrino desenvolve uma crítica da fragilidade conceitual de se atribuir a causalidade psíquica à libido, invertendo e perdendo a essência da descoberta da origem e desenvolvimento do psiquismo na relação histórica e dialética com o outro e consigo. Para ele, ter cedido a análise para essa concepção cartesiana e reducionista, subordinando essa dimensão a uma

---

[255] Ibid., p. 14.
[256] Ibid.

explicação biologicista e fisicista na origem do psiquismo, implicou perder os aspectos mais libertários do pensamento psicanalítico. Em sua análise:

> Na teoria de Freud, as pulsões instintivas são o que são, nascem feitas e prontas na sua realidade. Elas são exacerbadas e selvagens porque esta é a sua natureza originária. Hoje se sabe, entretanto, que a fome instintiva excessiva e desregrada é consequência e não causa. Relações interpessoais frustradoras, por exemplo, levam ao medo, à ansiedade e à raiva. Esta pode, na fantasia, ou na realidade, alcançar níveis espantosos [...]. Mas esta raiva possessa não é originária, não nasceu feita, pronta, modelada, pré-fabricada. Ela tem uma história, embora possa tornar-se agente de história, e tão sinistra. Também não há dúvida que uma perturbação instintiva, fruto de relações objetais insatisfatórias e perturbadas, pode tornar-se causa, ponto de partida de novos distúrbios e defesas. Uma pessoa maltratada reage com raiva e medo. A raiva e o medo são, aqui, consequências. Mas, ao mesmo tempo, a pessoa tem medo de sua raiva e de seu medo, e erige uma defesa contra ambos, negando-os. Nesse caso, a raiva e o medo, de consequência, passaram também a ser a causa. A estrutura personal (e neurótica) é extremamente complicada e, nela, as coisas podem ter muito mais de um sentido [...].[257]

Aqui se apresenta, então, uma ruptura entre a concepção freudiana e pellegriniana, no que concerne à discordância de Pellegrino de se atribuir à libido uma causalidade psíquica, conforme será discutido adiante. Além disso, Pellegrino, ao fim dessa revisão crítica, apresenta uma originalidade na sua leitura ao desenvolver a tese de que a libido não pode ser entendida de forma isolada, enquanto fonte do conflito psíquico e causalidade psíquica, mas que só existe e se funda na relação objetal.

4.2. Erro de se atribuir a causalidade psíquica à libido

> *Uma ponte que liga uma cidade e outra não funda a relação entre uma cidade e outra. Ela exprime uma relação que a transcende e à qual ela se subordina. A ponte é o meio pelo qual a relação se estabelece, concretamente [...]. Não é a ponte que faz a relação, é a relação que faz a ponte.[258]*

---

[257] Ibid., p. 15.

[258] Pellegrino, H. (n.d.-av). *O analista, na relação analítica fecunda [Título atribuído].* [Rio de Janeiro]. Arquivo Hélio Pellegrino. Arquivo Museu de Literatura Brasileira. Fundação Casa de Rui Barbosa, p. 59.

Para Hélio Pellegrino, o grande erro da teoria freudiana esteve na reelaboração teórica da teoria da libido, entendida enquanto *dimensão fundamental da pulsão*, e em atribuir a essa dimensão, cada vez mais, o lugar central na interpretação sobre a origem do psiquismo humano; elaboração que também é descrita e enfatizada por Roudinesco e Plon.[259]

Para o autor, o grande erro consiste na fragilidade mesmo de definir pulsão enquanto fronteira entre o orgânico e o psíquico, atribuindo a uma fonte somática, orgânica e constitucional a origem do trabalho psíquico e da atividade psíquica — característica essencialmente humana —; ou mesmo no momento no qual a libido se reportará à característica do princípio do prazer para designar a busca de satisfação do desejo sexual em busca do objeto.

Inicialmente, cabe enfatizar que Hélio Pellegrino continua a utilizar o termo *instinto* como equivalente ao que se entende por *pulsão* porque, para ele, o problema é mais profundo do que o questionamento da terminologia psicanalítica. Mesmo o conceito de pulsão — utilizado para diferenciar os seres humanos dos animais — incorre numa diferença mais formal do que substantiva ao tentar abarcar essa diferenciação, justo porque irá atribuir a determinação psíquica a um substrato somático. Permanece, assim, uma falsa resolução do problema, uma vez que se estabelece uma atribuição ao substrato biológico e constitucional na compreensão da origem do psiquismo — o que caracteriza o cerne de uma perspectiva instintivista. Portanto, essa conceituação continua a assumir o mesmo modelo epistemológico das ciências naturais que, para ele, é inadequado para o conhecimento do homem, ou seja:

> As relações do ego com seus objetos são relações de inter-câmbio, de troca, de comércio, mas não relações constitu-tivas, em sentido ontológico [...]. Freud substitui o Cogito cartesiano pelo desejo libidinoso. Tenho libido, logo existo. A libido, enquanto tal, é que me funda como ser psíquico [...].[260]

O autor reconhece que essa concepção da origem do psiquismo atri-buída a uma fonte orgânica irá permear toda a obra, inclusive a reformu-lação do aparelho psíquico constituído por instâncias Id, Ego e Superego, compreendidas "como interjogo mecânico-dinâmico de forças"[261]. Faz referência à seguinte citação de Freud para pensar o problema:

---

[259] Roudinesco & Plon, 1998.

[260] As premissas redutivistas sobre as quais Freud se apoiou, Pellegrino, n.d.-p, p. 48.

[261] Pellegrino, H. (n.d.-bd). *O pensamento de Fairbairn representa um esforço original e fecundo [Título atribuído].* [Rio de Janeiro]. Arquivo Hélio Pellegrino. Arquivo Museu de Literatura Brasileira. Fundação Casa de Rui Barbosa, p. 18.

> A psicanálise deriva todos os processos psíquicos — menos a recepção de estímulo — de um interjogo de forças que se estimulam ou se inibem mutuamente, que entre si se combinam, que estabelecem transações umas com as outras. Todas essas forças têm, entre si, originariamente, o caráter de instintos: e isso significa que elas têm uma origem orgânica.[262]

Contudo, seguindo as reflexões do autor, se esse substrato constitucional atribuído à pulsão e às instâncias psíquicas tivesse, por si mesmo, a força dinâmica e a dimensão fundadora dos fenômenos psíquicos que lhes são atribuídas, os animais também produziriam as manifestações eminentemente humanas como a fala, a linguagem, a arte, a poesia, a literatura, os mitos, a religião, a capacidade contemplativa alteritária, a capacidade de sentir culpa, a capacidade de transformar a natureza e produzir diferentes modelos econômicos de organização do trabalho — dado da realidade que expressa a constituição humana fundada sob bases diferentes das leis imutáveis do mundo animal.

Portanto, a partir do desenvolvimento desses argumentos, romperá com a concepção que atribui a causalidade psíquica à libido ou à pulsão, de modo geral, e assumirá uma interpretação de que o psiquismo surge a partir da função alteritária do ser humano, a partir da característica radicalmente histórica do ser humano, que só pode ser concebido em sua dimensão eminentemente humana, na relação com o outro e com o mundo. Ou seja, atribui a causalidade psíquica à essência histórica do ser humano e à sua função alteritária, que o faz ser constituído pelo que vai denominar como ser de totalidade, de indeterminação, de liberdade e de alteridade, a partir da relação com o outro.

Há aí, então, uma inversão. Uma vez que as necessidades da criança, por exemplo, estão inseridas num contexto histórico que não pode ser reduzido a uma origem constitucional, a qualidade da relação é que passa a ser compreendida como essencial, mudando o curso, inclusive dos destinos das pulsões sexuais ou das pulsões agressivas.

Por mais que Ronald Fairbairn não tenha formulado sua perspectiva psicanalítica nos termos expostos anteriormente, Hélio Pellegrino localiza a origem de sua reformulação nesse autor, que destacará a importância elementar da qualidade das relações objetais — assim como a importância

---

[262] Id.

da função alteritária. Aqui se expressa uma continuidade fundamental entre a leitura psicanalítica dos autores. Pellegrino reconhecerá que a discordância fundamental de Fairbairn com relação à teoria da libido freudiana está em afirmar que a libido não busca o prazer, mas o objeto, ou seja, a relação objetal é a mais determinante. Nesse sentido, dirá:

> Para Fairbairn, o problema edípico tem que ser avaliado em termos objetais — não em termos instintivos [...]. Se a dependência infantil é bem "recebida", a criança conquista sua liberdade — não fica presa. Se a dependência infantil é infausta, a criança fica, pela ansiedade — presa a ela — sob forma de prisão aos maus objetos internalizados.[263]

É interessante essa continuidade fundamental com Fairbairn, que estará presente no pensamento psicanalítico de Hélio Pellegrino, do início ao fim. Aliás, não só continuidade, como também um desdobramento dessa leitura na novidade da tese que elaborou e apresentou no Chile. Mais especificamente, na reformulação que fará acerca do conceito de complexo de Édipo freudiano, em diálogo com o conteúdo presente na tragédia tebana da obra de Sófocles. Pellegrino afirma que Édipo não padeceu do complexo de Édipo freudiano, cometendo parricídio e incesto frente aos pais que verdadeiramente o cuidaram e lhe deram um amor estruturante, mas sim diante dos pais que o condenaram à morte.[264]

Ao mesmo tempo, se a continuidade fundamental entre o pensamento psicanalítico dos autores está em reconhecer a importância elementar da relação objetal a partir da afirmação de Fairbairn de que a libido não procura o prazer, mas o objeto, é possível localizar a ruptura fundamental que Hélio Pellegrino fará com o pensamento de Fairbairn ao discordar da atribuição da libido como possibilidade de abrir-se ao objeto. A questão fundamental que levanta é a seguinte:

> Mas resta saber se a libido, enquanto instinto, tem a possiblidade de fundar verdadeiras relações de objeto. Ou melhor, resta indagar se o instinto, enquanto tal, tem a possibilidade de abrir-se aos objetos enquanto tais, erigidos na sua dignidade objetiva[265].

---

[263] O analista, na relação analítica fecunda, Pellegrino, n.d.-av, p. 59.

[264] *Vamos falar de Édipo, herói de uma velha legenda tebana*, Pellegrino, n.d.-by.

[265] Pellegrino, H. (n.d.-bu). *Se a orientação dos instintos é face aos objetos [Título atribuído]*. [Rio de Janeiro]. Arquivo Hélio Pellegrino. Arquivo Museu de Literatura Brasileira. Fundação Casa de Rui Barbosa, p. 6.

Para ele, o erro fundamental presente nesse raciocínio consiste:

> [...] na primeira afirmação implícita no seu conceito básico, pela qual fica admitido que a libido, enquanto instinto, tenha a possiblidade de intuir objetos e de fazer, por si mesma, relações de objeto. Se assim fosse, quanto mais tensão libidinosa, mais diferenciada e 'objetal' seria a escolha de objeto. Uma tensão libidinosa maior importaria numa maior diferenciação do objeto escolhido. Ora, o que acontece é exatamente o contrário. Quanto mais tensão libidinosa existe, tanto menos e diferenciada a escolha do objeto. A tensão da necessidade instintiva é inversamente proporcional à escolha diferenciada de objeto.[266]

Nesse ponto, há uma subversão e uma originalidade operadas pela reelaboração teórica presente no pensamento psicanalítico de Hélio Pellegrino, justo na passagem da compreensão de que a libido funda o psiquismo para a compreensão de que a libido, por si mesma, não funda o psiquismo humano; ela mesma só se funda em relação ao objeto. Em sua análise:

> [...] de modo que a libido seja avaliada como uma pauta dinâmica de conduta na direção do objeto. A libido só é um ser para o objeto na medida que o objeto exista, isto é, na medida que existe uma relação entre o sujeito e objeto ou, para falarmos menos filosófica e mais psicanaliticamente, entre o ego e o objeto.[267]

Hélio Pellegrino reconhece que esse erro está presente desde Freud, Fairbairn, Melanie Klein e decorre dos limites das premissas epistemológicas que o criador da psicanálise partiu para elaborar esse conceito admitindo a base somática na origem do psiquismo humano e na origem da possibilidade de intuir e fundar as relações objetais. É nesse sentido que questionará a acepção que o conceito de instinto ganha em Freud e Melanie Klein:

> Os conceitos de Freud e Melanie Klein, a respeito dos instintos, são certos e próprios. O instinto procura o prazer, isto é, um meio de descarregar uma tensão de necessidade.

---

[266] Id.

[267] Falar mais de Freud do que de Fairbairn, mas desta maneira falar de Fairbairn, Pellegrino, n.d.-ai, p. 29.

> O que não é certo e próprio é considerar o ser humano, em sua essência, como um ser instintivo.[268]

Em sua análise, o erro é claro: "Porque a libido, enquanto tal, não pode fundar o objeto, e a relação de objeto! A relação de objeto é radicalmente humana, e decorre da função alteritária do ego, e não de suas funções instintivas!"[269]. Aqui, a metáfora citada na epígrafe desta seção ganha a sua plena significação ao ilustrar que a presença de uma ponte ligando uma cidade a outra não implica permitir conceber que a mera existência da ponte gera a relação entre elas.

Nesse ponto, cabe mencionar que Hélio Pellegrino realiza, em grande parte da sua produção intelectual, a tarefa primeira da reflexão epistemológica sobre as premissas presentes no desenvolvimento da psicanálise, buscando refletir as premissas nas quais Freud se baseou; reconhecendo, com clareza, que as fragilidades mecanicistas, fisicistas, redutivistas, elementaristas e biologicistas precisam ser superadas porque reduzem, hipostasiam, simplificam a complexidade humana, além de sustentarem posições ideológicas, conservadoras e reacionárias no campo psicanalítico. Não obstante, também enfatizará a importância não só das revoluções das descobertas freudianas que permanecem atuais, como também das revoluções teóricas da técnica psicanalítica expressas nos trabalhos nos quais há uma mudança da ênfase dos fatores constitucionais para a análise das relações objetais. Em sua leitura:

> Não resta dúvida de que Freud, com espírito crítico implacável, reviu e ampliou suas teorias, de modo que as relações de objeto foram ganhando importância e relevo na própria doutrina freudiana. De 1920 a 1926, publicou trabalhos que vieram a revolucionar a teoria e a técnica da psicanálise. A ênfase se deslocou do "reprimido" para a instância repressora [...]. Surgiram, aí, mudanças importantes. A teoria estrutural do aparelho psíquico, composta por suas três instâncias, Id, Ego e Super-Ego; a segunda teoria da ansiedade, não mais pura conversão somática da libido, mas referida a situações traumáticas capazes de inundar de estímulos o aparelho psíquico [...]. Apesar de todos estes progressos, ficou Freud fiel às suas premissas implícitas, aos esquemas referenciais que sempre nortearam sua pesquisa.

---

[268] O analista, na relação analítica fecunda, Pellegrino, n.d.-av, p. 57.

[269] Ibid., p. 57–58.

> Sua teoria conservou até o fim o seu caráter de psico-biologia, enfatizando os fatores constitucionais em detrimento de fatores relacionais, ambientais e culturais.[270]

Em suma, para o autor, a fragilidade da teoria da libido se origina, então, das premissas cartesianas dominantes do seu tempo, que se desenvolviam no fisicismo mecanicista de Helmholtz e no biologismo de Darwin, entre outros autores analisados, que davam o maior valor em isolar os fenômenos em naturezas simples — metodologia também utilizada por Freud na elaboração da teoria da libido. Assim, na:

> [...] tentativa de resolver uma antinomia apoiada no dualismo cartesiano da *res cogitans* e da *res extensa*, fê-lo lançando mão de um típico recurso da metodologia de Descartes: o redutivismo. Nesta medida, a antinomia não ficou dialeticamente resolvida, mas apenas negada. Desfez-se o nó górdio pelo gume da espada, não pela resolução de sua problematicidade. É que faltou à ciência do século dezenove o conceito de nível de emergência qualitativo, cuja qualidade representa em si um acontecer fenomênico irredutível aos níveis de emergência que o antecedem e o sustentam. Não há contradição verdadeira, ou antinomia, entre o "cultural" e o "natural", entre o "biológico" e o "persona". O que há são níveis de emergência com uma qualidade que lhes é peculiar e essencial, e que não pode ser reduzida a nenhum outro nível prévio de emergência, uma vez que esta redução importa em destruir uma qualidade gestáltica que constitui a fisionomia essencial do nível em questão. Se pretendo explicar o valor estético do quadro pelas qualidades físicas das tintas, destruo aí meu objeto estético, e minha explicação trairá necessariamente o objeto que pretende explicar. Por outro lado, o valor estético de um quadro, ou o nível de emergência do fenômeno estético não nega a concretude das tintas e suas qualidades físicas e químicas. Trata-se, apenas, de dois níveis de emergência irredutíveis, enquanto tais, um ao outro.[271]

Há uma semelhança entre essa crítica conceitual discutida por Hélio Pellegrino, análoga à que Vygotsky opera frente à concepção de desenvolvimento genético de Piaget; invertendo a concepção acerca da relação entre desenvolvimento e aprendizagem, além de reforçar a importância do

---

[270] Falar mais de Freud do que de Fairbairn, mas desta maneira falar de Fairbairn, Pellegrino, n.d.-ai, p. 19.

[271] As premissas redutivistas sobre as quais Freud se apoiou, Pellegrino, n.d.-p, p. 4.

método de totalidade e defender a necessidade de superação do método da decomposição em elementos, contrapondo-o ao método da unidade:

> Achamos que um momento decisivo em toda a teoria do pensamento e da linguagem foi a substituição dessa análise por outro tipo de análise. Esta pode ser qualificada como análise que decompõe em unidades a totalidade complexa. Subentendemos por unidade um produto da análise que, diferente dos elementos, possui todas as propriedades que são inerentes ao todo e, concomitantemente, são partes vivas e indecomponíveis dessa unidade. [...]. A psicologia que deseje estudar as unidades complexas precisa entender isso. Deve substituir o método da decomposição em elementos pelo método de análise que desmembra em unidades. Deve encontrar essas propriedades que não se decompõem e se conservam, são inerentes a uma dada totalidade enquanto unidade, e descobrir aquelas unidades em que essas propriedades estão representadas num aspecto contrário para, através dessa análise, tentar resolver as questões que se lhe apresentam.[272]

Com efeito, as questões que Pellegrino levanta sobre o método são semelhantes às indagações que Vygotsky[273] levanta acerca da importância de se ter clareza suficiente do método de que se parte para se desenvolver uma temática do campo das ciências humanas. Da mesma forma, o autor atribui importância central ao conceito de historicidade para a compreensão da origem histórico-social do psiquismo humano e discutirá, já no primeiro capítulo da obra *A construção do pensamento e da linguagem*, o que caracteriza o método da unidade, com o qual trabalha, em oposição ao método da decomposição em elementos, e concebe como impossível a decomposição em elementos de processos que envolvem uma totalidade. Um exemplo é a decomposição equivocada do estudo do pensamento e afeto. Para ele, o pensamento representa os afetos do ser humano com relação a uma realidade à qual o pensamento se refere. Da mesma forma, Pellegrino desenvolve uma crítica aos aspectos elementaristas presentes no pensamento freudiano e dá ênfase à origem histórico-social do inconsciente. Para ele:

---

[272] Vygotsky, 2000, p. 8.

[273] Ibid.

O fenômeno constitutivo da pessoa, como ser-no-mundo, escapou à possibilidade epistemológica do pensamento freudiano. Seu conceito de instinto, na medida de sua dimensão biológico-redutiva, levou o criador da psicanálise a criar uma psico-biologia das necessidades instintivas do ser humano, consideradas atomisticamente como um *a priori* elementar a partir do qual se poderia deduzir a pessoa *a posteriori*. Freud, apesar de seu gênio criador, não chegou a perceber a importância do fenômeno objetal como o centro do acontecer humano. Premido por seu pensamento redutivista, Freud elegeu o instinto como a natureza simples a partir da qual a complexidade da pessoa seria deduzida. O instinto passou a ser considerado como uma entidade, como um ser-em-si, cuja teleologia a ele mesmo se referia. Faltou ao pensamento freudiano a possibilidade de formulação da importância do Outro, não como meio de satisfação instintiva, mas como polo alteritário a partir do qual o ego é constitutivamente referido a um ser-outro [...].[274]

4.3. O solipsismo do princípio do prazer enquanto teleologia autocentrada do aparelho psíquico

Hélio Pellegrino criticará a asserção freudiana de que a libido procura, primariamente, o prazer — o alívio das tensões, num movimento sem direção. Isto é, a concepção de que a teleologia do aparelho psíquico é o princípio do prazer, subjazendo o aumento de tensão como gerador de desprazer que, por sua vez, faz com que a libido invista nos objetos do mundo exterior com vistas ao alívio dessas tensões. Ademais, articula a essa concepção a interpretação naturalizante de que a realidade é, primariamente, repudiada e só aceita de forma adaptativa, para posteriormente saciar a finalidade hedonista da natureza humana. Assim, para o autor, há um solipsismo hedonista e um mecanicismo energético subjacente a essa concepção do psiquismo, que faz com que: "Em Freud, há uma busca do elemento (força) capaz de explicar a fenomenologia psíquica. Esse elemento tem um *status* em si e *per si*. Ele pode ser desinserido do contexto personal e objetal e estudado em si mesmo"[275]. Por isso, com relação aos limites presentes na teoria da libido, afirmará:

---

[274] *A psicanálise experimenta em nossos dias uma crise radical de seus fundamentos*, Pellegrino, n.d.-i, p. 19.

[275] Pellegrino, H. (n.d.-ba). *O homem é uma totalidade significadora [Título atribuído]*. [Rio de Janeiro]. Arquivo Hélio Pellegrino. Arquivo Museu de Literatura Brasileira. Fundação Casa de Rui Barbosa., p. 7.

> Apesar da imponência do seu gênio criador, não pôde Freud escapar à influência limitadora do instrumento epistemológico por ele utilizado. Chega a ser dramática, na obra de Freud, a contradição entre as suas intuições criadoras, que o levaram a descobrir continentes ignotos no campo da fenomenologia psíquica, e a precariedade dos instrumentos com os quais traçou a cartografia das novas terras descobertas. O que dá validade e permanência aos descobrimentos de Freud não é, em absoluto, o mapa por ele construído, mas a concretude e a realidade dos continentes por ele desbravados. Até hoje, nos domínios da psicanálise, pisamos terra assinalada pelo grande navegador, embora seja tarefa nossa atualizarmos a sua fisionomia cartográfica, de acordo com os instrumentos epistemológicos que o espírito da ciência de nosso tempo põe à nossa disposição.[276]

Pellegrino atribuirá a Fairbairn a virada epistemológica que lhe permite criticar a separação entre estrutura e energia em Freud, assim como criticar a concepção de que a libido pode ser considerada de forma entitativa, isolada, autocentrada em busca de prazer, sem direção. Crítica essa que, para Pellegrino, permitiu a Fairbairn defender a tese de que "'A libido procura não o prazer, mas o objeto.' A qualidade personal da relação é que se torna decisiva"[277]. Para ele, essa crítica foi possível porque "Fairbairn parte de outros esquemas referenciais. Por isso pôde colocar no centro da fenomenologia psíquica não o conceito de força, mas o conceito de relação objetal".[278]

Assim, Hélio Pellegrino reconhece ser tributária dessa revolução epistemológica a possibilidade de interpretar que: "Uma boa relação dá <u>sentido</u> ao prazer, e o torna satisfatório [...]. O prazer, em si, não dá sentido a uma relação. E, neste caso, se torna insatisfatório, uma vez que o que o homem quer é a boa relação"[279]. Dessa forma, para Pellegrino, essa linha de pensamento é fecunda porque permite compreender que a transutilidade é substancial para fundar a humanidade do ser e permite que a psicanálise avance na compreensão de uma série de fenômenos, como o hospitalismo e o marasmo infantil, que expressam essa verdade de que a relação da criança com a mãe não se reduz a uma concepção de quitação salarial de alívio de tensões. Essa concepção permite-lhe criar o

---

[276] *As premissas redutivistas sobre as quais Freud se apoiou*, Pellegrino, n.d.-p, p. 4.

[277] A psicanálise experimenta em nossos dias uma crise radical de seus fundamentos, Pellegrino, n.d.-i, p. 32.

[278] *O homem é uma totalidade significadora*, Pellegrino, n.d.-ba, p. 4.

[279] *O analista, na relação analítica fecunda*, Pellegrino, n.d.-av, p. 61, grifo do autor.

aforismo que expressa a concepção de que mãe útil, embora necessária, não é suficiente; há a necessidade fundante da mãe inútil; há necessidade de doação da totalidade personal do/a cuidador/a; de doação da alteridade, da confiança, do amor e do convívio com o outro para que a criança possa se fundar em sua alteridade, liberdade e inutilidade.

É possível estender esse pensamento, a partir da leitura de Hélio Pellegrino, para uma gama de fenômenos humanos, cuja mera explicação de que a teleologia da libido seria o princípio do prazer — e a busca dos objetos do mundo externo para a redução do aumento das tensões que geram desprazer ou mesmo articulando-a num mecanicismo energético com o princípio de realidade — seria equivocada. Um exemplo disso — sem romantizar, mas refletindo sobre a verdade que alguns fenômenos ilustram — pode ser pensado a partir de fenômenos como a greve de fome e dos inúmeros mártires que, mesmo sob tortura, violência, intimidação e todas as formas de tensões insuportáveis, não cederam às pressões dos torturadores, pagando com a própria vida por valores da liberdade, da ética e da dignidade humana — fenômeno que nenhuma explicação mecanicista energética ou entitativa possa explicar.[280]

Dessa forma, reconhecerá em Fairbairn uma tentativa séria, rigorosa e fértil de atualização da epistemologia a partir da qual a psicanálise parte; o que lhe permitiu questionar que os alvos instintivos e o princípio do prazer, num movimento sem direção, são equivocados na sua pretensão de significação determinante para a finalidade da existência psíquica e não explicam o desenvolvimento e as vicissitudes do ego. Assim, para ele, esse elemento de análise de que o problema das relações objetais permite descortinar o desenvolvimento do ego, presente em sua obra, expressa uma outra: "[...] revolução copernicana: as relações objetais vão ocupar o centro da cogitação psicanalítica. E isso se dá com Fairbairn".[281]

Não obstante, ao mesmo tempo em que reconhece a amplitude da fertilidade dessa análise, romperá com a leitura de Fairbairn no ponto em que ele continua a afirmar que é a libido que busca o objeto, analisando e reelaborando a asserção da seguinte forma: "Não é a libido que busca o objeto. É a pessoa, através de uma função alteritária! [...] sendo os instintos só a ponte desse caminho"[282]. Ou seja, para Pellegrino a base

---

[280] Pellegrino, H. (n.d.-ak). *A greve de fome*. [Rio de Janeiro]. Arquivo Hélio Pellegrino. Arquivo Museu de Literatura Brasileira. Fundação Casa de Rui Barbosa.

[281] *O homem é uma totalidade significadora*, Pellegrino, n.d.-ba, p. 3.

[282] *A psicanálise experimenta em nossos dias uma crise radical de seus fundamentos*, Pellegrino, n.d.-i, p. 10.

somática não permite interpretar a origem das atividades eminentemente humanas como a atividade de fundar uma relação de objeto com o outro; o que permite tal acontecimento é a função alteritária do homem. Nesse sentido, o psicanalista levanta uma pergunta que não vê presente na obra de Fairbairn acerca de qual função torna possível ao ser humano desenvolver relações de objeto — característica que analisa como diferenciadora dos homens e animais.

Defende a tese de que essa categoria de uma verdadeira relação de objeto ocorre quando o ser humano deixa de fazer com ele uma relação utilitária e de mera expressão das próprias necessidades, mas de reconhecimento de sua alteridade; o que se articula com a capacidade humana de função simbólica e de linguagem. Assume a posição de que no mundo animal é impossível que a natureza atinja esse *status* de objeto, pois ele se rege pelos dinamismos puramente instintivos, pré-históricos, predeterminados, cuja conduta é imutável; nesse sentido, a natureza está sempre referida à sua fome ou prazer. Quanto ao ser humano, assinala que sua característica ontológica é ser história. Dá o exemplo de que até mesmo as respostas de uma mãe e de um bebê não são instintivas, mas personais, existindo essa dimensão inclusive na percepção das necessidades entre ambos. Nesse sentido, atribui ao nascimento a origem de uma experiência de angústia da separação e de expectativa e, nessa medida, o amor é um afeto que capacita a criança a aceitar-se como separada da mãe. A tese discorrida, então, é a de que, uma vez que as necessidades da criança estão inseridas num contexto histórico, que não é predeterminado e não pode ser reduzido a uma origem somática, a qualidade da relação deve ser compreendida como elementar para a compreensão de sua constituição psíquica.[283]

Seguindo com Fairbairn, analisa que se teria que atribuir à libido a função de estabelecer relações de objeto; não obstante, a análise apresentada por Pellegrino é de que não há possibilidade de atribuir à libido essa força, identificando que ela não é atributo que diferencia os seres humanos dos animais. Nesse ponto, o autor afirma que Fairbairn não levantou esse problema; não obstante, diversas necessidades humanas transcendem os instintos, como a necessidade de amor, de contemplação alteritária, de liberdade, de autonomia etc. Diante dessa questão, Pellegrino identifica em Heidegger um solo para se pensar esse problema. Trata da concepção

---

[283] Pellegrino, H. (n.d.-bp). *Quando o objeto deixa de ser sinal de minhas necessidades e apetites [Título atribuído]*. [Rio de Janeiro]. Arquivo Hélio Pellegrino. Arquivo Museu de Literatura Brasileira. Fundação Casa de Rui Barbosa.

da existência humana como ser no mundo enquanto condição substantiva, fundamental, constitutiva e dependente da estrutura relacional que se funda a partir do nascimento, integrada à posição dialética de considerar o outro como útil para satisfazer suas necessidades biológicas. Ou seja, para Hélio Pellegrino, a estrutura relacional originária do ser humano é a condição fundamental, constitutiva e independente a partir da qual a dimensão dinâmica é fruto. Tece a crítica de que uma psicologia instintivista perde a totalidade dialética do ser humano, deixando fora de sua análise fenômenos constitutivos de sua humanidade, bem como de sua essência alteritária, e defende a necessidade do que irá denominar de *uma psicologia do inútil*.[284]

Desdobra as consequências dessa constatação na análise de que o princípio do prazer e os processos de aumento ou diminuição da tensão não podem ser concebidos enquanto causalidade psíquica. Essa afirmação é coerente com a tese de que a libido, por si mesma, não funda o psiquismo humano; ela mesma só se funda em relação ao objeto e só existe na relação objetal. Portanto, não pode ser entendida de forma isolada, por um modelo de busca de equilíbrio das tensões, que atribui a fonte do conflito psíquico — da diferenciação das funções psíquicas ou da causalidade psíquica — a um jogo energético mecanicista na compreensão da busca de prazer, atribuindo ao outro e ao mundo apenas uma conotação instrumental, um meio para a satisfação do alívio das tensões. Para Pellegrino[285], essa é uma expressão da ideologia burguesa do capitalismo na teoria freudiana, que naturaliza as relações mercantis com o outro e com o mundo. Por essa perspectiva:

> A pessoa, entretanto, não tem originariamente nenhuma vocação para aceitar e respeitar a integridade do real. Sua posição primitiva diante dele é hedonista, predatória e meramente adaptativa. O mundo é meu campo de presa. Só me interesso por ele como meio, como instrumento para chegar a meus fins, isto é, obtenção de prazer.[286]

Dessa maneira, a expressão da ideologia burguesa está, para o autor, tanto nessa perspectiva e conceituação do princípio do prazer quanto na conceituação do princípio de realidade, formando uma articulação mecanicista que é base para uma leitura unitária que naturaliza uma das

---

[284] O pensamento de Fairbairn representa um esforço original e fecundo, Pellegrino, n.d.-bd.

[285] *A psicanálise experimenta em nossos dias uma crise radical de seus fundamentos*, n.d.-i.

[286] Ibid., p. 22.

formas possíveis de relações, predominantemente mercantilizadas no capitalismo. Na sua visão, tais relações geram processos de adoecimento que, de maneira alguma, podem ser naturalizados. Nesse sentido, no que se refere à conceituação do princípio de realidade, problematizará a conotação de que:

> Para Freud, a realidade é um mal necessário. O ego vai até a realidade e a aceita porque não tem outro jeito. E se não a destrói é porque precisa dela. O Id estriparia a galinha dos ovos de ouro, para tê-los todos de uma vez, em nome da nunca saciedade do princípio do prazer. O ego prefere preservá-la para explorá-la industrialmente. É curioso, aliás, notar-se o parentesco que existe entre a ideologia capitalista e a ideologia freudiana. Esta justifica aquela, em nome de fatores instintivos, biológicos, constitucionais. O mundo sempre será x, portanto, o palco onde haverá a exploração do homem pelo homem. Para isto nascemos: para utilizar, predar, explorar, gozar, sendo o mundo o nosso campo de caça [...]. Não há lugar para a graça, para o amor verdadeiramente pessoal, no edifício conceptual de Freud. Amor é graça, é encontro com o Outro, é consentimento profundo em sua existência, é aceitação e alegria por sua existência em si mesma, como fim, como valor radicalmente trans-utilitário.[287]

4.4. Reformulação freudiana da teoria da libido em fases do desenvolvimento libidinoso

Para Hélio Pellegrino, outra fragilidade da teoria da libido decorre de quando Freud deixa de se deter na análise do desenvolvimento humano na relação interconstitutiva com o outro e passa a formular a teoria do desenvolvimento a partir da teoria da libido, naturalizando esse processo em etapas e, sobretudo, enfatizando os acontecimentos biológicos como determinantes dos fenômenos psíquicos e das diferentes fases (oral, anal, fálica, latência, genital) impessoais pelas quais todos passariam com menor ou maior grau de fixação. A partir dessas diferentes fases adviria a pessoa, assim como os sintomas neuróticos e psicóticos, a depender das vicissitudes do processo evolutivo da libido, explicadas de forma entitativa

---

[287] Ibid., p. 23.

e mecanicista, definidas ora pelas regiões do corpo, pelas fixações, pelo seu objetivo (pulsão de dominação, por exemplo), como se fosse possível concebê-las de forma isolada, entitativa, *per se* e para si, e não de forma substantiva, cuja origem e o alvo estão sempre referidos às relações objetais. Para Pellegrino[288], esse momento da reformulação teórica freudiana acerca do desenvolvimento humano reflete:

> Um típico exemplo de construção redutivista, simplificadora e mecanicista, é a teoria freudiana da libido, através da qual o criador da psicanálise pretende explicar o processo de desenvolvimento humano. Este, desligado de sua originalidade existencial, passa a depender não da condição do ego humano como ser no-no-mundo [...]. Por seu intermédio, o desenvolvimento humano perde a sua qualidade e complexidade existenciais e passa a ser avaliado em termos de uma força ou energia sub-pessoal apriorística, a libido, que brota de fontes orgânicas atomizadas (as zonas erógenas) sob a forma primária de instintos sexuais parciais, derivando a pessoa das vicissitudes desta marcha da libido. As vicissitudes instintivas é que determinam a complexidade da pessoa, seus traços caracterológicos, seus sintomas psicopatológicos. A pessoa é reduzida a seus componentes instintivos e estes, epistemologicamente erigidos em naturezas simples, passam a ser a causa dos fenômenos personais.[289]
>
> A libido passa a ser, então, aprioristicamente considerada como a força a partir da qual se vão originar os fenômenos psicológicos e personais [...].[290]

Assim, entende que, nesse momento da formulação freudiana presente na teoria da libido, a centralidade do desenvolvimento humano passa a ser compreendida não mais como ancorada nas relações estabelecidas entre a pessoa e o mundo ou das técnicas defensivas utilizadas nessas relações, mas sobretudo a partir de um processo impessoal ancorado em fases sucessivas determinadas sobretudo por uma ênfase no acontecimento biológico de uma marcha energético-libidinal. Nesse sentido, para o autor, é curioso e sintomático notar que essa leitura impessoal coloca em segundo plano as relações objetais, até mesmo na formulação conceitual expressa pelo:

---

[288] As premissas redutivistas sobre as quais Freud se apoiou, n.d.-p.

[289] Ibid., p. 57.

[290] Ibid., p. 60.

> [...] fato de que as fases tomam sua nomenclatura a partir das várias zonas erógenas, e não a partir do objeto. [...]. Fase oral, não fase do seio. Fase anal e não fase das fezes. Aí se mostra a limitação do esquema de Abraham. As fezes não são objetos libidinosos. São objetos simbólicos. São a argila na qual os objetos são modelados [...].[291]

Por essa inversão na compreensão da origem do psiquismo, defenderá que "É preciso substituir a teoria da libido por uma teoria do desenvolvimento baseada nas relações objetais. As zonas erógenas passam a ser meros canais por onde flui a libido [...]"[292]. Além disso, questiona o fato de a teoria da libido ser baseada no conceito de zonas erógenas, o que não abarca sua complexidade; chamando atenção para o fato de que as fases do desenvolvimento libidinoso ganham sua terminologia a partir da centralidade atribuída às zonas erógenas, e não a partir do objeto, nem mesmo a partir da busca em direção a ele ou das técnicas utilizadas para lidar com o objeto internalizado. Para Pellegrino, aqui se encontra a chave da questão, ou seja, a análise da qualidade das relações objetais é a mais abarcante e determinante, assim como a análise das técnicas utilizadas para lidar com os objetos internalizados, até mesmo na mais tenra idade. Adiante, segue uma passagem ilustrativa com argumentos em defesa dessa tese:

> Por que a criança chupa o dedo? "Porque o sugar lhe proporciona um prazer erótico, já que a boca é uma zona erógena — assim diria um partidário da teoria da libido." — Mas por que o dedo? Porque não há <u>seio</u> para chupar. Aqui se chega ao ponto. A criança procura, na atitude autoerótica, não apenas aquilo que não recebeu do objeto, mas o próprio objeto que lhe falta. *O autoerotismo é, portanto, uma técnica para lidar com uma situação insatisfatória, do ponto de vista das relações objetais [...]. O inteiro curso do desenvolvimento libidinoso vai depender do grau de internalização de objetos e das técnicas utilizadas para lidar com estes objetos internalizados.* [...]. Não é atitude libidinosa que determina as relações de objeto. São estas, pelo contrário, que determinam aquela.[293]

---

[291] *Uma revisão da psicopatologia*, Pellegrino, n.d.-bd, p. 4.

[292] Id.

[293] Ibid., p. 3–4, grifo do autor.

Dessa forma, defenderá a asserção de que "Os quadros paranoides, obsessivos, histéricos e fóbicos — não representam fixações a fases libidinosas, mas defesas do ego contra conflitos mais profundos [...]"[294]. Analisará, ainda, a essência de cada conflito expresso por esses quadros no que eles representam enquanto técnicas para lidar com o objeto internalizado. Os conflitos colocados em cada uma delas serão vistos nesses quadros, a depender do grau de internalização dos objetos, dos processos de dependência infantil e dependência madura dos objetos, da ambivalência entre os objetos internalizados aceitos e rejeitados, além das técnicas utilizadas para rejeição, controle ou para melhorar a relação objetal.

Assim, a partir da análise das limitações da teoria da libido, Pellegrino realiza uma revisão da psicopatologia das neuroses e das psicoses e propõe sua substituição pela análise da teoria do desenvolvimento do ser humano enquanto expressão do desenvolvimento das relações de objeto. Por mais que reconheça a importância da teoria da libido — realçando elementos que permitem compreender o processo da transição de uma atitude oral incorporadora para uma sexualidade madura doadora —, defenderá a tese de que é preciso substituí-la por uma teoria do desenvolvimento fundada na qualidade da dependência das relações objetais. Decorre dessa análise a asserção de que o autoerotismo, os quadros ansiosos, fóbicos, histéricos, paranoides e obsessivos representam técnicas para lidar com as relações objetais, e considera os estados esquizoides como referência ampla para a compreensão das vicissitudes das relações objetais nos diferentes quadros clínicos. Por isso, há uma série de estudos do autor se detendo na análise desse quadro clínico.[295]

4.5. Consequências sociológicas da teoria da libido

Hélio Pellegrino interpreta como problemática a visão naturalizante de Jean-Jacques Rousseau, que afirma que o ser humano nasce bom e a sociedade o corrompe, assim como igualmente problemática a interpretação anti-Rousseau presente em Freud, a qual afirma o contrário e naturaliza a importância da coerção social da sociedade contra instintos antissociais do ser humano. Essa concepção é reforçada pela conceituação do princípio do prazer, a partir da qual se reforça a significação instru-

---

[294] Ibid., p. 3.
[295] Ibid.

mental e predatória do homem no sentido de que: "Os instintos, regidos pelo princípio do prazer, são antissociais, por definição".[296]

Ele reconhece que esse tema está presente em textos fundamentais de Freud, como no texto *Moral sexual civilizada e doença nervosa moderna*, de 1908, no qual "[...] ficam lançadas as bases da orientação sociológica de Freud. Instinto e cultura são inimigos naturais e irreconciliáveis" (p. 31). Aparece no *Futuro de uma ilusão* (p. 26), no qual desenvolve a análise de que: "O homem é, naturalmente, inimigo da civilização. Seus instintos são antissociais e incompatíveis com os alvos a que aspira a cultura" (p. 33); assim como no *Mal-estar na civilização*, no qual a ênfase do mal-estar é atribuída ao antagonismo existente entre os instintos e as exigências da civilização. Nesse sentido, Hélio Pellegrino questionará essa naturalização tanto de uma base biológica explicativa do ser humano quanto dos processos de repressão próprios da sociedade capitalista, assim como a atribuição dos processos de exploração e dominação a supostas pulsões de morte instintivas ou inatas do ser humano.

Dessa forma, a tese fundamental de que os instintos humanos são antissociais em sua origem — dado que explicaria uma incompatibilidade antagônica entre suas exigências e as coerções da civilização — expressa com clareza uma grande limitação da teoria da libido ao atribuir ao conceito de instinto um substrato biológico e uma concepção naturalizante de que o ser humano nasce com instintos antissociais. Isso faz com que a concepção instintivista, ao ser levada para o terreno da sociologia, gere graves deturpações teóricas. Cita, por exemplo, a tendência de se conceber que:

> A maioria, sem possibilidade de sublimação, é potencialmente perigosa, destrutiva e antissocial e, logo, deve ser dirigida pela minoria capaz de realizar a alquimia de seus instintos sexuais, a serviço da cultura. Temos, neste esquema, uma plena justificação da tirania política. [...]. Se os instintos são antissociais, por definição, a coerção social, longe de ser um mal, é um bem. Freud é anti-Rousseau: este diz: o homem é bom, a sociedade o corrompe. Freud afirma o contrário: o homem é mau, a sociedade o melhora. Este ângulo de visão leva ao imobilismo e ao conservantismo social [...].[297]
>
> Os fenômenos de patologia social são também avaliados e significados a partir de premissas instintivistas. São os

---

[296] A psicanálise experimenta em nossos dias uma crise radical de seus fundamentos, Pellegrino, n.d.-i, p. 24–25.

[297] *A psicanálise experimenta em nossos dias uma crise radical de seus fundamentos*, Pellegrino, n.d.-i, p. 26.

instintos, fortes demais, e indomáveis, que fazem o delinquente, o marginal, e explicam as condutas antissociais.[298]

Poderíamos ainda citar intepretações psicanalíticas recentes sobre a origem do estupro, por essa perspectiva naturalizante, e a gravidade que representam no sentido de naturalizar um problema que assume proporções epidemiológicas que, de modo algum, poderia ser creditado a uma relação mecânica e naturalizante entre instintos antissociais do homem e as coerções da sociedade. Com efeito, um grande problema a ser superado a partir dessa leitura são as graves consequências que daí decorrem no sentido de reduzir a compreensão histórica dos fenômenos a uma base somática e biológica, a partir da qual todo e qualquer fenômeno é naturalizado, tanto as barbaridades institucionais quanto individuais, de forma que os instintos passam a ser a força explicativa de tudo: dos neuróticos, dos psicóticos, dos criminosos, dos marginais etc.[299]

Pelos motivos expostos, Hélio Pellegrino defenderá que a complexidade do ser humano não pode ser compreendida a partir de noções instintivistas, devendo ser superada, pelo anacronismo que representa nos dias atuais, sobretudo pelos avanços epistemológicos que surgiram a partir da crise dos fundamentos da ciência. Por isso, argumentará que:

> O conceito freudiano de instinto representa não um fato de ciência, deduzido da observação, mas um artefacto epistemológico hoje em dia perfeitamente anacrônico [...]. É inadmissível que a psicanálise continue a adotar um modelo de ciência física já perempto no próprio campo da física [...]. Hoje em dia, processa-se em todos os campos do saber humano uma revolução epistemológica de extraordinária importância. Ela implica uma superação da metodologia cartesiana, baseada na crença das "naturezas simples" como origem primeira do real. A realidade científica de nossa época se caracteriza pela aquisição de um novo instrumento epistemológico, de um novo ângulo de mira, de um novo tipo de pergunta. [...]. Em outras palavras: a complexidade, a totalidade, a organicidade originária dos fenômenos adquiriram uma importância epistemológica central no pensamento moderno. [...]. A este respeito, há um maravilhoso livro de Gastón Bachelard, "Le Nouvel

---

[298] Ibid., p. 27.
[299] Id.

Esprit Scientifique", no qual partindo da evolução da física e da microfísica, mostra o autor o surgimento de uma nova epistemologia, característica do espírito de nosso tempo.[300]

Para Pellegrino[301], a análise que atribui as forças de alienação da pessoa às pulsões não permite compreender, com a profundidade que o fenômeno exige, a estrutura social alienante, despersonalizante e desumanizante, que necessariamente coisifica e gera adoecimento das pessoas pela estrutura de exploração e violência na sociedade. Para o autor, são forças estruturais do modelo econômico do capitalismo que precisam ser analisadas pelas consequências adoecedoras geradas tanto no operário quanto no capitalista:

> A alienação do operário é sentida como carência, como negatividade. Isto é, um chamamento à desalienação. A alienação proletária só pode ser vivida como alienação, e isto facilita a tomada de consciência desta alienação. O proletário luta para si e por toda a humanidade [...]. O capitalista se coisifica, também, ao coisificar, mas por um diferente caminho. Lucra. Acumula privilégios. Substitui sua liberdade pela vontade de poder. Desalienar-se é perder seus privilégios. O enfraquecimento existencial do capitalista, por não poder ser assumido, o leva a querer acumular cada vez mais. O poder enfraquece e gera mais necessidade de poder. [...]. A psicanálise é instrumento de desalienação. Num mundo que despersonaliza a pessoa, não há conformismo saudável. É preciso tomar partido da pessoa, contra a anti-pessoa. Contra o totalitarismo. Contra o consumismo. Contra todas as formas de vida social que alienam o homem de seu centro: A LIBERDADE. (*A psicanálise experimenta em nossos dias uma crise radical de seus fundamentos*, Pellegrino, n.d.-h, p. 33).

4.6. Reformulação da teoria da libido em termos da pulsão de vida *vs.* pulsão de morte

> *Morres a cada momento, de tal maneira que a escolha que fazes, a cada momento, do ato que irá exprimir esse momento, é uma escolha diante de tua morte. [...]. Aprende, assim, a honrar a sacralidade de todos os teus momentos, e que cada um deles, à semelhança da*

---

[300] Ibid., p. 28–29.
[301] Ibid.

> *chama de uma vela, seja a integral consumação de tua vida — e a tua morte.*[302]
>
> *A morte é a impossibilidade de todas as possibilidades. Neste sentido, a morte é o contrapolo dialético de qualquer possibilidade humana, é a não possibilidade possível de qualquer possibilidade e, neste sentido, a morte é uma convocação para a vida, é um chamamento ao dever, à tarefa e à obra...*[303]
>
> *Não há nenhuma possibilidade de esgotar-se, até o fim, a humanidade de qualquer experiência humana se não se assume esse chão amargo, essa essencial instabilidade inerente ao ser da existência humana.*[304]

Freud reelabora a teoria da libido a partir do texto *Mais-além do princípio do prazer*, associando a libido à tendência de integrar e unir o que é vivo, ou seja, à antiga noção de Eros, em contraponto com a pulsão de morte — Tânatos, cuja tendência à destruição de tudo o que é vivo e retorno a um estado inorgânico se expressa. Para Hélio Pellegrino, há nessa reformulação um sentido importante de pensar a condição humana, os fundamentos do homem, em termos de possibilidade do ser humano de se criar, de se fazer e de se transformar num processo histórico dialético, e não em termos de destino ontológico. Isto é:

> Freud tem, por um lado, uma visão amarga — porque antiutópica — da condição humana. Ele sabe que, nos fundamentos do ser do homem, vida e morte, Eros e Tanatos, se enfrentam sem cessar, na vigília como no sono. Temos a possibilidade de construção e da destruição, do amor à vida ou do ódio a ela. [...].[305]

Ou seja, vê na essência das descobertas revolucionárias e das obras mais libertadoras de Freud a expressão de um homem cujo trabalho se deu no sentido de afirmar a necessidade de um processo civilizador humanizatório e igualitário para todos os homens:

> Que a nossa vida tenha, de alguma forma, o destino da semente. Que ela seja, portanto, seminal, fecundadora, a

---

[302] *Determinismo e psicanálise*, Pellegrino, n.d.-d, p. 1.

[303] Ibid., p. 21.

[304] Ibid., p. 22.

[305] Pellegrino, H. (n.d.-e). *A escolha de meu nome para patrono desta turma [Título atribuído]*. [Rio de Janeiro]. Arquivo Hélio Pellegrino. Arquivo Museu de Literatura Brasileira. Fundação Casa de Rui Barbosa, p. 1

> serviço do crescimento dos outros. Nosso destino pessoal é, em si mesmo, efêmero. Nós passamos, isto é, morremos. Mas que a nossa passagem seja marcada pelo serviço ao Próximo. Servir ao Próximo é viver bem — e morrer contente. Pois a comunidade dos homens, à qual o Próximo pertence, transcende a morte, de modo a permitir-nos perguntar: morte, tua vitória onde está? [...].[306]

Nesse ponto, vale resgatar uma contribuição analítica recebida na época de defesa final deste estudo. Nota-se que essa é uma leitura muito particular do autor acerca dos conceitos de pulsão de vida e de pulsão de morte na qual é digno de nota a sua compreensão de que a pulsão de morte se articula com a cultura e há, então, uma função culturalizante na pulsão de morte. Essa perspectiva pellegriniana, que poderíamos chamar por um freudo-marxismo brasileiro, é diferente do freudo-marxismo alemão presente em Marcuse, para o qual a psicanálise teria que abrir mão do conceito de pulsão de morte para se articular com as problemáticas econômicas, sociais e históricas presentes na sociedade, no sentido de afirmar que teria que ir pela via de Eros, com a conotação de que a pulsão de morte estaria num nível menos civilizatório.

Com efeito, por haver no freudo-marxismo tupiniquim de Hélio Pellegrino uma diferenciação entre os conceitos da agressividade e da violência, do crime e da criminalidade, nota-se a alta função que confere à indignação, agressividade e inconformismo do povo expresso pela via dos protestos, quando as condições de vida dos trabalhadores são aviltantes, no sentido da força vital e civilizatória que lhe concerne na exigência de garantia de condições de trabalho e de vida dignas para todos e de um Estado Democrático de Direito. Ou seja, quando ele identifica que a revolta diante das iniquidades sociais pode ser expressão da identificação com o opressor em alguns sintomas de criminalidade e a diferencia da revolta expressa na luta política e social presente nos protestos por condições de trabalho e vida digna para todos, articulando a conceitos que considera fundamentais, como a análise dos Ideais de Eu de uma cultura, nota-se que essa compreensão se reflete nas leituras que tece sobre as diferentes mazelas presentes na cultura.

Contudo, Hélio Pellegrino realizará uma crítica de que esse conceito é esvaziado desse sentido e vai ganhando, no desenvolvimento da

---

[306] Id.

psicanálise, uma leitura ideológica e legitimadora da violência, de forma absurda, que precisa ser pensada, criticada e superada. Irá localizar esse esvaziamento sobretudo na tendência que naturaliza os fenômenos psíquicos e sociais a partir da articulação entre o conceito de pulsão de vida e pulsão de morte, tratando-os, sobretudo, numa conotação de um destino ontológico que, por sua vez, se articula à visão reducionista e utilitária do homem lobo do homem. Ou seja, de que ele nasce cruel e corrupto, convertendo o crime em um destino ontológico, e não enquanto uma possibilidade pelo fato de o ser humano se constituir como ser histórico. Essa diferença pode parecer sutil, mas é definitiva para o autor. No mesmo sentido, critica a ideologia por trás da visão de que as pulsões, Eros e Tânatos, podem explicar "a guerra e a paz, vida e morte. A ser assim, nada se poderia fazer" diante da recente tese escandalosa de "estupro culposo", por exemplo, além das análises diárias que naturalizam o problema epidemiológico do machismo e do estupro na sociedade. Aponta para o esgotamento e limites dessa visão de uma psicanálise conformista e reacionária que não busca desnudar os aspectos históricos na origem de um fenômeno, tampouco transformá-los, mas se apoiar em universais abstratos para legitimar a violência e os privilégios, deturpando a contribuição da psicanálise para a compreensão da constituição dos sujeitos na relação histórica e interconstitutiva com a cultura.[307]

Essa questão é da maior importância e é retomada em diversos textos do autor, denunciando uma adesão reacionária e teórica de muitos psicanalistas no sentido de naturalização e justificação de problemas sociais da época. Continua a inquietar e mostra sua contribuição para um debate que ainda é atual. Prova disso, mas seguindo um outro caminho de análise, pode-se notar em um texto de Vladimir Safatle[308], que atualiza essa questão do problema do uso político do conceito de pulsão de morte.

Para Hélio Pellegrino, a compreensão de que o psicanalista parte do conceito de pulsão de morte, necessariamente, informa sua posição política e possui consequências políticas diretas e/ou indiretas no sentido de trabalhar para a justificação e manutenção da violência, privilégios, arbitrariedades e explorações ou trabalhar pela transformação desses fenômenos na estrutura social. Com isso, mostra que não se pode discutir

---

[307] Pellegrino, H. (n.d.-ao). *Incêndios do nada*. [Rio de Janeiro]. Arquivo Hélio Pellegrino. Arquivo Museu de Literatura Brasileira. Fundação Casa de Rui Barbosa.

[308] Safatle, V. (2021). Estado suicidário, fascismo e problemas no uso político do conceito de pulsão de morte. In *Tempo/Coleção Parentalidade & Psicanálise*. Belo Horizonte: Autêntica.

esse conceito sem abordar essa dimensão, sob o risco de repetir o pior do passado marcado por essas posições teóricas, a exemplo da ditadura, da prática da tortura, da legitimação do estupro, do machismo e das infinitas formas de violência presentes em nossa sociedade. Dessa forma, o autor oferece uma contribuição inestimável porque deixa nítido que a teoria sempre se vinculará à práxis histórica, quer assuma suas responsabilidades com essa questão, quer se demita de assumi-las.

Contudo, a partir de um escrutínio do problema, Hélio Pellegrino chega à tese de que a raiz desse problema vai além de um mero esvaziamento e diz respeito à ausência de uma base unificada e radicalmente histórica para a compreensão do psiquismo humano, o que faz com que, até mesmo em Freud, ora se analise a ontogênese do psiquismo a partir das relações objetais, ora se o reduza a um biologicismo e fisicismo de base constitucional[309]. Assim, mais complicado do que isso, o problema está nas formulações teóricas que invertem essa relação e acabam por atribuir a causalidade psíquica a uma origem somática, biologicista, fisicista e mecanicista, sobretudo a partir do conceito de pulsão de morte.

Para ele, esse conceito naturaliza a condição humana, reduzindo-a a termos biológicos, perdendo o sentido de sua constituição radicalmente histórica, seja em nível individual ou coletivo; cujo entitativismo pretende tudo explicar e nada explica; apenas justifica toda forma de violência que a sociedade produz; tornando-se um conceito absurdo e anacrônico. Para ele, esse erro presente em Freud se expressa na articulação entre a conceituação de dualismo pulsional, do conceito de princípio de prazer, do princípio de constância, da compulsão à repetição, compreendidas de forma mecânica, constitucional e entitativa, cuja tendência é a compreensão de que:

> O princípio do prazer define a estratégia mais geral do aparelho psíquico. Este atua no sentido de manter o mais baixo possível o nível de excitações. O desprazer é assimilado a um nível alto de tensão. O prazer corresponde a um deflexo, ou rebaixamento, deste nível de tensão. O prazer, para Freud, é uma noção quantitativa, e se transforma na finalidade essencial de toda a existência humana. O homem existe para satisfazer seus instintos, isto é, descarregá-los, e manter o mais baixo possível os níveis de excitação no

---

[309] Pellegrino, H. (n.d.-x). Contradições entre a estrutura dos conceitos fundamentais — redutivistas, instintivistas, biologicistas — e os fatos observados, dando ênfase às relações objetais [Título atribuído]. [Rio de Janeiro]. Arquivo Hélio Pellegrino. Arquivo Museu de Literatura Brasileira. Fundação Casa de Rui Barbosa.

aparelho psíquico. A própria compulsão de repetição, isto é, a tendência a reviver situações passadas, mesmo dolorosas, mais forte, segundo Freud, do que o princípio de prazer, acaba por resolver-se neste. A compulsão de repetição deságua nos instintos de morte, e seu significado mais geral exprime a tendência da matéria orgânica a voltar ao inorgânico. A vida procura a morte, esta é a finalidade da vida. Vida é tensão, é complexificação, enquanto a morte é distensão, ausência de tensão.

Para Hélio Pellegrino, esse erro está presente não só em Freud, mas continua com Melanie Klein e Fairbairn, pois todos os fenômenos psíquicos (fantasias, representações mentais, arte) serão vistos como oriundos do dinamismo pulsional. Nesse sentido:

> [...] não há ruptura com os esquemas referenciais e os conceitos fundamentais da psicanálise, apesar do progressivo reconhecimento das relações objetais. [...]. As relações objetais existem, desde o nascimento, mas os instintos de vida e de morte também existem, como entidades *per se*, e as relações objetais são uma variável dependente do dinamismo instintivo.[310]

Para ele, nessa leitura existe um grande equívoco. Apesar do progresso de reconhecimento decisivo das relações objetais para a constituição psíquica, perde-se a riqueza dessa descoberta ao reduzi-la a um determinismo constitucional, pulsional, subjetivista, sem refletir criticamente sobre o fundamento instintivista e constitucional de que parte ou tomá-lo como ponto de partida. Dessa forma, considerando que a base pulsional e constitucional, por si mesma, não tem o poder de gerar mediação simbólica produtora dos fenômenos psíquicos como as fantasias, a capacidade artística, a violência etc., Hélio Pellegrino rompe com a concepção kleiniana acerca de a fantasia ser a representação mental da pulsão de vida e de morte. O que, na sua leitura, expressa uma concepção essencialista que entende a equivalência entre a pulsão de vida e de morte em seio bom e seio mau, assim como:

> [...] seio idealizado e seio perseguidor, antecedentes ao contato com o seio real. Isto, por um lado, significa que a

---

[310] Como se constitui uma ciência, Pellegrino, n.d.-t, p. 9, grifos do autor.

> posição esquizo-paranoide transcorre e decorre do ego, pelo ego e para o ego — e isto é mais do que discutível.[311]

A partir de sua leitura, se ocorresse desse modo, a existência das funções simbólicas essencialmente humanas prescindiria do outro, o que não é verdade. Da mesma forma, Pellegrino entende que a autora levou adiante algumas consequências o conceito de pulsão de morte, atribuindo um caráter solipsista, instintivo e fundador ao ódio, considerado anterior ao amor; assim como atribui um caráter solipsista à ansiedade, à angústia, à agressão e à violência. Criticará também a análise que a autora tece acerca da constituição da fase esquizoparanoide, cuja concepção subjacente é a de que praticamente se prescinde da realidade para se fundar essa posição, isto é, a concepção de que:

> Na fase esquizo-paranoide a realidade, praticamente, não conta. Os referentes simbolizados pelo ego são os instintos de vida e de morte e é a partir deles que são criadas as imagens do seio idealizado e do seio perseguidor [...].[312]

No mesmo sentido, criticará as concepções de Melanie Klein sobre a arte, entendida como expressão secundária diante do ódio dirigido para as figuras primordiais e, portanto, com função reparatória, cuja importância está em aplacar "[...] a repressão, exprimindo os aspectos libidinosos e agressivos das fantasias inconscientes"[313]. Em contraposição, em se tratando de descrever as manifestações do inconsciente, para Pellegrino, a arte e a literatura, por exemplo, não são produções secundárias das manifestações instintivas, mas manifestações de fantasias inconscientes fundadas a partir da constitutiva possibilidade alteritária do ser humano, formando uma ponte entre consciente e inconsciente, conteúdo manifesto e conteúdo latente.

Por esses elementos e outros de ruptura com o pensamento kleiniano discutidos neste livro, sobretudo no que diz respeito ao conceito de pulsão, levanta-se a hipótese de que seria apropriado reformular a

---

[311] Contradições entre a estrutura dos conceitos fundamentais — redutivistas, instintivistas, biologicistas — e os fatos observados, dando ênfase às relações objetais, Pellegrino, n.d.-x, p. 3.

[312] Ibid., p. 2–3.

[313] *Primeiros trabalhos de Fairbairn*, Pellegrino, n.d.-af.

parte do verbete do Dicionário de Psicanálise[314] que situa o pensamento de Pellegrino na linha da tradição kleiniana.

Certamente, o pensamento do autor se aproxima mais dos elementos fundadores e de ruptura presentes no pensamento fairbairniano do que kleiniano, que ele considera revolucionários. Ao mesmo tempo, rompe também com os aspectos instintivistas presentes em Fairbairn e inaugura uma leitura própria, sustentada na tese de que as pulsões e a libido não podem ser consideradas como elemento fundador do psiquismo, mas sim a constituição das relações objetais.

A partir dessa reformulação conceitual, inaugura uma leitura particular, mantendo pontos de continuidade fundamentais com esses autores da chamada Teoria das Relações Objetais, que inclusive vão ter ressonância nas reformulações e desdobramentos originais de Hélio Pellegrino acerca do complexo de Édipo, por exemplo. Contudo, os mesmos aspectos de discordância, a partir dos quais Pellegrino rompe com Melanie Klein, também estão presentes no rompimento com a perspectiva de Fairbairn. Assim, por apresentar uma perspectiva particular na psicanálise, desenvolve-se a análise de que deveria formalmente ser considerado um teórico que elabora uma perspectiva importante e particular entre os autores da Teoria das Relações Objetais.

4.7. Natureza e finalidades do aparelho psíquico a partir da leitura pellegriniana da teoria das relações objetais

> *Os instintos não são formas de energias que existem por si mesmas, e que buscam o mundo num sentido utilitário ou predatório, para se satisfazerem ou se descarregarem. O homem é ser-em-o-mundo. Sua relação com o real tem sentido constitutivo, fundante, substancial, copulativo. É dessa união copulativa com o real que nasce o homem como ser psíquico, isto é, como fonte de significação do mundo e de si mesmo.[315]*

Com efeito, é possível acompanhar por que Hélio Pellegrino rompe com a concepção que atribui a origem do psiquismo à pulsão. Para ele, atribuir, em última instância, a compreensão da origem das manifestações psíquicas e do inconsciente a uma base pulsional e, portanto, somática é

---

[314] Roudinesco & Plon, 1998

[315] Pellegrino, H. (n.d.-bw). *Uma vez que eu esteja fixado definitivamente a um objeto mau [Título atribuído]*. [Rio de Janeiro]. Arquivo Hélio Pellegrino. Arquivo Museu de Literatura Brasileira. Fundação Casa de Rui Barbosa., p. 5.

retirar o alcance radical da descoberta freudiana, além de fundamentar leituras ideológicas no campo, no sentido de naturalização de fenômenos como a exploração humana, a violência etc. Por isso, ele reformula a descoberta freudiana do inconsciente, enfatizando e desdobrando a esquecida dimensão radicalmente histórica da constituição do psiquismo na relação com o outro ser humano; perspectiva contrária à teoria do desenvolvimento baseada na teoria da libido, e não na centralidade radical, fundadora e irredutível das relações de objeto.

Assim, considerará que só o animal pode ser concebido como fundado a partir de uma força instintiva em direção ao outro e ao mundo, de forma predominantemente utilitária e predatória, em vista da satisfação de suas necessidades. Da mesma forma, pode ser considerado a partir de um narcisismo biológico que só reconhece a realidade, postergando o prazer, tendo em vista um reestabelecimento de um equilíbrio homeostático.[316]

Em contraste com essa perspectiva, Pellegrino[317] entende que essa interpretação não pode ser transposta para a compreensão do surgimento do psiquismo humano. Tece uma crítica à noção instintivista acerca do fundamento da personalidade, do desenvolvimento e da diferenciação do psiquismo, movido pelo prazer (princípio do prazer), bem como à concepção de que a relação do homem com a realidade se paute por uma necessidade somente adaptativa de considerar suas leis (princípio de realidade), o que formaria a base para diferenciações gradativas no id e das outras instâncias psíquicas. Da mesma forma, para o autor, os conflitos pulsionais jamais podem ser considerados a base a partir da qual o psiquismo se origina e se diferencia. Isso, em última análise, mantém a acepção de uma base somática e constitucional na origem e desenvolvimento psíquico. Para ele, essa concepção não abarca a ontogênese do psiquismo, isto é, não explica o porquê de só o ser humano ser capaz de se constituir na história, de construir arte, linguagem, ciência; de se constituir historicamente pelas formações psíquicas conscientes, inconscientes; ou inclusive de manifestar um fenômeno psíquico do sentimento de culpa, que não existe no mundo animal. Nesse sentido, ele levanta a interrogação:

> Como podemos falar em culpa à base dos fenômenos instintivos? Mesmo a culpa mais primitiva, sob forma perse-

---

[316] Quando o objeto deixa de ser sinal de minhas necessidades e apetites, Pellegrino, n.d.-bp.

[317] *A diferenciação é marcada pelo fato de que há, na dependência primária, não apenas identificação, mas incorporação oral,* Pellegrino, n.d.-c)

> cutória, jamais poderia existir se não se fundasse a partir de uma visão alteritária do objeto. A culpa implica numa intuição do Outro, implica num originário con-sentimento na existência do outro, sem o que ela jamais poderia existir. Nenhum animal tem culpa na medida em que exerce os seus instintos predatórios. Isto porque para ele o meio ambiente só pode ser avaliado como meio pelo qual ele satisfaz suas necessidades instintivas. O animal é auto-centrado, porque seus instintos são auto-centrados. Ele não tem a intuição do Outro e, desta forma, jamais poderá sentir culpa. A culpa sempre se refere ao Outro, a culpa implica na existência do outro como tal [...]. A culpa implica numa intuição do Outro. Sou agressivo com o outro, o outro será agressivo comigo. Há um outro, como tal, que eu significo como agressivo. A noção de objeto interno é intrinsecamente comprometida com a existência da função alteritária. Só consigo ter relação com um objeto interno na medida em que tenha uma plena relação de objeto, significada por mim.[318]

Dessa forma, a tese apresentada e discutida aqui é de que o ser humano tem capacidade de perceber objetos e estabelecer uma relação objetal — o que se inaugura a partir do nascimento — e de que sua essência de ser no mundo o difere radicalmente dos animais. E com isso defenderá a tese de que a experiência de alteridade com o real é radicalmente humana, mas só inaugurada a partir do nascimento, na relação com o outro.[319]

Nesse sentido, desdobra, até as últimas consequências, uma concepção radicalmente histórica da constituição do sujeito na relação com o outro. Tão radical que a própria possibilidade da formação da constituição psíquica está indissoluvelmente relacionada a um processo histórico, a uma possibilidade que só se efetiva no movimento da história, na relação com o outro, enquanto possibilidade. Em vista disso, atribui a capacidade de estabelecer relações de objeto no mundo à função alteritária do ser humano, assim como à capacidade de fundar objetos internos. Assim, afirma que a possibilidade alteritária do ser humano é de direito e articula-se à história das relações de objeto, além de levar em consideração o grau de internalização destes — elementos que expressam sua concretização de fato.[320]

---

[318] Ibid., p. 9.

[319] Ibid.

[320] Ibid.

Ademais, a crítica de Pellegrino[321] incide na visão do ser humano e de que relações pessoais não expressam um fim em si, mas passam a ter apenas uma significação utilitária; o que informa a concepção subjacente do homem sendo lobo do homem. O autor questiona que essa concepção do humano e essas premissas são decisivas na forma que se vê e se interpreta o paciente, bem como na relação terapêutica que permite perceber um como lobo do outro, mas não a dimensão do encontro com fim em si mesmo:

> Penso na importância da metafísica implícita que o analista adota sempre, na sua visão do homem e da teleologia humana, e que informa, de maneira substancial, o seu procedimento terapêutico [...]. Para Freud, o homem, em última análise, é o lobo do homem. Ora, se eu adoto as concepções freudianas, se eu aceito que a teleologia do comportamento humano é o prazer, acima de tudo, se para mim as relações objetais são, em última análise, relações utilitárias e de significação primariamente sub-humana, uma vez que se tecem a partir da necessidade que têm os instintos de encontrar predatoriamente objetos nos quais descarregar-se, aliviando a tensão e obtendo prazer, não vejo de que maneira tais premissas não irão influir decisivamente na visão que eu tenho do meu paciente e na maneira pela qual passarei a interpretar o seu material. Se o homem é o lobo do homem, o paciente é o lobo do analista, e vice--versa. Analista e paciente fazem uma relação inevitável e necessária, mas não desejável. A relação, o encontro, passam a não ter significado em si mesmos. O paciente [...] quer primariamente roubar tudo ao analista.[322]

4.8. Ontogênese do psiquismo: natureza humana de ser história, linguagem, fundada na relação objetal

Hélio Pellegrino defenderá uma compreensão da ontogênese do psiquismo a partir da centralidade da teoria das relações objetais. Dessa forma, insistirá que a diferença fundamental entre o ser humano e o animal decorre do fato de que o ser humano só funda seu psiquismo e se

---

[321] Pellegrino, H. (n.d.-j). A teoria de Freud, sobre a natureza e as finalidades do aparelho psíquico, se baseia essencialmente numa psicologia dos instintos [Título atribuído]. [Rio de Janeiro]. Arquivo Hélio Pellegrino. Arquivo Museu de Literatura Brasileira. Fundação Casa de Rui Barbosa.

[322] Ibid., p. 2.

constitui historicamente na relação com outro ser humano, fundando-se como ser-no-mundo. Isso ocorre diferentemente do animal, cujas leis instintivas, pré-históricas, já determinam suas possibilidades e permitem-lhe guiar-se no mundo. Assim, para o autor:

> O animal não tem história. Ele só tem pré-história. Suas respostas ao meio ambiente lhe são ditadas por seus dinamismos instintivos. Da mesma forma, os estímulos que percebe também são determinados por suas necessidades instintivas [...]. Para o animal, não há erro. Suas necessidades instintivas, filogenéticas, o capacitam a articular-se com o meio ambiente de maneira bastante precisa [...]. Já no ser humano não há esta articulação precisa e unívoca entre o organismo e o meio [...]. A mãe não tem respostas instintivas que lhe permitem responder às demandas do seu filho. As propostas deste, por sua vez, também não são instintivas. São personais. A criança é uma pessoa que tem necessidades. Nesta medida, percebe suas necessidades num contexto personal, alteritário.[323]

Por isso, para o autor, é só quando o outro aparece para a criança, no seu valor mais do que utilitário ou referido a necessidades biológicas, que se funda o psiquismo, a linguagem, as funções psíquicas, isto é:

> Quando o objeto deixa de ser sinal de minhas necessidades e apetites, quando ele existe para mim na sua radical e essencial condição de ser-outro, quando faço com ele uma relação de alteridade e não apenas de necessidade, aí se instaura a verdadeira relação de objeto, e daí decore a possibilidade da linguagem: função simbólica.[324]

Daí decorre também a constatação da importância fundadora da qualidade da relação objetal para a constituição psíquica, bem como a importância da função do amor, tendo em vista que o ser humano nasce a partir de uma condição de carência, desamparo e prematuração, não possui leis biológicas que predeterminam sua segurança e inserção no mundo como ser-outro. Nesse sentido, a mãe ou quem cumpra essa função dos cuidados primários da criança:

---

[323] Quando o objeto deixa de ser sinal de minhas necessidades e apetites, Pellegrino, n.d.-bp, p. 8–9.

[324] Ibid., p. 1.

> [...] é objeto, para a criança, isto é: ela é um ser-outro, intuído em sua essência de alteridade. A satisfação de minhas necessidades depende de um ser-outro, separado de mim e, como tal, intuído. Logo, minha dependência a este ser-outro só pode ser tranquila na medida que me sinto amado por este ser-outro. [...]. O amor é o que permite à criança aceitar-se separada, sem pânico.[325]

Dessa forma, para o autor, a qualidade da relação objetal será fundadora do psiquismo. Nesse sentido, não é a libido que funda a relação de objeto, mas a história das relações objetais; assim como o grau de internalização, dependência, fixação aos objetos maus e técnicas utilizadas para lidar com esses objetos que determinarão o desenvolvimento psíquico e libidinoso.[326]

Em vista do exposto, na constelação dos conceitos que expressam a perspectiva psicanalítica do autor, outros conceitos centrais se tecem em torno dessa análise e certamente possibilitam estudos específicos que se detenham nesses desdobramentos. Contudo, é possível expor a reformulação feita em torno da compreensão de alguns deles; por exemplo, a compreensão de que o narcisismo decorre não de uma alienação solipsista primária, mas dos processos de incorporação e identificação com o objeto na fase oral precoce e na fase oral tardia — processo histórico a partir do qual se diferencia o narcisismo primário e o narcisismo secundário, no qual se expressa a identificação com um objeto internalizado e a tendência a uma agressão diferenciada, expressa na tendência a morder, tendo em vista a tentativa de restituição do objeto. Nesse sentido, a agressão diferenciada, até nas fases iniciais do desenvolvimento, não é concebida como um trabalho da pulsão de morte, mas essencialmente um fenômeno relacional, que se reporta à história das relações objetais. Isso marca uma posição crítica e uma ruptura frente ao conceito de agressividade que atribui a sua origem e o reduz a uma compreensão constitucional e somática.[327]

Da mesma forma, para o autor, não se pode atribuir à pulsão de morte ou a impulsos sádicos o surgimento e desenvolvimento do superego, mas sua origem deve ser analisada em termos da história das relações objetais reais. Analogamente, os processos de angústia, ansiedade primária e

---

[325] Ibid., p. 10.

[326] Ibid.

[327] Pellegrino, H. (n.d.-ae). *Estágio de dependência infantil [Título atribuído].* [Rio de Janeiro]. Arquivo Hélio Pellegrino. Arquivo Museu de Literatura Brasileira. Fundação Casa de Rui Barbosa.

ansiedade secundária só podem ser compreendidos como expressão de um fenômeno essencialmente objetal, sem o qual as análises entitativas apenas expressam uma tendência à naturalização de todo e qualquer fenômeno psíquico e a um uso impessoal e mecanicista da técnica psicanalítica.[328]

Assim, Pellegrino[329] parte de uma análise psicanalítica que entende a centralidade das relações objetais para a compreensão do surgimento e desenvolvimento do psiquismo. Fundamentado nessa perspectiva, o autor desenvolverá também, em diferentes trabalhos sobre a psicopatologia, uma análise de que os dois tipos psicológicos básicos da posição depressiva e da posição esquizoide dependem das situações que os sujeitos experenciam e, sobretudo, do grau em que os objetos foram incorporados na fase oral do estágio de dependência incondicional da criança. Discute algumas diferenciações, tais como: entre a fase oral precoce — marcada pelo sugar — e a fase oral tardia — marcada pela tendência a morder; a dependência incondicional e a dependência madura; a identificação primária e a diferenciação progressiva do objeto; o narcisismo primário e o narcisismo secundário. Além disso, analisa a influência da identificação na esfera cognitiva e na esfera criativa; o processo de identificação na origem do narcisismo; o objetivo do sugar — para Fairbairn — e o objetivo de morder; o grau de ambivalência na fase oral tardia; as técnicas defensivas de lidar com os objetos internos no período de transição, o conflito do esquizoide centrado no problema de como amar sem destruir e do depressivo de como odiar sem destruir; o processo de retirada da libido da parte consciente para a parte inconsciente do ego; o medo à insanidade ou à perda do ego. Por fim, afirma que existem dois tipos psicológicos básicos e todos passamos pela necessidade de incorporação dos objetos e por um certo grau de fixação oral, portanto, há uma tendência esquizoparanoide ou depressiva em todos.

Analogamente, a compulsão repetitiva, para ele, não é expressão de uma característica inata da pulsão de morte, mas sim do grau de dependência e fixação aos objetos maus; da mesma forma que "[...] a voracidade etecetera não são causas de relações más (psicologia do instinto), mas consequência de relações más (psicologia inter-objetal)"[330], que deman-

---

[328] *O analista, na relação analítica fecunda*, Pellegrino, n.d.-av.

[329] Estágio de dependência infantil, Pellegrino, n.d.-ae.

[330] Uma vez que eu esteja fixado definitivamente a um objeto mau, Pellegrino, n.d.-bw, p. 1.

dam uma internalização do objeto mau e controle interno deste por meio de técnicas defensivas.

Atribui a origem dessa análise a Fairbairn, que parte da compreensão de que há uma tendência do ego para ligar-se aos objetos, ao mesmo tempo em que afirmará que "a internalização de objetos é consequência de relações objetais desfavoráveis"[331], ou seja, retoma a sua análise de que as relações objetais ruins geram um grau maior de internalização, isto é: "Uma vez que eu esteja fixado definitivamente a um objeto mau, minha relação com ele tem que ser necessariamente má (inveja, voracidade, ciúme, ressentimento, etc. etc.)".[332]

4.9. Teleologia do incesto: processos de dependência infausta aos objetos maus

Pellegrino desdobrará a análise exposta anteriormente na afirmação de que quanto pior a relação com o objeto, maior é o grau de fixação, dependência, defesa internalizadora e medo de perdê-lo, pela ausência de segurança dessa relação. Nesse sentido, desenvolve argumentos a partir dos quais defenderá que fenômenos como o incesto e o parricídio, por exemplo, não podem ser explicados apenas por um postulado da origem antissocial e hedonista dos instintos; pelo contrário, só podem ser compreendidos a partir da análise dos processos de dependência infausta aos objetos maus:

> Então se poderá dizer: quanto pior a minha relação com um objeto, tanto mais me aferro a ele e tanto mais intensamente dele passo a depender. O perigo máximo consistirá na perda desse objeto mau, que para mim representa a tábua de salvação, estreita e desconfortável, à qual me devo agarrar desesperadamente para não morrer [...]. O ego os teme, mas não pode passar sem eles e teme, mais do que tudo, perdê-los.[333]

Afirmará a presença desse conflito na tragédia de Édipo, interpretando que o personagem "teve que voltar, não ao seu primeiro amor, mas ao seu primeiro ódio (A Jocasta, mãe que o condenou à morte e o rejeitou de maneira radical.)"[334]. Há uma nota manuscrita no final da

---

[331] *O problema da internalização do objeto mau*, Pellegrino, n.d.-bf, p. 1.

[332] Uma vez que eu esteja fixado definitivamente a um objeto mau, Pellegrino, n.d.-bw, p. 1.

[333] O problema da internalização do objeto mau, Pellegrino, n.d.-bf, p. 1.

[334] Ibid., p. 2.

página datilografada na qual levanta a seguinte questão: "Me pergunto se a compulsão repetitiva, que Freud faz derivar dos instintos de morte, não será uma expressão dessa fidelidade aos objetos maus".[335]

Aqui, é importante ressaltar que a releitura do complexo de Édipo que Hélio Pellegrino tece, a qual já se antevê no texto anterior, marca talvez a expressão mais elaborada da perspectiva do autor acerca da teoria das relações de objeto baseadas na qualidade destas. O texto *O mito e o complexo de Édipo na obra de Sófocles: uma reavaliação*[336], por exemplo, é tributário da linha de reflexão crítica sobre as relações de objeto na evolução do pensamento psicanalítico e expressa uma síntese da sua perspectiva acerca dessas relações na revisão do complexo de Édipo freudiano. Para o autor:

> O grau de dependência e fixação aos objetos maus variará de acordo com as perturbações objetais que tornaram necessária a defesa internalizadora. Quanto mais intensamente ficou internalizado o objeto mau, mais dependo dele e mais temo perdê-lo. A mãe má é a que temo perder, pois não há segurança e estabilidade nas minhas relações com ela. A ela me aferro com tanto mais desespero quanto ela for.[337]

Assim, para o autor, esses conflitos caracterizarão a compulsão à repetição presente nos sintomas e constituem o centro do fenômeno transferencial — que será analisado a seguir. Considera a importância da compreensão da linguagem presente nos sintomas, seus processos inconscientes e de identificações em curso, assim como da intervenção sobre esses fenômenos; compreendendo a origem histórica das resistências em conquistar-se em sua alteridade, transformar o grau de dependência ou de fidelidade e fixação aos objetos maus. Nesse sentido:

> [...] agarrado a uma tábua de salvação, e não vendo outro meio de salvar-se senão pelo seu agarramento à sua tábua, prefere qualquer mal que esta tábua lhe cause a ter que largá-la, pois isto representaria o afogamento. Da mesma forma, para a parte má do ego, é preferível o seu agarramento ao objeto mau a qualquer outra perspectiva, uma vez que, para ele, qualquer perspectiva é maléfica, e o sofrimento

---

[335] Id.

[336] Pellegrino, n.d.-bb.

[337] O problema da internalização do objeto mau, Pellegrino, n.d.-bf, p. 2.

que lhe causa o estar agarrado ao objeto mau é pelo menos o sofrimento ao qual ele se habituou.[338]

4.10. Transferência

A consciência, o intelecto são apenas a superfície do fenômeno. Além do mais, Freud criou um instrumento capaz de permitir um trabalho concreto sobre os problemas psicológicos. A descoberta da transferência é uma das mais importantes descobertas sobre a psicologia do homem, jamais feita. O ser humano significa a realidade de acordo com alguns pré-juízos, que lhe advêm de estruturas arcaicas, infantis, plenamente operantes em seu mundo interno.[339]

O conceito de transferência também expressa as tendências presentes em sua perspectiva teórica e dos sentidos da prática terapêutica. Marca a sua perspectiva acerca do valor da análise da transferência, dos sentidos por trás da comunicação da interpretação e das diversas questões relacionadas ao seu manejo na terapia psicanalítica.

De saída, cabe enfatizar que o autor também reconhece que esse é um dos eixos substanciais do processo psicanalítico, que deve ser objeto de uma reflexão crítica no campo por expressar os valores humanos, o lugar teórico, de paradigma de ciência e da técnica, ocupados pelo psicanalista na clínica e todos os seus efeitos, que precisam ser translúcidos. Para ele:

A descoberta que Freud fez, de que os sintomas neuróticos e psicóticos são uma linguagem, representa uma contribuição imorredoura à compreensão do homem. E mais que isto: Freud inaugurou uma forma operacional de trabalhar essa linguagem e de transformá-la. Com isto, ele se tornou um campeão da liberdade humana, no sentido de ajudar o homem a desalienar-se, a possuir-se. A psicanálise se centra no postulado Socrático: conhece-te a ti mesmo, e acredita no poder libertatório da verdade.[340]

---

[338] Pellegrino, H. (n.d.-af). *Este é o desenho: a grande resistência está em desfazer-se do primário objeto ruim.* [Rio de Janeiro]. Arquivo Hélio Pellegrino. Arquivo Museu de Literatura Brasileira. Fundação Casa de Rui Barbosa., p. 3.

[339] O homem é uma totalidade significadora, Pellegrino, n.d.-ba, p. 1.

[340] Pellegrino, H. (n.d.-s). Cada época tem seu molde epistemológico, sua estrutura indagadora, que define o tipo de pergunta característico dessa época [Título atribuído]. [Rio de Janeiro]. Arquivo Hélio Pellegrino. Arquivo Museu de Literatura Brasileira. Fundação Casa de Rui Barbosa, p. 8.

Isso posto, em primeiro lugar, compreendamos que, se Pellegrino parte de uma análise psicanalítica que entende a centralidade das relações objetais para a análise acerca do surgimento e desenvolvimento do psiquismo, assim como da formação de sintomas, das fantasias inconscientes, sonhos etc., é coerente compreender que, para o autor, a transferência é uma atualização da história da fidelidade aos objetos internos bons e maus do sujeito na relação com o analista e, especificamente, expressa:

> [...] uma tentativa de significar a relação com o analista nos termos da fidelidade aos objetos maus [...]. A transferência é, pois, uma defesa primariamente destinada a manter as relações arcaicas do paciente, das quais ele não pode libertar-se. Daí a dificuldade que o paciente tem de enxergar no analista uma figura real. Isto exigiria dele libertar-se dos liames que o prendem aos objetos internos. Isto exigiria que ele, diante do outro autêntico, fosse autenticamente si mesmo, assumindo a cruz da solidão existencial sem a qual nenhuma comunicação verdadeira é possível. Só o homem capaz de assumir sua solidão essencial torna-se capaz de comunicação com o outro.[341]

> Só através do outro que me descubro. Só o ser-para-si é capaz de verdadeiramente ser-para-outro. Pois só assim existe uma doação livre de si mesmo ao outro, numa aceitação da própria liberdade e da liberdade do outro [...]. No fundo, o fenômeno da transferência representa uma defesa contra o medo à liberdade.[342]

Ou seja, a dificuldade em lidar com os objetos reais está indissoluvelmente atrelada ao compromisso com os objetos internos bons e maus, de forma consciente e inconsciente, pois representam sua única tábua de salvação. Assim, em uma vasta gama de trabalhos, analisa, sempre em termos relacionais, os conflitos entre o desejo e a dificuldade de separar-se dos objetos internos e as diferentes técnicas presentes na formação dos sintomas que expressam tentativas de lidar com esses conflitos ao longo da história dos sujeitos. A título de exemplo, analisará os processos de defesa contra a perda que está em movimento na posição esquizoparanoide, na qual:

---

[341] Pellegrino, H. (n.d.-o). *As defesas contra os objetos maus são defesas secundárias [Título atribuído].* [Rio de Janeiro]. Arquivo Hélio Pellegrino. Arquivo Museu de Literatura Brasileira. Fundação Casa de Rui Barbosa, p. 3.

[342] Ibid., p. 4.

> Com o decorrer do tempo, na medida em que o ego ama-
> durece [...] — e isto ocorre na medida de sua mais intensa
> percepção do real — o ego se vê constrangido a tentar uma
> reaquisição de sua integridade e totalidade. A sombra da
> relação paranoide se abate sobre a relação boa. O objeto
> mau é superposto sobre o bom, e o ego mau sobre o bom
> ego. O ego percebe como seus os impulsos antes atribuídos
> ao perseguidor. E percebe como pertencentes ao objeto
> bom as características más do objeto mau. O ego se torna,
> em certo sentido, o perseguidor, e o objeto, o perseguido.
> [...]. O ego trata o objeto de amor como se ele fosse o seu
> perseguidor. Daí a culpa, as autoacusações [...].[343]

Assim, partindo da análise de como essas contradições se apresentam na formação de uma diversidade de sintomas, considera que o valor da terapia psicanalítica está na possibilidade de trabalhar pela libertação do homem de suas cadeias internas, tornando-o cada vez mais capaz de assumir sua condição de alteridade e, consequentemente, de sujeito, num processo de diferenciação entre o eu e o outro e de reconhecimento da alteridade do outro.

Nesse sentido, considerará que, para além de tornar o inconsciente consciente, os efeitos curativos na análise não estão nesse trabalho, por si, mas: "O que cura não é tornar consciente o inconsciente. O que cura é fazê--lo através de um encontro. O encontro é, ele sim, um valor pessoal. [...]. A interpretação é só um meio de facilitar e ampliar a abertura do encontro"[344]. Assume a posição de que a força curativa na análise está no encontro real do paciente com o analista e não reconhece que a consciência dos objetos internos é fator suficiente para libertação dos objetos maus. Em outras palavras: *O acontecimento decisivo na análise não é o encontro do paciente com seus objetos internos, projetados no analista*[345]. Ressalta a importância da presença real do analista na esperança e coragem para se libertar e abandonar os objetos internos maus, sem o que a análise se torna interminável:

> O ato de eu chegar a tomar consciência de meus fantasmas
> internos não significa que, *ipso facto*, eu me vá libertando
> deles. O que dissolve os fantasmas internos, a treva que os

---

[343] Contradições entre a estrutura dos conceitos fundamentais — redutivistas, instintivistas, biologicistas — e os fatos observados, dando ênfase às relações objetais, Pellegrino, n.d.-x, p. 2.

[344] Pellegrino, H. (n.d.-au). O acontecimento decisivo na análise não é o encontro do paciente com seus objetos internos, projetados no analista [Título atribuído]. [Rio de Janeiro]. Arquivo Hélio Pellegrino. Arquivo Museu de Literatura Brasileira. Fundação Casa de Rui Barbosa.

[345] Id.

> alimenta, é a luz do Outro e o calor do encontro com ele. É, portanto, a relação real, na análise, que vai curar o paciente, que vai lhe permitir libertar-se de seus objetos maus, em troca de uma relação com o real que lhe dê coragem, alento e estímulo para desligar-se destes mesmos objetos maus. Se a presença do analista, como objeto real, não estimular o paciente a abandonar seus objetos internos, fantasiados, teremos sem dúvida uma análise interminável, uma vez que a pura e simples consciência dos objetos internos não é um fator bastante forte para permitir que o paciente deles se liberte.[346]

Para o autor, esse processo só pode se desenvolver a partir de uma disposição do analista de doar sua liberdade ao paciente e atuar a partir do que conceitua por silêncio ativo e espaço vazio, se detendo na análise desses elementos e na sua relação com a interpretação transferencial. Esse processo envolve falar sobre a transferência — vista como expressão do desencontro —, mas não pode e não deve se encerrar nela, e sim transcendê-la, abrindo a possibilidade do que designa por palavra nova.[347]

Reporta-se ao sentido heideggeriano de cura e de procura humana ao analisar o processo de dissolução da transferência a partir do silêncio e do espaço vazio para fora de sua estrutura fechada do desencontro, significando o defrontar-se com o desejo, com o diferente em si e no outro; com a inauguração de outras possibilidades, que envolve assumir-se enquanto pessoa, abrindo caminho para a relação do sujeito com o mundo e com o outro. Na sua leitura, a transferência, enquanto expressão do desencontro, não pode encerrar-se em si mesma; pelo contrário, a função do silêncio ativo, no manejo da transferência, para a escuta analítica, passa pela compreensão de que:

> O silêncio e o vazio que transcendem a transcendência revelam a possibilidade de transcendê-la, e isto significa a inauguração de outras possibilidades que se contrapõem à impossibilidade de qualquer outra possibilidade, que define a estrutura de transferência, como sistema fechado, inerme e opaco ao novo.[348]

Nesse sentido, para o autor, o tema do estudo e a clarificação da função do silêncio no processo psicanalítico se revelam como de maior

---

[346] Ibid., p. 1.

[347] Pellegrino, H. (n.d.-ab). *Encontro é o defrontar-se de duas pessoas [Título atribuído]*. [Rio de Janeiro]. Arquivo Hélio Pellegrino. Arquivo Museu de Literatura Brasileira. Fundação Casa de Rui Barbosa.

[348] Ibid., p. 5.

importância e não estão dados, de antemão, podendo adquirir vários sentidos, a depender da concepção teórica, política e social de que se parte. Para ele, o valor do silêncio no processo terapêutico adquire o sentido fértil enquanto possibilidade de rompimento da repetição, da falta de escuta presente nos sintomas. Portanto, para ele, o silêncio auxilia a romper o silêncio e a repetição mórbida: "o silêncio, portanto, transcende o desencontro e, nesta medida, transgride a compulsão de repetição, o mecanismo, a prisão do passado. E se torna convite para a palavra nova: liberdade".[349]

Portanto, a transferência está necessariamente articulada com a noção de encontro humano, que Hélio Pellegrino considera lapidar em Fairbairn, chamando atenção para uma tendência deformadora de considerar o paciente apenas como expressão de transferência, e pontua: "Mas o paciente não é só transferência! Ele tem uma função do real! Sua capacidade de encontro é nossa grande aliada na análise. Por que descartá-la?"[350]. E acrescenta que a: "fidelidade do paciente aos seus objetos internos é duríssima de superar. Ele só o poderá fazer na medida em que houver uma sólida e cálida relação real com o terapeuta"[351]. Para ele:

> A cura consiste em dissolver a transferência no silêncio eloquente da relação, isto é: a cura consiste em respeitar a transferência, em convertê-la à realidade, não através de qualquer discurso apologético que vise explícita e diretamente a esta conversão, mas através do silêncio amoroso que é convocação e consentimento para ser.[352]

Essa é uma base que considera imprescindível para os efeitos do processo analítico; desconstrói uma tendência de frieza, neutralidade e impessoalidade que considera deformante no campo e um desserviço característico de análises intermináveis, ao mesmo tempo em que não se confunde com gratificações narcísicas por parte do analista. Em sua análise:

> [...] o interesse caloroso do analista pelo crescimento de seu paciente — base indispensável de uma boa atmosfera empática e supra-técnica... em nada invalida a necessidade de uma plena disciplina da relação terapêutica, na qual não cabem as gratificações, os reasseguramentos, os apoios

---

[349] *O tema dessa mesa-redonda é: a inserção da psicanálise no modelo capitalista*, Pellegrino, n.d.-bi, p. 13.

[350] *O analista, na relação psicanalítica fecunda*, Pellegrino, n.d.-bi, p. 48–49.

[351] Ibid., p. 48.

[352] Id.

inúteis e as falsas tolerâncias que retardam o amadureci-mento do paciente [...].[353]

Em primeiro lugar, considerará que os valores humanos estão acima do uso da técnica como instrumento, o que não permite uma postura fria, neutra ou impessoal. Assim, não desconsidera o desejo do psicanalista como ponto de partida, reconhecendo que:

> Na relação terapêutica há um desejo (desejo vazio) de ajuda, e um desejo de ser ajudado. Estes são valores transcientífi-cos. A psicoterapia analítica implica uma invocação e uma convocação do ser do paciente, através do silêncio amoroso, que é com-sentimento no ser do paciente.[354]

Nesse sentido, o interesse caloroso, guiado por uma ética da alte-ridade, informa elementos fundamentais e condizentes com a noção de abstinência em Freud, pois, para Pellegrino:

> Não é outra a exigência que faz Freud, no que concerne à abstinência que o analista deve, a todo custo, preservar, durante o percurso de seu trabalho. A abstinência é luta e disciplina em favor do vazio sem o qual a transferência é perturbada e o discurso analítico desfigurado.[355]

Pellegrino desenvolve uma gama de trabalhos que demandariam um estudo dedicado exclusivamente à análise da sua perspectiva sobre o fenômeno transferencial, nos quais o autor faz uma investigação minuciosa e fértil sobre o manejo da transferência e os elementos que podem fazer com que seu manejo seja realmente proveitoso para a pessoa atendida.[356]

Dentre a diversidade dos elementos analisados, critica a perspectiva que trabalha com o objetivo do crescimento do ego, discute a importância do aspecto artístico do trabalho psicoterápico, bem como a importância da arte e da linguagem poética como fortes instrumentos interpretativos.

---

[353] Pellegrino, H. (n.d.-f). *A interpretação: alguns problemas a ela relacionados [Título atribuído]*. [Rio de Janeiro]. Arquivo Hélio Pellegrino. Arquivo Museu de Literatura Brasileira. Fundação Casa de Rui Barbosa, p. 257.

[354] O encontro é o defrontar-se de duas pessoas, Pellegrino, n.d.-ab, p. 1.

[355] Pellegrino, H. (n.d.-n). *Aprendizado da psicanálise: formação ou deformação?* [Rio de Janeiro]. Arquivo Hélio Pellegrino. Arquivo Museu de Literatura Brasileira. Fundação Casa de Rui Barbosa, p. 43.

[356] Por isso, retomo aqui que a análise desse conceito, neste livro, pretende apenas discorrer sobre alguns elementos centrais que o autor tece sobre o tema e indicar a possibilidade de pesquisas futuras que aprofundem a discussão da contribuição dos trabalhos do autor com relação a esse conceito fundamental na psicanálise.

Além disso, discute o recurso das interpretações aludidas — de Catarina Kemper —; trata da importância do uso da linguagem emocional do próprio paciente no processo interpretativo; das possibilidades e riscos do uso de perguntas — a partir de Loewenstein; do tema das atuações interpretativas simbólicas — planejadas terapeuticamente; da necessidade de comunicar a interpretação como probabilidade, da contraindicação da interpretação assistemática da transferência — partindo das experiências de Reich. Ou seja, discute com amplitude o tema do necessário cuidado na formação analítica que permita uma interpretação que não se confunda com uma interpretação assistemática, mas mantenha seu caráter de probabilidade, sendo verdadeira, planejada, mutativa e proveitosa no processo psicanalítico.[357]

É interessante acompanhar a centralidade que a noção de alteridade assume na perspectiva psicanalítica de Hélio Pellegrino. A possibilidade de alteridade verdadeira tem consequência na sua leitura de praticamente todos os conceitos psicanalíticos, com implicações para terapêutica clínica, seja no tema da transferência (cujo objetivo de seu manejo nunca é encerrar-se em si mesmo), seja no tema da função do silêncio, da escuta ativa, convergindo para a possibilidade de superar a alienação de si e do outro e, sobretudo, a possibilidade da alteridade, da expressão de si e do outro em sua totalidade e a possibilidade do convívio, do diálogo; procedimento contrário a toda atividade que reforce a individualização. Ao mesmo tempo, implica a concepção subjacente de que o convívio com o real não é isento de conflito:

> Poderíamos dizer, portanto, que não se pode imaginar um con-vívio isento de con-flito. O conflito sempre existe, o que quer dizer que sempre existe. Mas o que importa é saber o significado desse con-flito e dessa agressão. O con-flito será produtivo na medida em que não tiver força para quebrar a proto-libido, tirando-lhe o seu significado copulativo. Se assim for, o conflito se transforma numa experiência da mais alta importância existencial, pois vai permitir ao ego, como vimos, fundar-se em sua confiança e em sua esperança. O con-flito produtivo dá ao ego a seguinte vivência: os obstáculos ao con-vívio não são insuperáveis. Eles existem, mas eu posso trabalhar e aplainar. Eu sou capaz de conquistar

---

[357] A interpretação: alguns problemas a ela relacionados, Pellegrino, n.d.-f.

o con-vívio e, desta forma, não fico alienado do meu poder humano de contribuir para que ele exista.[358]

Importante mencionar que, ao discutir os elementos que considera capazes de tornar a atividade interpretativa verdadeiramente proveitosa no processo psicanalítico, discute a importância de se considerar a linguagem emocional do próprio paciente, da arte, da atividade poética, de valer-se até mesmo de anedotas com os que tenham senso de humor; além de desconstruir a noção da técnica acima dos valores humanos, a qual desconsidera os valores humanos como ponto de partida e cria uma postura de frieza e neutralidade científicas assumida por muitos psicanalistas, de forma velada.[359]

Aqui, temos um elemento fundamental presente em seu pensamento que é a diferença entre o paradigma da dialética negativa que não concebe a relação entre sujeito e objeto enquanto objetos de outra ordem — e que, portanto, é impossível a possibilidade de neutralidade —, e o paradigma explicativo e positivista de ciência ressoando na análise do fenômeno transferencial. Em outras palavras, Pellegrino[360] considera fundamental diferenciar uma posição puramente explicativa, tecnicista, cientificista do fenômeno transferencial de uma posição que rompe com o paradigma puramente explicativo, o qual mistifica a técnica como se fosse possível considerá-la um fim em si mesma. Para ele, essa postura só expressa uma fantasia de onipotência e leva a uma intervenção com efeitos de naturalização, conformismo, desonestidade e demissão da responsabilidade terapêutica. Nesse sentido, questiona:

> O argumento — hoje bastante divulgado — de que o psicanalista é, antes de mais nada, um pesquisador, é profundamente desonesto. A cura seria um subproduto — embora desejável — da pesquisa. [...]. Não preciso criticar aquilo que lesa a humanidade do ser humano. Não tomo partido pelo homem. Interpretar, apenas.[361]

---

[358] Pellegrino, H. (n.d.-l). Acredito que, fundamentalmente, os distúrbios emocionais, sejam neuróticos ou psicóticos, derivam de perturbações precoces na intencionalidade do ego [Título atribuído]. [Rio de Janeiro]. Arquivo Hélio Pellegrino. Arquivo Museu de Literatura Brasileira. Fundação Casa de Rui Barbosa.

[359] A interpretação: alguns problemas a ela relacionados, Pellegrino, n.d.-f.

[360] Ibid.

[361] *O tema desta mesa-redonda é: inserção da psicanálise no modelo capitalista* Pellegrino, n.d.-bi, p. 12.

Da mesma forma, o autor interpretará que essa postura psicanalítica cientificista, entitativista e neutra se sustenta indissoluvelmente numa adesão teórica ao paradigma explicativo da ciência, o que se expressa numa postura entitativista de naturalização dos fenômenos a partir de universais abstratos. Dessa forma, questiona o valor que se dá à técnica acima dos valores humanos e a tentativa de transformar a psicanálise em uma ciência abominável da neutralidade que nada tem a ver com a noção de abstinência em Freud. Ademais, chama atenção para o fato de que é preciso analisar essa impostura e os efeitos da mistificação da técnica pela técnica e do impessoalismo na relação terapêutica:

> Esta verdade, implicitamente aceita pela maioria dos analistas, merece, a meu ver, uma ênfase especial, uma vez que, ao mesmo tempo, existe a tendência, também implícita, de tecnicizar em excesso o trabalho psicanalítico até o ponto de transformá-lo, sob pretexto da neutralidade, numa pura ação técnica, num frio ajustamento de peças de um mecanismo desarranjado. Esta posição, em última instância, corresponde a uma fantasia de onipotência do analista, num mundo que endeusa a técnica e a transforma no seu supremo valor.[362]

Ademais, o autor identifica, analisa e critica a presença corriqueira dessa postura na relação terapêutica sustentada por uma posição teórica do analista que enfatiza as concepções instintivistas da psicanálise, apoiadas no mecanicismo pulsional, na base constitucional do ser humano, e critica os efeitos do tecnicismo e conformismo expressos na técnica da interpretação utilizada na relação terapêutica. Além de ressaltar o fato de que, por trás de uma suposta neutralidade, se encontra aí uma posição política e postura conformista a favor do *status quo* e das iniquidades corriqueiras do sistema social.[363]

---

[362] Pellegrino, H. (n.d.-be). *O presente trabalho, sobre alguns aspectos da atividade interpretativa [Título atribuído].* [Rio de Janeiro]. Arquivo Hélio Pellegrino. Arquivo Museu de Literatura Brasileira. Fundação Casa de Rui Barbosa, p. 254–255.

[363] Ibid.

Capítulo 5

Digo não quando dizem sim em coro uníssono. Quero descobrir e revelar a face obscura, aquela que foi varrida dos compêndios da História por infame e degradante; quero descer ao renegado recomeço, sentir a consistência do barro amassado com lama e sangue, capaz de enfrentar e superar a violência, a ambição, a mesquinhez, as leis do homem civilizado. Quero contar do amor impuro, quando ainda não se erguera um altar para a virtude. Digo não quando dizem sim, não tenho outro compromisso.[364]

5. Complexo de Édipo, pacto edípico e pacto social

Este capítulo discute o compromisso social da psicanálise, que é um elemento primordial no pensamento de Hélio Pellegrino, e que se expressa no conceito central do *complexo de Édipo*, considerado determinação nuclear na vida de todo sujeito, tanto para Freud quanto para o autor. Discute-se, assim, a articulação entre a reformulação original que tece acerca do conceito de *complexo de Édipo*, o conceito do *pacto edípico* formulado por ele e a concepção nova que desenvolve sobre o conceito de *pacto social*. Formam três conceitos fundamentais que expressam uma síntese das tendências presentes em seu pensamento psicanalítico.

Hélio Pellegrino parte de uma perspectiva que atribui às relações objetais o centro do acontecer humano, do surgimento e do desenvolvimento do psiquismo. A articulação que tece acerca dessas três formulações conceituais é tributária dessa posição teórica, que mantém um diálogo rigoroso e fértil com Freud, Lacan e com os teóricos da teoria das relações objetais, sobretudo Fairbairn. Ao mesmo tempo, inaugura uma leitura nova dentre os teóricos da teoria das relações objetais, no campo da psicanálise. A posição teórica do autor, por sua vez, parte de uma linha de reflexão crítica sobre as relações de objeto na evolução do pensamento psicanalítico que se funda na tese da necessidade de substituir a centralidade atribuída à teoria da libido por uma teoria do desenvolvimento baseada

---

[364] Amado, J. (2008*). Tocaia Grande: a face obscura*. São Paulo: Companhia das Letras, p. 13.

nas relações objetais. Assim, apresenta e radicaliza a tese, discutida nos capítulos anteriores, de que a libido e a pulsão não podem ser consideradas elementos fundadores do psiquismo ou das funções psíquicas eminentemente humanas, mas sim a história das relações objetais. Por fim, nota-se que essa perspectiva teórica acerca das relações de objeto, sustentada em uma reformulação epistemológica que desenvolve em seus escritos, assumirá sua plena significação a partir da revisão síntese do conceito do *complexo de Édipo* freudiano.

Este capítulo discute como sua reformulação sobre o complexo de Édipo implica uma leitura particular sobre os elementos fundadores da subjetividade e da humanização no processo civilizador ao articular a interconstituição indissolúvel entre o pacto edípico e o pacto social. Além disso, abrange uma concepção acerca dos fundamentos que garantem a coesão do pacto edípico e do pacto social, seja em nível psíquico, seja em nível institucional e da estrutura social. Em outras palavras, desenvolve a diferenciação definitiva entre elementos fundantes de um pacto edípico e um pacto social humanizador — estruturante da Lei —, e elementos que estruturam um pacto pelo Poder perverso. Por conseguinte, discutirá que, enquanto não superarmos a desigualdade social e o pacto perverso presente na sociedade burguesa, não haverá uma base estruturante de um pacto civilizatório humanizador.

A organização do presente capítulo foi feita da seguinte forma: expõe-se a reformulação pellegriniana não só sobre o complexo de Édipo, mas sobre os elementos fundadores da humanização no processo civilizatório, o que passa pela conceituação do pacto edípico e do pacto social. Passa também por sua reformulação sobre a teleologia presente na concretização do incesto enquanto um dado de um sintoma social; por sua crítica à concepção naturalizante acerca da origem antissocial dos instintos e da noção de que o ser humano seja originariamente "lobo do homem"; por sua reformulação sobre as origens do mal-estar na civilização; por sua reformulação sobre a teoria da repressão na psicanálise, assim como sobre as noções de agressão e violência na psicanálise. Também passa por sua perspectiva sobre os fundamentos da humanização no processo civilizatório ao nível da sexualidade; por sua leitura sobre os fundamentos coesivos do processo civilizatório ao nível da estruturação do trabalho e sua vinculação indissolúvel com a estrutura econômica, social e política; por sua leitura sobre o processo civilizatório perverso da estrutura do trabalho no capitalismo enquanto fundamento central da crise de fundamentos da vida social; por sua leitura sobre a estruturação do processo civilizatório perverso e sua estruturação no capitalismo brasileiro; por sua leitura sobre a teleologia do incesto do ponto de vista institucional e do ponto de vista das instituições psicanalíticas. Por fim, a partir dessa perspectiva teórica, radicaliza a dimensão do compromisso social da psicanálise não ser secundário, mas a sua própria essência, o que tem implicações na prática terapêutica e no senso de urgência de a psicanálise participar da transformação social da sociedade, em todos os níveis.

5.1. Teleologia do incesto: leitura pellegriniana sobre o complexo de Édipo

Dentre a análise das diferentes manifestações do inconsciente nos sonhos, lapsos, fantasias, na formação dos sintomas, na arte, na literatura, na política, na transferência e na prática da ciência psicanalítica, para Hélio Pellegrino, a descoberta do valor universal do complexo de Édipo é a mais radical da psicanálise freudiana e marca a dimensão supraindividual dessa estrutura nuclear do psiquismo humano. Dessa forma, reafirma a importância da dimensão do inconsciente, radicando a Freud a descoberta fundamental do complexo de Édipo como o centro do psiquismo, das neuroses e das psicoses:

> [...] há que levar-se em conta que Freud, ao batizar a sua mais genial descoberta, a do complexo de Édipo, fê-lo segundo uma velha legenda tebana. Freud, fora de qualquer enquadramento racionalista, percebeu a profundidade abissal de sua descoberta, a pregnância significante da estrutura triangular, plena de significados inesgotáveis. O triângulo marca o salto do homem, da natureza para a cultura. Ao mesmo tempo, é o centro da problemática de cada um de nós e o miolo das neuroses e psicoses. Por outra parte, marca o advento da ordem simbólica e a instituição do sujeito humano, como ser da palavra.[365]

Para ele, esse conceito tem valor universal e expressa a radicalidade histórica e uma plenitude de significações na compreensão acerca da interconstituição entre psiquismo, o outro e o mundo externo — que está presente na psicanálise, mas que é esvaziada dessa dimensão;

---

[365] Os autores costumam centrar a diferença, entre Freud e Jung, a partir do conceito de inconsciente, Pellegrino, n.d.-bj, p. 14.

esvaziando-a de seu conteúdo histórico e transformando-a em um jogo mecanicista, entitativo, constitucional, individualizante, naturalizante e fundado em universais abstratos. Portanto, para o autor, esse conceito expressa a radicalidade histórica da constituição psíquica — fundada somente no processo de socialização com o outro —, e dos conflitos que a constituem, os quais, por sua vez, são produtores e produtos da cultura, quer se estruturem ao nível intrapsíquico — na relação entre consciente, pré-consciente e inconsciente —, quer operem ao nível da produção da estrutura econômica, política e social de um tempo.

Por isso, na maior parte dos seus escritos, o autor se dedica à reflexão sobre linguagem inconsciente presente na estruturação do sujeito pelo *complexo de Édipo*. Nesse sentido, para Hélio Pellegrino, essa descoberta mais radical da psicanálise freudiana tem valor universal enquanto estrutura fundamental do psiquismo humano, passível de ser desvendada em seu jogo de contradições, assim como a estruturação dos sintomas, não mais vistos como lixo ou ausentes de sentido — posição que negava o lugar de sujeito aos que sofrem pelos diferentes sintomas e os relegava à própria sorte. Nesse sentido, reafirmará: "A psicanálise, como tudo mais, precisa caminhar. Mas sua ossatura, seu esqueleto fundamental, esse pertence a Freud. E por isso Freud permanece".[366]

Assim, há uma continuidade fundamental entre o pensamento de Pellegrino e de Freud na ênfase que darão à centralidade da descoberta do complexo de Édipo, que faz com que o criador da psicanálise faça a seguinte consideração:

> Aventuro-me a dizer que, se a Psicanálise não pudesse gabar-se de mais nenhuma realização além da descoberta do complexo de Édipo reprimido, só isso já lhe daria direito a ser incluída entre as preciosas novas aquisições da humanidade.[367]

Dessa maneira, ao mesmo tempo em que Pellegrino sustenta a posição teórica que reconhece a validade universal do complexo de Édipo — o que expressa uma continuidade fundamental entre a perspectiva do autor e a análise freudiana, que será discutida, sobretudo, na seção

---

[366] Pellegrino, H. (n.d.-cm). *Carl Jung – definição psicanalítica de gênio [Título atribuído]*. [Rio de Janeiro]. Arquivo Hélio Pellegrino. Arquivo Museu de Literatura Brasileira. Fundação Casa de Rui Barbosa., p. 2.

[367] Freud, 1940/1996, p. 206.

dedicada aos fundamentos coesivos do processo civilizatório ao nível da estruturação da sexualidade —, também sustentará a posição de que não é possível mais falar de complexo de Édipo de maneira abstrata, linear e a-histórica. Ou seja, questionará a leitura naturalizante, generalista e ideológica do complexo de Édipo, que oculta a reflexão sobre os elementos sociais e políticos presentes nas formas que o complexo de Édipo assume, e que não necessariamente são fundadoras da cultura, mas, por uma via predominantemente adoecedora, levam as mazelas da cultura à manutenção de um sistema social opressor. Nesse sentido, levanta diversos questionamentos sobre o uso de universais abstratos no campo da psicanálise, descolados de seu contexto histórico, como o questionamento que se segue sobre a noção de desejo:

> Se falamos em desejo — e só do desejo —, sem falarmos de tudo aquilo que o conforma, o deforma ou o sufoca —, não estaremos, no fundo, trabalhando para uma expressão do desejo que seja, em última instância, ordenada e coordenada aos interesses do sistema? Não tenho dúvida de que a interdição do incesto é fundadora de cultura. Mas, as formas de complexo de Édipo, existentes em nossa cultura, não serão a expressão dos vícios — e das mazelas — dessa cultura, muito mais que uma interdição fundadora de cultura?[368]

A novidade desse aspecto levantado pelo autor se sintetiza na nova tese que ele apresenta para o campo da psicanálise — que se articula com a reformulação de uma série de conceitos e concepções na área. Essa tese, discutida adiante, marca uma reformulação de Pellegrino acerca da leitura freudiana do complexo de Édipo, a partir da tragédia de Sófocles, que se pauta na análise da constituição do jogo de forças dos objetos do mundo interno de Édipo e a relação com sua história, que a obra de Sófocles ilustra, conforme o autor, de forma prenhe e inexaurível de significados. Para início de conversa, a tese é contextualizada e apresentada pelo autor da seguinte forma:

> No início da década de 60, num congresso latino-americano de psicanálise, realizado em Santiago do Chile, apresentei uma reavaliação do complexo de Édipo freudiano a partir do mito e da legenda que serviram de tema a Sófocles, para

---

[368] Pellegrino, H. (n.d.-bl). *Os trabalhos se tornam gradativamente mais longos [Título atribuído]*. [Rio de Janeiro]. Arquivo Hélio Pellegrino. Arquivo Museu de Literatura Brasileira. Fundação Casa de Rui Barbosa, p. 1.

escrever sua tragédia imortal, *Édipo Rei*. [...]. O trabalho suscitou interesse, por ter eu nele levantado uma questão ainda não explicitada no terreno da literatura psicanalítica. Mostrei simplesmente o óbvio, a saber: Édipo, herói da legenda tebana, ao assassinar o pai e ao casar-se com a mãe, não se enquadra no esquema estrutural e conceitual do complexo de Édipo, tal como o descreve Freud. Édipo, portanto, não padecia do complexo de Édipo freudiano, tendo sucumbido pelas vicissitudes de natureza pré-edípica.[369]

Aqui se apresenta uma nuance definitiva para a compreensão da relação da constituição social e psíquica, percebida pelo psicanalista brasileiro, em uma reavaliação do complexo de Édipo freudiano, formulada com base na lenda de *Édipo Rei*, de Sófocles, e é uma questão fundamental que se desdobra em outras: o Édipo da lenda sucumbe ao parricídio e ao incesto, e o menino que passa pelo *complexo de Édipo*, descrito por Freud, apesar de sentir os mesmos desejos inexoráveis — e essa é a grande revelação da lenda —, característicos de fantasias inconscientes universais, não comete esses crimes. Por quê? Em outras palavras, apesar da prova de que o desejo inexorável do incesto e do parricídio possa ser notado na tragédia como destino inexorável relacionado aos desejos humanos e, em específico, de Édipo tanto com relação aos pais que o criaram quanto com relação aos pais que o geraram, nota-se que Édipo não concretiza esses crimes com os pais que o amaram, mas, sem o saber, comete-os contra os que tentaram assassiná-lo. Pellegrino[370] destaca que Édipo "não ficou preso aos pais que o amaram e o respeitaram" (Políbio e Mérope), mas:

> [...] sim, sem querer sabê-lo, a Laio e Jocasta, pais que o rejeitaram e condenaram à morte. A prisão lhe veio de um desamor fundante e fundamental, que o atou à mãe e o arrastou à eliminação do pai. Não se pode falar, aqui, de uma paixão amorosa, como no complexo de Édipo, freudiano, e sim de uma condenação cuja raiz é, ao contrário, a total ausência de amor.[371]

Nesse sentido, entende-se que a teleologia presente na concretização do parricídio e do incesto expressa-se enquanto produto e produtor de

---

[369] *Vamos falar de Édipo, herói de uma velha legenda tebana*, Pellegrino, n.d.-by, p. 3).

[370] Pellegrino, 1987a, p. 209.

[371] Ibid., p. 310.

uma cultura, fenômeno humano estruturado por um desamor fundante, por um pacto perverso que o estrutura em nível intrapsíquico e social e não pode ser compreendido fora dessa relação.

Na obra de Sófocles, além do crime que fala por si, podemos retomar a fala de Édipo, quando passa a tratar o assassinato de Laio como se fosse o do seu pai Políbio. Só pela referência ao pai que o educou (outro que não Laio, que tentou assassiná-lo), Édipo pôde buscar tratar com justiça o assassinato ocorrido pelo pai que o condenou à morte. A verdade que Édipo expõe com essa afirmação é a de que a consciência, a humanidade, a justiça só podem ser esperadas quando são construídas e experienciadas como tais, na materialidade concreta da história do sujeito, pois elas não são naturais, mas fruto de construção histórica no processo de socialização.

Em outras palavras, só em relação ao pai verdadeiro que tivera — que não o consanguíneo —, que o educou, reprimiu desejos onipotentes; ao mesmo tempo em que lhe doou amor, respeito, consideração (como aquela cidade que estava lhe oferecendo acolhimento), ele pôde construir seu respeito em relação ao rei de Tebas, assim como possibilitou tratar com justiça o caso, com base na justiça que experienciou com Políbio.

Além disso, a análise de Pellegrino nos faz lembrar de uma passagem da lenda de Sófocles[372], quando Corifeu diz: "Por muito pouco sensível que o assassino seja ao temor, quando souber da maldição terrível que proferiste, não resistirá". Emblematicamente, Édipo responde: "Quem não receou cometer um crime tal não se deixará impressionar por simples palavras". Édipo, inconscientemente, expõe a impossibilidade de exigir consciência de quem não passou por um processo de socialização funda- dor dessa função psíquica, construção eminentemente humana, e levanta algumas indagações. Se seu pai e sua mãe biológicos, Laio e Jocasta, não recearam matá-lo, por que Édipo o recearia? O receio e a culpa, como ana- lisado, advêm da formação da consciência, primordialmente vinda dos pais, os primeiros formadores das restrições sociais, que gradativamente são internalizadas.

Partindo de Hélio Pellegrino, podemos afirmar que há, de um lado, a relação entre Lei e Amor, que estabelece aliança social, pela mão dupla, restringindo e doando, humanizando e, de outro lado, uma lei fria ligada à tirania e ao crime, legitimando a arbitrariedade, os privilégios, a violência e o assassinato. Como em um espelho, o abismo a que Édipo foi levado

---

[372] Sófocles , 1997, n.p.

retorna com a mesma força e imagem da ignomínia a que fora lançado por ordem dos genitores.

A isso também se inclui o seu destino inexorável, fruto de um desamor e da lógica do assassinato. Em suma, além do "destino" primordial de apaixonar-se pela mãe e do desejo parricida só poder ser concebido na relação concreta que se estabelece na experiência de cada criança, o seu destino de partir para o ato e cometer os crimes em relação aos pais também só pode ser compreendido a partir de uma lógica que o gerou no processo histórico da constituição psíquica, ou seja, de um pacto perverso que o estruturou e que legitima a consecução desses crimes.

Essa análise que está presente no pensamento de Hélio Pellegrino se desdobra, por exemplo, na sustentação do argumento de que é um erro teórico se valer de termos entitativos para explicar a fidelidade a objetos maus a partir do ponto de vista de uma teleologia última fundada na afirmação de que o ser humano é um ser voltado para a morte, de forma a-histórica e a esvaziar a origem dos fenômenos humanos. De forma correlata sustentará a necessidade de se substituir a teoria da libido por uma teoria das relações objetais, já que enfatizará que os fenômenos humanos devem ser compreendidos por meio da análise histórica das relações objetais.

Assim, vemos que se dar conta de que Édipo não cometeu incesto e parricídio contra Mérope e Políbio se articula com a reformulação que Hélio Pellegrino discute de uma série de conceitos na psicanálise, sustentado no argumento de que nenhum fenômeno psíquico ou social pode ser compreendido fora do contexto relacional. Dessa forma, o autor apresenta uma concepção do complexo de Édipo compreendido a partir da centralidade do conceito de internalização do objeto mau. O autor localiza, vale também mencionar, que a importância atribuída à sua escolha de expor as reformulações, das quais ele parte no campo psicanalítico acerca da teoria das relações objetais, é fundamentada em uma epistemologia relacionalista, complexificante, totalizadora. Esta marca as bases epistemológicas que sustentam as reformulações tecidas acerca de alguns importantes conceitos presentes na psicanálise, tais como: a antinomia entre origem antissocial do ser humano e civilização, repressão, agressão, libido, violência. Assim, atribui a releitura que parte a uma virada epistemológica do princípio cartesiano da causalidade, do elementarismo para o princípio da totalidade, relacionalidade e complexidade:

> É impressionante a unidade de movimentos feitos, em nossa época, pelas ciências e pela filosofia. Ambas — ciência e filosofia — proclamam a exaustão da epistemologia cartesiana e sua substituição por um novo tipo de estrutura indagadora, que faz da complexidade, da totalidade e da relacionalidade os eixos básicos de todo conhecimento.[373]

Assim, enfatiza seu convencimento de que há uma fundamentação epistemológica que guia a sua discussão da crise dos conceitos fundamentais da psicanálise e se debruça a discuti-la conscientemente. Isso se reflete não só nos conceitos fundamentais que partem da teoria psicanalítica, como também na discussão epistemológica que desenvolve, bem como nos principais temas sociais em questão. Então, por mais que esta pesquisa não tome a discussão epistemológica como objeto de estudo — até porque os trabalhos do autor sobre esse debate formam a maior parte de seus escritos e dariam um estudo dedicado unicamente a ele —, é preciso mencioná-la com a clareza de que é desse lugar que ele parte e, aí sim, percebe-se como essa fundamentação epistemológica ressoa na reformulação conceitual à qual este livro se dedica e que será apresentada a seguir.[374]

5.2. Revisão crítica de alguns conceitos na psicanálise

> *Não podemos, em absoluto, explicar uma escultura a partir da base que a sustenta.*[375]

Hélio Pellegrino problematizará essencialmente dois pontos de partida presentes em Freud para discorrer sobre fundamentos do processo civilizatório e sobre o mal-estar na civilização. Um deles é a concepção da origem antissocial do homem, a partir da qual desenvolve outro ponto de partida presente na concepção de que civilizar seja necessariamente

---

[373] *Como se constitui uma ciência*, Pellegrino, n.d.-t, p. 24.

[374] Vale ainda mencionar que as continuidades e rupturas de Pellegrino com o pensamento psicanalítico ortodoxo se refletem em várias concepções e conceitos que vê como fundamentais na psicanálise, inaugurando uma releitura sobre a teoria da libido — já exposta nos capítulos anteriores, uma releitura sobre a teoria da repressão, sobre os fundamentos intrapsíquicos e sociais da lei, do processo civilizador etc. Sua releitura de cada tema fundamental da psicanálise poderia ser objeto de diferentes pesquisas. Contudo, escolheu-se, aqui, a análise da teoria do complexo de Édipo porque é um conceito central na psicanálise, expressa a perspectiva do autor de maneira lapidar, além do que se pôde avaliar como a mais heurística no que diz respeito ao desenvolvimento da perspectiva psicanalítica que desenvolve, à qual as outras elaborações teóricas são solidárias.

[375] Pellegrino, H. (1964). *Abrir-se ao objeto. 1963–1964*, p. 66.

reprimir, que se reflete em algumas linhas de pensamento sobre as origens e o desenvolvimento da agressão e da violência no campo da psicanálise. Principia, então, uma reflexão sobre um tema reconhecidamente central na obra *Mal-estar na civilização* e nas reflexões presentes em outros escritos de Freud: "o antagonismo irremediável entre as exigências do instinto e as restrições da civilização".[376]

O questionamento central acerca desses pontos de partida está na contraposição ao conceito subjacente que postula uma noção de *homem natural* ou de um *estado de natureza* antissocial do homem. Da mesma forma, problematiza o postulado de um estado de natureza tanto do ser humano quanto da origem da sociedade em Jean-Jacques Rousseau, ao afirmar que o indivíduo é naturalmente bom e a sociedade o corrompe. O autor também problematizará a inversão desse postulado presente em Freud quando afirma que o ser humano é antissocial por natureza; assim como seu correlato de que, então, civilizar seja necessariamente reprimir; caracterizando-o como anti-Rousseau.

Para ele, esse prejuízo teórico está na visão de homem que se atualiza nessa formulação teórica de Freud, que postula uma natureza antissocial e hedonista dos instintos, vendo uma semelhança intrínseca entre essa concepção sobre a natureza do aparelho psíquico e a concepção presente em filósofos políticos do contratualismo que partem da mesma noção de naturezas simples para explicar a origem do Estado na sociedade. Assim questionará esse postulado, analisando que:

> A teoria de Freud, sobre a natureza e as finalidades do aparelho psíquico, se baseia essencialmente numa psicologia dos instintos. Os instintos são a base a partir da qual a personalidade, posteriormente, se diferencia. No princípio é o instinto, cego, impessoal, faminto de prazer. Acontece, porém, que os instintos, para satisfazer-se, necessitam da realidade, do mundo exterior. A criança, na sua dependência, não pode sobreviver senão na medida de sua dependência ao mundo exterior. Ela tem de adaptar-se ao mundo exterior, às suas leis e exigências, para poder sobreviver. É esta necessidade adaptativa que, segundo Freud, dá origem às diferenciações no id que resultam no surgimento do ego e do super-ego. [...]. O ego e o super-ego são, em última análise, sinais da impotência do homem e de sua impossibilidade

---

[376] Freud, 1930, p. 68.

de orientar-se segundo o princípio do prazer. Este, entretanto, representa a mais profunda aspiração do homem, e constitui, por assim dizer, a sua estratégia existencial, a sua teleologia. A adaptação à realidade representa mero recurso tático, mera conduta adaptativa destinada à obtenção, em última instância, do prazer. O homem aceita a realidade não porque tenha com ela uma relação integrativa, constitutiva, copulativa. Ele a aceita sempre sob protesto. Premido pelo aguilhão da necessidade, o homem renuncia ao prazer. Mas isto é a fonte de um ressentimento incurável. A relação do homem com seus objetos é, pois, dentro do pensamento freudiano, uma relação utilitária, inevitável, sem dúvida, mas não desejável nem primariamente pessoal. O homem precisa de objetos para satisfazer aos seus instintos. Seu alvo último é a satisfação de seus impulsos instintivos e não uma relação pessoal e verdadeira com o objeto. A relação pessoal não representa um fim em si mesma, mas uma vicissitude à qual o homem não pode furtar-se.[377]

Hélio Pellegrino se contrapõe a essa visão de homem, criticando a conotação e os prejuízos que essas premissas ganham em diversas linhas de intervenção terapêutica no campo psicanalítico e que, em última análise, traduzem a concepção do homem ser, em estado de natureza, lobo do homem, com todos os prejuízos e implicações no que diz respeito ao lugar que o psicanalista ocupa no processo terapêutico. Assim, questiona que ela pode resvalar em um niilismo e omissão das responsabilidades terapêuticas, além de uma naturalização ideológica de processos que são históricos e não naturais, tampouco instintivistas, biologicistas ou constitucionais.

O que importa, fundamentalmente é a investida dos impulsos do id, e as angústias e culpas daí derivadas. O id quer satisfazer-se, e rosna, reclama seus direitos, e se rebela contra toda e qualquer restrição aos seus desejos. O paciente, primariamente, vê no terapeuta a fonte, o objeto no qual seus impulsos caóticos poderão alterar sua sede.[378]

Nesse sentido, diante da necessidade de se analisar os fundamentos presentes em diversos paradigmas de ciência e como eles ressoam em diver-

---

[377] A teoria de Freud, sobre a natureza e as finalidades do aparelho psíquico, se baseia essencialmente numa psicologia dos instintos, Pellegrino, n.d.-j, p. 1.

[378] Ibid., p. 2.

sos campos do saber e se articulam, Pellegrino afirma que a concepção de homem e de sociedade presente nesse pressuposto precisa ser repensada, pois está articulada com outras concepções presentes nos teóricos da filosofia política, os quais teorizam sobre as origens do Estado a partir do conceito pautado em um suposto *estado de natureza*. Nessa reflexão crítica, afirma:

> A psicanálise é uma técnica, sem dúvida, e como tal tem plena e indiscutível validade. Mas essa técnica vem informada, veiculada a conceituações filosóficas, que influenciam e mesmo determinam num grau muito maior do que, à primeira vista, se poderia pensar.[379]

Por certo, se partirmos da citação célebre do filósofo político Thomas Hobbes — que concebe o ser humano enquanto naturalmente lobo do homem e que parte de um suposto *estado de natureza* do ser humano —, vemos que a crítica que Hélio Pellegrino tece sobre como esses conceitos passam a ser articulados na psicanálise para explicar a origem e as finalidades do psiquismo corresponde à crítica sobre a concepção presente em Hobbes[380] a respeito da natureza humana e da origem do Estado. Esta postula, em síntese, que todos os homens são igualmente livres e desejantes, inevitavelmente competitivos, naturalmente inimigos diante da inevitável ausência de recursos para todos, o que faz com que se antecipe a dominação sobre o outro como estratégia de defesa, ao mesmo tempo em que só a lei da autopreservação da vida o faz abrir mão desses impulsos e conter a guerra de todos contra todos.

Com efeito, nota-se a equivalência surpreendente entre descrição sobre a origem do Estado e da sociedade com a concepção sobre a origem e as finalidades do psiquismo, articuladas com as noções de princípio do prazer e princípio de realidade. Obviamente que, até mesmo entre os teóricos do contratualismo, apesar de partirem do mesmo princípio de um suposto *estado de natureza* para a construção de suas teorias sobre a origem do Estado, as conclusões que tirarão de suas leituras são diferentes, assim como Freud o faz. Mas todas elas expressam um aspecto ideológico, adaptacionista e liberal na concepção sobre a origem do psiquismo e da sociedade que precisa ser debatido, subvertido e superado, conforme será argumentado a seguir.

---

[379] Id.

[380] Hobbes, T. (1974). *Leviatã*. São Paulo: Abril Cultural.

Em primeiro lugar, Hélio Pellegrino criticará que a orientação biologicista e inatista do ser humano produz diversas implicações em outros campos do saber e na psicanálise. Por exemplo, ao mesmo tempo em que reconhece os avanços em Melanie Klein ao dar cada vez maior importância às relações objetais, criticará a orientação instintivista que se reflete na base de suas concepções e que tem diferentes implicações no trato de diversos conceitos como a agressão, a repressão, as fantasias, a violência, a leitura acerca da sexualidade e uma tendência reacionária de se tratar esses fenômenos a partir dessa base conceitual instintivista. Assim, critica, por exemplo, a noção de que, para a autora:

> A agressão, tanto quanto a libido, tem um estatuto instintivo primário, anterior à experiência. Isto enfraquece a posição objetalista, já que as relações objetais se tornam secundarizadas com relação aos impulsos instintivos[381].

Questionará também o mesmo raciocínio presente na noção de que as fantasias inconscientes surgem a partir do espelho instintivo projetado na realidade externa como seio bom ou seio mal, além da análise que fará de que Melanie Klein levará às últimas consequências essa concepção no conceito de pulsão de morte, ganhando centralidade na sua teoria e passando pela concepção de que:

> Os instintos de morte, exacerbados, em extremo, pela experiência do nascimento, são defletidos para fora — projetados — seios bons ou seios maus [...]. A experiência com o objeto externo, real, será secundária, e a qualidade do objeto real irá agravar ou atenuar a representação mental dos instintos de morte — e de vida.[382]

Hélio Pellegrino questionará uma tendência reducionista na compreensão dos fenômenos humanos reduzidos a uma autarquia de um jogo energético, anterior e independente da realidade; concepção que, para o autor, se expressa em diversos desdobramentos nos quais se passa a assumir a centralidade do conceito de pulsão de morte na concepção

---

[381] Pellegrino, H. (n.d.-ah). *Fairbairn, por outro lado, supera decisivamente a visão freudiana de aparelho psíquico [Título atribuído]*. [Rio de Janeiro]. Arquivo Hélio Pellegrino. Arquivo Museu de Literatura Brasileira. Fundação Casa de Rui Barbosa, p. 11.

[382] Pellegrino, H. (n.d.-t). *Como se constitui uma ciência [Título atribuído]*. [Rio de Janeiro]. Arquivo Hélio Pellegrino. Arquivo Museu de Literatura Brasileira. Fundação Casa de Rui Barbosa, p. 9–10.

presente no desenvolvimento da psicanálise kleiniana e em outras concepções teóricas. Dentre as noções presentes nesses desdobramentos, cita a ênfase que se passará a atribuir ao "[...] super-ego como expressão dos impulsos internos, e não como expressão dos objetos reais"[383], assim como a construção do conceito de ansiedade e de agressão, vistos como consequência da pulsão de morte. Para o autor: "Em verdade, todo o processo, descrito por Melanie Klein, é consequência e não causa".[384]

Assim, irá se opor à centralidade que o conceito de pulsão de morte ganha na teoria kleiniana ao constatar que:

> O conceito de instinto de morte é central no pensamento Kleiniano. Desde 1931, em 'Psicanálise de Crianças', Melanie Klein fundamenta seus conceitos a partir dos instintos de morte. Este conceito, em minha opinião, é absurdo [...][385].

Para o autor, a ansiedade ou os desenvolvimentos da agressão não são consequências de uma dinâmica energética pulsional causadora de suas exacerbações ou atenuações, mas apenas uma parte visível e uma consequência do desenvolvimento das relações objetais. Por isso, enfatizará a necessidade de subversão dessas concepções.

Ademais, para Pellegrino, as significações e a centralidade que o conceito de pulsão de morte ganha nessas acepções é absurda e expressa a constituição de um conceito alienante por se pautar em universais abstratos, subjetivistas e individualizantes de fenômenos sociais como a violência, que, por sua vez, para o autor é, pelo contrário, expressão de um sintoma social de um tempo, fruto de uma construção histórica determinada de uma estrutura social predominantemente violenta.

Nesse ponto, cabe o adendo de que suas preocupações teóricas advêm de suas interrogações e da constatação de que era fundamental pensar nas origens da violência enquanto dado de um sintoma social que demandava reflexão e superação, tendo em vista a proporção epidemiológica que esse fenômeno assume no cotidiano da sociedade. Com efeito, se retomarmos as pesquisas acerca do estado do conhecimento da produção científica sobre o tema, veremos que surge uma perspectiva de análise do fenômeno da violência enquanto uma totalidade histórica desde a

---

[383] *O analista, na relação analítica fecunda*, Pellegrino, n.d.-av, p. 6.

[384] Id.

[385] Ibid., p. 38.

década de 1970, no Brasil, sobretudo no campo das ciências sociais[386]. Contudo, apesar da urgência do tema, eram raros os psicanalistas que se propunham a analisar a violência do cotidiano na sociedade brasileira, e Pellegrino contribuiu no sentido de pensar em como ela se desenvolvia não só no sintoma da criminalidade brasileira, mas nas diferentes instituições, conforme relembra Zuenir Ventura:

> Hélio não pensava apenas o momento em que vivia. Já na época, quando a preocupação da intelectualidade de esquerda era a violência política através das prisões arbitrárias e da tortura, ele analisava a violência "comum", aquela que começava a ocorrer nas ruas, mas em escala inexpressiva se comparada à de hoje.[387]

Assim, considerando insuficientes e descabidas as significações e a centralidade que o conceito de pulsão de morte ganha nas acepções anteriormente expressas, Pellegrino se contrapõe ao conceito cartesiano de *estado de natureza* a partir do conceito de *possibilidade possível*:

> Isto significa que a patogenia da violência, longe de ser explicável a partir de uma visão catastrofista da natureza humana, cruel e corrupta em seu miolo, tem raízes sociais e políticas que a tornam um fenômeno coletivo, passível de transformações — ou modificações — capazes de agravá-lo, ou atenuá-lo. Não resta dúvida que o crime habita o coração do homem, como possibilidade inarredável. Daí, entretanto, a convertê-lo em destino ontológico, apto a elucidar tanto as iniquidades da Baixada Fluminense quanto a delinquência política dos contras, na Nicarágua, [...] um abismo. Houve um tempo em que Eros e Tânatos — pulsões inatas do ser humano — eram capazes de explicar guerra e paz, vida e morte. A ser assim, nada se poderia fazer. As cartas estariam antecipadamente marcadas, para o amor e para o ódio [...].[388]

---

[386] Castro, L. L. (2015). *Revelação e ocultamento: dos estudos sobre violência e violência escolar aos estudos sobre bullying.* (Dissertação de Mestrado). Faculdade de Educação, Universidade Federal de Goiás. GO, Brasil.

[387] Ventura, Z. (2004). Orelha do livro. In Pellegrino, H., & Pellegrino, A. *Lucidez embriagada.* São Paulo: Planeta do Brasil.

[388] *Incêndios do nada*, Pellegrino, n.d.-ao , p. 1.

A análise que ele critica se apresenta, de outra forma, na postura positivista do sociólogo Émile Durkheim[389], a partir da qual não se busca compreender as origens das formas da criminalidade na sociedade, ao individualizá-la; e, ao mesmo tempo, naturaliza todas as formas de punição do criminoso. Para Pellegrino: "Esse modo de ver as coisas já teve o seu prestígio — e o seu fastígio —, principalmente no campo da psicanálise desinformada, conformista ou reacionária".[390]

Dessa forma, partindo do conceito de *possibilidade possível*, defenderá a análise de que se o crime é uma possibilidade humana, quando assume proporções epidemiológicas, ele só pode ser compreendido como um sintoma social de uma patologia presente na estrutura econômica e social desigual de um tempo, das formações de vínculos nessa cultura e dos Ideais de Eu presentes nessa cultura. Nesse sentido, pondera:

> Não creio que a organização social, por perfeita e fraterna que venha a tornar-se, a ponto de encarnar as utopias mais altas, traga a possibilidade de erradicar totalmente o crime do coração do homem. Já a criminalidade constitui outro tipo de problema. Ela é sempre expressão e consequência de uma patologia social, isto é, constitui um sintoma desta patologia. E, através de sua intensidade e ferocidade, nos será permitido, com infalível certeza, aferir o grau de perturbação, dilaceração e desordem da vida social.[391]

Dessa forma, uma preocupação central que perpassa a sua obra é defender que se avance na análise sobre os elementos que fundam um processo civilizatório humanizador e os elementos que fundam um processo civilizatório ou um pacto social perverso. Nesse sentido, afirmará:

> As relações entre criminalidade e estrutura social são de tal maneira íntimas e indissolúveis, que é possível pensar-se numa tipicidade criminológica, definidora de determinado agrupamento civilizatório. É claro que tal aproximação do problema carece de contorno minudente — e preciso. Mata-se por cobiça ou ciúme em qualquer latitude ou longitude, superdesenvolvida — ou subdesenvolvida. Mas, se quisermos diferenciar um crime que seja característico de

---

[389] Durkheim, E. (2001). *As regras do método sociológico*. São Paulo: Martin Claret.

[390] *Incêndios do nada*, Pellegrino, n.d.-ao , p. 1.

[391] Pellegrino, 1989, p. 102.

> um país opulento, como os EUA, de outro que represente, por exemplo, a criminalidade brasileira, veremos que tal propósito tem coerência — e consequência.[392]

Com efeito, essa perspectiva é solidária a pesquisas que buscam analisar as formas e as tipologias criminais presentes na estruturação da violência relacionadas à formação da estrutura social brasileira ao longo das décadas; compreendendo sua estruturação na sociedade em geral, no trabalho, nas escolas, nas instituições etc. Um exemplo que pode ser mencionado é a pesquisa de Dalva Souza[393] que parte de registros históricos da construção da cidade de Goiânia e identifica mudanças nos padrões de criminalidade expressos no que denomina por violência impulsiva, expressiva, planejada e crime instrumental, ao longo das décadas de 1930, 40, 50, 60, 70 e 80, na formação histórica da cidade, necessariamente relacionadas às formas de estruturação do trabalho, da economia, dos valores e dos processos de identificação presentes na cultura.

Já no campo da psicanálise, Hélio Pellegrino é um dos únicos autores que passa a levantar essa questão e a necessidade de o país enfrentá-la enquanto um sintoma de uma patologia social, relacionado a uma estrutura social, aos processos de identificação e aos valores que formam o *Ideal de Eu* de um tempo. Dessa forma, desconstrói toda leitura teórica que permite uma abordagem psicanalítica conformista e reacionária, a qual, ao não desnudar a realidade histórica, trabalha contra a transformação e a obstaculiza, servindo de instrumento de legitimação da dominação da estrutura social vigente.

É a partir dessa perspectiva que outras críticas do autor se desdobram na análise da teoria freudiana, na reflexão sobre a natureza e as finalidades do aparelho psíquico, não naturalizando nenhuma concepção, nem o conceito de pulsão de morte, mas buscando compreender o fundamento das experiências a partir da história dos sujeitos e de suas relações objetais.

No mesmo sentido, tece uma crítica a uma leitura ideológica nosologizante que reforça e naturaliza a manutenção da violência, anulação objetiva e subjetiva dos sujeitos nos hospitais psiquiátricos do Brasil, o que o leva a pensar nas formas de utilização da ciência como mera racionalização e justificação da violência injustificável que a sociedade produz.

---

[392] *O tabu da virgindade*, Pellegrino, n.d.-cn, p. 2.

[393] Souza, D. M. B. L. D. de. (2006). *Violência, poder e autoridade em Goiás*. Goiânia: UFG.

Nesse sentido, defenderá também a necessidade de se questionar a noção de que civilizar é necessariamente reprimir, fundada na tese originária de que os instintos humanos são naturalmente antissociais, o que explicaria e justificaria a antinomia entre suas exigências e as da civilização. Assim, fica tudo naturalizado, como se nada se pudesse fazer diante de uma estrutura social do capitalismo que é uma construção histórica — inclusive recente do ponto de vista da história da humanidade — que nada tem de naturalmente eterna, imutável, mas que, assim como foi construída, pode ser transformada e superada por outros pactos civilizatórios. Solidária a esse questionamento, é apresentada uma leitura de que é preciso dizer de maneira clara e enfática que o mal-estar na civilização não pode ser atribuído necessariamente a um resultado das pulsões antissociais do ser humano em seu estado de natureza, em contraponto com as "necessárias" coerções que fazem parte da civilização.

Isso porque essa posição teórica naturaliza os processos de repressão próprios da sociedade capitalista, assim como a atribuição dos processos de exploração e dominação a supostas pulsões de morte, antissociais, instintivas ou inatas do ser humano. Assim, Pellegrino tem a coragem de romper com essa concepção naturalizante ainda presente em tantas análises da atualidade, que, por exemplo, naturalizam desde uma leitura de que o Brasil nunca superará totalmente a presença epidemiológica do estupro e da violência contra as mulheres porque há essa dita característica antissocial inata do ser humano. A partir dessa reformulação e contraposição à concepção naturalizante da origem antissocial dos instintos e do homem lobo do homem, inaugura, assim, uma leitura particular sobre o mal-estar na civilização e afirma:

> O mal-estar na cultura não é uma vicissitude que possa ser creditada às pulsões humanas. Civilizar não é reprimir, necessariamente. O é, no sistema social em que vivemos, e isto tem que ser visto e dito, em todas as letras. Pois, do contrário, o ônus da neurose será creditado aos desejos antissociais, quando antissocial é uma sociedade que marginaliza e mata de fome a maior parte de seus membros. Não são os instintos de morte os responsáveis, mas a fome de lucro e de poder.[394]

---

[394] Os trabalhos se tornam gradativamente mais longos, Pellegrino, n.d.-bl, p. 1.

Atribui-se a Fairbairn um passo importante no que denomina por avanço de uma personologia na psicanálise e na inauguração de uma nova posição objetalista, pois reconhece que há no autor uma reformulação da teoria e do conceito de repressão em seus estudos quando afirma que: "A repressão não atinge, primariamente, instintos culposos, mas objetos intoleravelmente maus"[395]. Da mesma forma, dentre os autores da teoria das relações objetais, vê no autor uma reformulação das noções de ansiedade e de agressão ao desenvolver a noção da:

> [...] ansiedade como fruto das relações objetais. A agressão é instrumental. Ela tenta melhorar a relação. A relação é, desde o início, pessoal, não apenas instintiva. [...]. O que mata a sede é o copo d'água mais do que a maneira de dá-lo. Na criança, isto é vital. Se falta isto, falta segurança, falta pertinência, falta chão.[396]

Dessa forma, apresenta as críticas de Fairbairn à teoria da libido de Freud, que caracteriza este como um anti-Rousseau por postular uma natureza antissocial e hedonista dos instintos. Assim também analisa alguns reducionismos que vê presentes na obra *Mal-estar na cultura*, sobretudo na tese de que civilizar é reprimir, equivalendo cultura e neurose. Analisa as consequências sociológicas dessa visão instintivista que, ao não discutir que a expressão da repressão nessa sociedade não se destina à repressão de uma natureza antissocial de todos os homens, mas essencialmente à conservação dos privilégios de uma classe social, forma uma ideologia que serve às classes dominantes para justificar a coerção e o trauma próprios da sociedade capitalista. Atribui esse equívoco aos limites de partir da causalidade explicativa das naturezas simples, bem como à ausência de um postulado de compreensão da totalidade social e à ausência de compreensão do marxismo, que lhe permitiria avançar na crítica da sociedade.[397]

É notável que a crítica aqui presente se articula com a crítica bastante discutida de Ianni sobre uma corrente do pensamento sociológico que desenvolve, por diferentes caminhos, a tese do Estado como demiurgo

---

[395] Pellegrino, H. (n.d.-ah). *Fairbairn não pensa, jamais, o ego em termos de impulsos ou instintos [Título atribuído]*. [Rio de Janeiro]. Arquivo Hélio Pellegrino. Arquivo Museu de Literatura Brasileira. Fundação Casa de Rui Barbosa, p. 2.

[396] *O analista, na relação analítica fecunda*, Pellegrino, n.d.-av, p. 54.

[397] Falar mais de Freud do que de Fairbairn, mas desta maneira falar de Fairbairn, Pellegrino, n.d.-ai.

da sociedade, que fundamentou desde concepções que enalteceram ou deram conotação positiva ao trabalho escravo no Brasil, apoiando-o ao sustentar essa ideia. Dessa forma, analisa:

> Vale a pena observar que a tese de que "o Estado é demiurgo da sociedade" e a tese de que "a sociedade civil é patriarcal" complementam-se e servem-se reciprocamente. Se a sociedade é inocente, logo se depreende que o Estado se defronta com uma missão excepcional: constituir, orientar, administrar ou tutelar a sociedade, isto é, o povo, setores sociais subalternos. Justifica-se que o Estado seja patriarcal, oligárquico, benfeitor, punitivo, delirante, onisciente e ubíquo.[398]

Pellegrino também tece uma crítica à análise de que a dramática humana possa ser reduzida a um desenvolvimento pulsional, bem como à tendência de postular o conservadorismo da pulsão nos conceitos de compulsão e repetição que se encontram na finalidade e na pulsão de morte, interpretando que essa tendência considera a morte como um ideal encoberto do objetivo da vida e considera que "a morte é a nossa mais secreta utopia"[399]. Além disso, desenvolve uma crítica a outras noções que reduzem a compreensão do aparelho psíquico à busca de redução da tensão ao nível mais baixo, à concepção do princípio do prazer enquanto alívio de tensão e aumento de tensão enquanto desprazer.

Dessa forma, para o autor: "A novidade do pensamento de Fairbairn reside na sua tentativa de colocar toda a formidável herança que nos foi legada por Freud e seus continuadores (em particular M. K.) sobre novos fundamentos conceptuais"[400]. Atribui também à fenomenologia e à analítica existencial a possibilidade do salto de reflexão de Fairbairn, mesmo que ele não tenha refletido sobre as premissas implícitas com as quais trabalhava. Para Pellegrino, a contribuição que essa revolução epistemológica trouxe está não só na mudança do princípio da causação funcional para o princípio da conexão de sentido, mas sim na tese ontológica de afirmação da condição definitiva, radical e essencial do homem enquanto ser-no-mundo.[401]

Nesse sentido, desconstrói essa naturalização, assim como a noção de uma suposta natureza humana, como ponto de partida, defendendo

---

[398] Ianni, 2004, p. 46.

[399] Falar mais de Freud do que de Fairbairn, mas desta maneira falar de Fairbairn, Pellegrino, n.d.-ai, p. 8.

[400] O pensamento de Fairbairn representa um esforço original e fecundo, Pellegrino, n.d.-bd , p. 3–4.

[401] Falar mais de Freud do que de Fairbairn, mas desta maneira falar de Fairbairn, Pellegrino, n.d.-ai.

que os fenômenos psíquicos eminentemente humanos não são naturais e não podem ser atribuídos a nenhum *estado de natureza*, mas só se fundam na relação com o outro, no processo de socialização. Essa é uma visão de constituição humana de extraordinária importância para a psicanálise e para as ciências humanas em geral. Novamente, essa leitura pellegriniana se assemelha à posição de Vygotsky[402], para o qual a aprendizagem é que funda o desenvolvimento humano e o empurra, e não o contrário, verdade de extraordinária importância retratada pelo filme *Kaspar Hauser*, que ilustra, definitivamente, na história de um homem, que não se pode conceber a existência da fala, da linguagem, do sonho, da agressão ou da violência fora da relação que os seres humanos estabelecem entre si, ou seja, são construções cujas origens são radicalmente históricas e sociais.

Na solução do impasse, Hélio Pellegrino destaca a importância de Heidegger numa mudança epistemológica mais ampla na ciência que era predominante desde Descartes a Hegel, enfatizando que:

> Sartre sublinhou, muito sagazmente, que com Heidegger a relação com o outro deixa de ser o 'ser para' que desde Descartes até Hegel era a regra, e, de modo mais elementar e neutro, se converte em 'ser-com', ou 'com-ser.' A vinculação entre o outro e eu não é descoberta agora no plano da consciência — isto é, na existência de um ente essencial e primariamente constituído como *res cogitans*.[403]

Assim, discute as contribuições da fenomenologia da intencionalidade no avanço da compreensão da formação da consciência; nas contribuições da concepção de que o homem não pode ser concebido fora da relação constitutiva com um outro, postulando a relacionalidade como princípio epistemológico; e desenvolve argumentos desconstruindo a noção de alienação primária do ego, com relação ao real, e de um isolacionismo egoico primordial. Como fora dito, descreve esse salto epistemológico como fruto de um novo *Zeit Geist* contemporâneo que envolve a física contemporânea — explicitamente e amplamente discutida por Bachelard, pela fenomenologia (Husserl, Heidegger, Merleau-Ponty) e pela analítica existencial; buscando-se desenvolver os dados da observação psicanalítica

---

[402] Vygotsky, 2000.

[403] *Fairbairn não pensa, jamais, o ego em termos de impulsos ou instintos*, Pellegrino, n.d.-ah, p. 9–10, grifos do autor.

a partir de novas perguntas e de uma nova epistemologia de totalidade que enfatiza a análise das relações objetais.[404]

Em vista do exposto, é notável que Hélio Pellegrino radicalizará a necessidade de se romper com a perspectiva cartesiana de reduzir os fenômenos humanos à crença de *natureza simples* que está presente nas ciências humanas e em diversos postulados entre os teóricos da filosofia política, ao conceber que há um estado de natureza no indivíduo — anterior à sociedade —, assim como ao conceber um estado de natureza na origem da sociedade.

Com isso, coloca em discussão os fundamentos de que os filósofos políticos e teóricos do contratualismo partem nessa reformulação do processo civilizatório, assim como inaugura outras bases sobre as quais se desenvolve uma noção particular sobre o *complexo de Édipo*, o pacto edípico e pacto social. Por isso, deve ser considerado como um teórico que não só desenvolve uma concepção sobre o processo civilizatório no campo da psicanálise, mas também inaugura uma concepção nova do pacto social, tendo em vista que rompe com os fundamentos que sustentam as teorias criadas pelos teóricos do contratualismo no campo da filosofia política. Todas essas reformulações nesses dois campos advêm, então, de uma preocupação central em seus escritos de pensar os fundamentos da vida social que estruturam os sujeitos, as instituições e a sociedade, a partir de uma lei igualitária ou do poder arbitrário.

Portanto, tendo tomado a psicanálise freudiana como ponto de partida, o resgate de descobertas psicanalíticas mais substantivas adquiriu uma leitura muito peculiar com Hélio Pellegrino, ao se debruçar incansavelmente sobre a análise da sociedade brasileira, de tal modo que podemos dizer que a psicanálise brasileira adquiriu algumas de suas grandes expressões na produção intelectual do autor. Essa peculiaridade chega ao ponto de poder figurá-lo um dos escritores que tenha ido mais longe no processo de construção de uma interpretação psicanalítica brasileira capaz de pensar a realidade nacional, na articulação entre a dimensão subjetiva e social.

---

[404] Falar mais de Freud do que de Fairbairn, mas desta maneira falar de Fairbairn, Pellegrino, n.d.-ai.

5.3. Fundamentos coesivos do processo civilizatório ao nível da sexualidade

Hélio Pellegrino considera a descoberta da psicanálise do *complexo de Édipo* uma contribuição de valor universal e imorredoura para a humanidade. Também o concebe como um conceito central para se discutir os fundamentos coesivos do processo civilizatório ao nível da estruturação do desejo e do desenvolvimento da sexualidade. Isso não só em nível intrapsíquico, mas, sobretudo, na sua articulação indissolúvel com a forma pela qual o pacto social se estrutura nas instituições presentes na sociedade.

Assim, ao mesmo tempo em que reafirma o legado freudiano presente no valor universal dessa descoberta, questiona uma leitura generalista acerca do *complexo de Édipo*. Como mencionado, o faz a partir da nova formulação presente na tese que elabora para o campo psicanalítico e que se propõe a discutir a constatação de que, até mesmo na obra de Sófocles, há um dado que não pode ser desconsiderado na verdade: o de que Édipo não comete incesto e parricídio contra os pais que o educaram e amaram, mas contra os pais que cometeram um crime anterior e fundaram uma lei baseada no terror, na violência e no crime. Com isso, o autor desenvolve o conceito de *complexo de Édipo* de maneira lapidar na psicanálise, ao desdobrar suas reflexões em torno da busca de se analisar quais são os elementos estruturantes do desejo humano e da internalização da lei fundada na igualdade, na alteridade, na humanização e na exigência de um Estado Democrático de Direito. A diferença definitiva presente na visão conservadora da lei, tida como equivalente ao poder arbitrário, é vinculada à manutenção de privilégios da classe dominante e fundada na exploração, violência, na imposição, na submissão, no adoecimento e no sofrimento dos sujeitos.

Dessa forma, para o autor, esse conceito expressa a radicalidade histórica da constituição psíquica — fundada somente no processo de socialização com o outro —, e dos conflitos que a constituem. Isso posto, é possível apresentar a seguir a revisão que tece acerca da concepção freudiana do complexo de Édipo na história individual das crianças a partir da qual se discutem, então, os elementos que considera fundadores da estruturação intrapsíquica por uma lei igualitária ou por uma lei pelo poder arbitrário.[405]

Pellegrino[406] se reporta à análise freudiana do *complexo de Édipo* de que, entre as experiências de satisfação que perpassam todas as zonas erógenas do corpo da criança quando ela experimenta as suas necessidades de alimentação, amor e cuidados satisfeitas, é também normal que ela desperte os desejos sexuais dirigidos à sua mãe ou a quem ocupe esse lugar. Isso porque a mãe insere o bebê na descoberta de uma série de experiências de satisfações, humanizando o corpo do bebê, suprindo não só necessidades biológicas, mas de amor que fornecem a fonte para os sonhos da criança. Pellegrino[407], então, tecerá interessantes considerações a respeito das satisfações primordiais, como as obtidas pela ação de sugar o leite da mãe, que passa a ser fonte de sonho e alucinação da criança:

> Se estou com fome, começo a alucinar um seio capaz de atendê-la — e aplacá-la. Ao mesmo tempo, o leite que me chega da realidade externa, e da mãe real, vai ser atribuído não à realidade, mas à alucinação por mim criada. As experiências reais são, para a criança, matéria de sonho, tanto quanto a argila que é, para o escultor, matéria de trabalho. Não há escultura sem argila, da mesma forma como não há objetos alucinatoriamente gratificantes se não houver experiências de satisfação cuja substância é a realidade.[408]

Aqui é importante destacar a perspectiva pellegriniana de que até mesmo as fantasias inconscientes só podem ser concebidas, em sua origem e fundamento, a partir da materialidade da relação do sujeito com o outro, ou seja, a partir das experiências reais. Novamente, subjaz aí uma leitura que concebe ser definitiva e fundadora a experiência histórica concreta dos sujeitos na relação com o outro ser humano, enquanto possibilidade

---

[405] Cabe ainda destacar que a síntese aqui exposta busca apresentar ao leitor elementos centrais presentes na sua revisão conceitual, sabendo dos limites dessa síntese que não abarca toda a riqueza dos desdobramentos presentes nos escritos do autor e que podem ser analisados em sua plenitude de significações nos textos em que ele se propõe a tal tarefa. Entre eles, podemos citar: *O mito e o complexo de Édipo na obra de Sófocles: uma reavaliação*, que é um verdadeiro tratado sobre o *complexo de Édipo* a partir da releitura da trilogia tebana escrita por Sófocles, composto por mais de 80 páginas, e de uma beleza estética, de um alcance ético que expressam uma contribuição para a humanidade, para a psicanálise, para o direito, para as ciências humanas em geral.

[406] Pellegrino, 1987a.

[407] Id.

[408] Ibid, p. 319.

de se fundar o psiquismo humano; excluindo-se dessa leitura uma concepção inatista, entitativista ou biologicista sobre a origem do psiquismo.

Dessa forma, para o autor, temos como ponto de partida a compreensão de que os sonhos são formados a partir da história das satisfações das necessidades primordiais que a criança teve na realidade. Portanto, não se estranha que a mãe seja objeto de desejo primordial da criança, na "intimidade mais profunda e voluptuosa"[409], paraíso original que deve ser perdido, obviamente, mas para o desenvolvimento afetivo em outras relações, enquanto impulso para o estabelecimento de laços sociais, em direção ao envolvimento e enriquecimento nas relações com outras pessoas, assim como fonte de transformações e utopias.

Pellegrino destacará essa verdade inelutável de que o carinho, o amor e os desejos sexuais figuram entre os desejos eróticos despertados pela criança com relação a um dos pais — apesar da relutância de constatá-lo, em razão da moral sexual moderna. Ainda a esse respeito, a partir da observação direta de crianças e das escolhas amorosas dos adultos, Freud já apontara que essa verdade é facilmente identificável a partir da observação da história dos sujeitos. Frequentemente, as escolhas amorosas baseiam-se em características de um desses primeiros objetos de amor: geralmente, a esposa possui características que lembram a mãe ou pessoas muito amadas na primeira infância e assim por diante.

Ao mesmo tempo, também constata que o pai frequentemente se apresenta como quem realiza a função de barrar esses desejos incestuosos, por isso também é normal que surjam desejos parricidas contra ele, já que, amiúde, a criança percebe que pode usufruir de dormir na cama da mãe quando ele não está presente, além do que, com muita frequência, sente inveja do pai ao perceber que a mãe não realiza os desejos sexuais da criança[410]. Forma-se, assim, um cenário no qual o tema central do parricídio e incesto, presentes na tragédia grega, ilustra a forma como essa fantasia infantil inconsciente universal se constrói.

Nesse ponto, reconhecerá como igualmente fundamental a necessidade desses desejos incestuosos e parricidas passarem por um processo de repressão; processo histórico que ilustra como a consciência vai se formando a partir das internalizações do que seja certo ou errado ao longo

---

[409] Ibid., p. 324.

[410] Freud, S. Um exemplo de trabalho psicanalítico. In Freud, S. *Moisés e o monoteísmo, esboço de psicanálise e outros trabalhos*. Rio de Janeiro: Imago, 1940/1996, p. 197–206, v. 23.

do processo educativo da criança. Ao mesmo tempo, Pellegrino enfatiza a indagação de que, da mesma forma que é fundamental a repressão acontecer no processo educativo, igualmente fundamental é pensar sobre as formas que ela assume no processo de socialização de dada particularidade histórica, a qual repõe a questão do que fundam processos de identificação e internalização com uma lei igualitária e libertária ou com o poder arbitrário.

Freud, em vários momentos de sua obra, permite essa reflexão sobre os processos históricos em causa. Em sua época, já constatara que, apesar do tema estar presente desde a tragédia *Édipo Rei*, escrita por Sófocles — traduzindo essa fantasia infantil universal —, "nas condições de nossa civilização, ele está invariavelmente fadado a um fim assustador"[411], frequentemente permeado de traumas. Freud busca descrever esse processo a partir do conceito complexo de castração que remonta aos processos pelos quais, notando-se os desejos incestuosos e/ou parricidas, fortes proibições surgem do pai, da mãe e de outras pessoas que, com frequência, ameaçam o menino; por exemplo, dizendo-lhe que, se continuar com a busca de satisfação de seus desejos sexuais e/ou com a masturbação, seu pai vai cortar seu pipi ou algo que tenha valor equivalente para a criança, o que, na fase fálica, é a grande fonte de prazer.

A descrição freudiana ainda retoma o dado de que, imediatamente, esse tipo de ameaça não surte efeitos; porém, mais tarde, quando o menino constata que a menina não possui esse precioso objeto fonte de prazer, sente terror, entra em conflito, rejeitando essa constatação, pois a interpretação inconsciente é de que o seu pipi pode ser cortado, como o dela. Esse momento e os efeitos que daí advêm são denominados por Freud[412] de "complexo de castração". O menino, traumatizado com o que poderia acontecer com ele, internaliza as proibições, abrindo mão de seus desejos incestuosos em relação à mãe e dos seus impulsos assassinos em relação ao pai.[413]

Assim, para Freud, perpassando o complexo de castração, pela ameaça e temor, o menino abdica desses desejos em relação aos pais. Con-

---

[411] Ibid., p. 203.

[412] Id.

[413] Esses desejos, com o tempo, passam a ser considerados absurdos e intoleráveis para a aceitação consciente, ao ponto de tornarem-se irreconhecíveis em nível consciente, portanto, recalcados, permanecendo no nível inconsciente e só aparecendo de forma distorcida, por meio de escolhas e das formações inconscientes. A propósito, Freud (1900/1996) analisa que os sonhos fazem parte desse exemplo típico; aliás, o sonho com um dos pais mortos é um dos mais típicos, porém só são lembrados como estranhos à própria pessoa, pois passa a ser irreconhecível e inaceitável para a consciência desejar a morte daqueles que lhe são mais caros.

tudo, Hélio Pellegrino[414] segue com a indagação do que confere o caráter estruturante do desejo no processo de internalização das leis advindas do mundo exterior e, com isso, principia uma importante análise:

> [...] a ameaça não é o único elemento que confere à Lei seu poder de convicção — e conversão. A Lei não existe para aniquilar o desejo, aviltando-o ou degradando-o. Ao contrário, existe como gramática capaz de articulá-lo com o circuito de intercâmbio social. O menino, ao aceitar a interdição do incesto, tornando-se com isso candidato ao pleno estatuto de sócio da sociedade humana, tem o direito — ao qual corresponde um dever social — de viver um processo fecundo e favorável de socialização, no qual estejam inscritas as inalienáveis prerrogativas de alimentação, saúde, moradia, educação — e carinho.[415]

O autor então chega à formulação do elemento que confere dignidade à lei, seu caráter de mão dupla, de reciprocidade presente no que vai conceituar por pacto edípico, que denota a função da internalização de uma lei igualitária. Esta, ao reprimir o imprescindível para o processo de humanização, possibilita a passagem da dependência infantil para a dependência madura em nível da sexualidade e confere abertura para o desenvolvimento da criança nas relações com o outro fora do círculo familiar, capaz de assumir suas diferentes posições, reconhecendo o diferente em si e no outro. De forma correspondente, considera que:

> A lei da Cultura é, em sua essência, um pacto, um toma-lá, dá-cá, um acordo pelo qual a criança é introduzida como aspirante à sócia da sociedade humana. Ela adquire, pelo Édipo, um lugar na estrutura de parentesco, ganha nome e sobrenome, tem acesso à ordem do simbólico e, portanto, à linguagem, liberta-se da excessiva dependência à mãe e se torna capaz de iniciar sua aventura humana, como inventora dos caminhos do seu desejo. O Édipo é um crivo crucial. Através de sua estrutura se constitui o modelo básico de intercâmbio entre o ser humano e a sociedade, pela definição de deveres e direitos.[416]

---

[414] Pellegrino, 1987a.

[415] Ibid., p. 314–315.

[416] Pellegrino, 1984, p. 6.

Ou seja, considerará que o modelo básico do complexo de Édipo é o protótipo de situações análogas na estruturação do psiquismo nas diferentes etapas do processo de socialização, sobretudo marcadas pelo processo educativo a partir das instituições formais de ensino e pela centralidade dos pactos presentes na estruturação do trabalho.[417]

Em termos de fases do desenvolvimento, se reporta àquela em que a criança nasce enquanto ser simbólico e começa a se amar a partir do amor, da imagem e da figura do primeiro cuidador, frequentemente a mãe, e de outras figuras, fundando sua autoestima, a imagem enamorada de si, a função psíquica do *Eu Ideal*; etapa do desenvolvimento retratada no mito de narciso. Não obstante, se essa etapa é importante e funda a segurança básica em nível psíquico do ser humano, constatará como igualmente importante a etapa da separação gradativa da mãe, a necessidade de transformação do desejo onipotente de relação exclusiva com ela, que repele as relações com os outros.[418]

Ao mesmo tempo, Pellegrino[419] realiza uma análise detida na alta função de figuras que eduquem e que estabeleçam limites, deveres e direitos, referências identificatórias que possibilitem se relacionar com outras pessoas, buscando se construir a partir dos modelos identificatórios da cultura. É um processo de um novo nascimento enquanto ser simbólico, pelo qual se origina e se desenvolve a função psíquica do *Ideal do Eu* — possibilitando a passagem do *Eu Ideal* para o *Ideal de Eu*, do narcisismo primário para o narcisismo secundário. Para o autor, é uma etapa que possibilita transformar a busca pelo idêntico e transformar o desejo onipotente — mantenedor de fantasias de arrogância, da imposição do igual e da palavra final — na abertura ao outro, ao diálogo e ao reconhecimento do outro não idêntico e diferente, permitindo sair da impotência e do empobrecimento que o isolamento traz, assumir-se enquanto sujeito e desenvolver-se em sua *palavra plena*. Ou seja, diz respeito ao processo de socialização que permite o desenvolvimento e consistência da função alteritária do ser humano. Assim sendo:

> A psicanálise é a ciência do desejo humano — ou da sexualidade humana. Ela nos mostra que, através de duras vicissitudes, a pulsão sexual caminha no sentido do amor, que

---

[417] Ibid.

[418] Pellegrino, 1989, p. 98.

[419] Ibid.

constitui, fundamentalmente, a possibilidade de desejar o outro na sua alteridade carnal, na sua peculiaridade e diferença. O amor é o desejo em conformidade com a Lei. Esta, por sua vez, representa o limite imposto à onipotência do desejo, pelo qual irá abrir-se o lugar do Outro — e para o Outro —, na sua liberdade e dignidade de pessoa.[420]

Portanto, o desenvolvimento das relações objetais é o mais determinante na perspectiva psicanalítica de Hélio Pellegrino e ressoa, por exemplo, na sua posição teórica e política de ser contrário à pena de morte. Com efeito, já temos os dados que comprovam que a criminalidade não diminuiu em países nos quais foi adotada; no entanto, o autor se detém na análise da impostura da adoção da pena de morte, a partir também desse argumento psicanalítico:

Há, por fim, a favor da pena de morte o argumento psicológico da intimidação. O criminoso, diante do risco de perder a vida, pensa duas ou mais vezes na consequência fatal do delito que o tenta, acabando por desistir de praticá-lo. Afirma-se aqui o princípio — psicanaliticamente ilusório — de que o delinquente grave tem arraigado amor à própria vida. Em verdade, acontece o oposto. A auto-estima do ser humano se constrói a partir dos cuidados — do amor — recebidos de fora, dos outros. Este amor, internalizado, vai constituir o fundamento da possibilidade que cada um terá de amar-se a si mesmo, por ter sido amado. Se sou capaz de amar a mim próprio, sou também proporcionalmente capaz de amar ao Próximo, meu semelhante, meu irmão — e meu espelho.[421]

Para ele, existem implicações libertárias na psicanálise ao discutir o processo da passagem pelo complexo de Édipo no sentido de compreender os elementos que fundam o desenvolvimento do ser humano ao nível intrapsíquico, reconhecendo no outro sua alteridade, na busca por se desenvolver também em suas diferenças, com os outros, em relações libertárias em direitos e deveres, e não autoritárias. Nesse sentido, a ciência psicanalítica:

---

[420] Ibid., p. 98.

[421] Ibid., p. 48.

> Do ponto de vista teórico, ela concebe um processo de desenvolvimento do desejo — auto-erótico, homo-erótico ou narcísico, hetero-erótico — que visa ao Outro, à diferença, à alteridade. O desejo maduro, adulto, tendo passado pelo desfiladeiro do Édipo e, portanto, tendo em si inscrita a letra da Lei, pretende uma relação amorosa, livre e libertária, igual em direitos e deveres. A genitalidade transcende, por sua estrutura, o modelo dual da relação sado-masoquista, do senhor e do escravo. Ela implica a liberdade, já que é um vínculo entre dois sujeitos humanos, sendo a liberdade o centro da subjetividade.[422]

Para o autor, essa é uma verdade central no pensamento psicanalítico, contudo insiste que ela é frequentemente esquecida e negada até mesmo nesse campo. Ele ideologicamente nega, esquece ou coloca em segundo plano o caráter de reciprocidade e de pacto fundador do psiquismo presente no complexo de Édipo, o qual aponta para a sexualidade humana madura aberta ao diferente e à alteridade no outro e em si, construindo uma relação a partir daí. Além disso, não se discute a função da lei no sentido de garantia de um estado igualitário de direitos e deveres. Coloca-se no lugar dessa negação uma visão conservadora e ideológica da lei, muito própria de um lugar de defesa da submissão dos sujeitos, do autoritarismo, que confunde o Estado Democrático de Direito com o poder arbitrário fundado na afirmação do autoritarismo e de manutenção de privilégios. Isso, para o autor, denuncia uma distorção ideológica e elitista da teoria: "O a-politicismo da psicanálise, além de roubar-lhe sua essência libertária, implica graves e numerosas consequências [...]"[423]. Por isso, o autor estende-se nos seus escritos sobre a discussão do elemento que considera central na problemática do complexo de Édipo e, de forma análoga, nos outros pactos estabelecidos nas demais etapas de socialização do sujeito ao longo da vida e nas instituições. Assim, critica:

> Do ponto de vista institucional, as tendências incestuosas podem ser definidas como aquelas que afirmam a transcendência da instituição com respeito ao sujeito que nelas se insere. Toda instituição rígida, que exige obediência e capitulação ante as leis que a definem, é uma estrutura produtora de incesto. A interdição do incesto não deve ser,

---

[422] A entrada do mercado — e do sistema, Pellegrino, n.d.-d, p. 1–2.

[423] Ibid., p. 16.

> enquanto geradora de cultura, uma proibição pura e simples. Ela é condição estruturante para a superação do espaço da família, ou da instituição familiar. A resolução da fixação incestuosa, através da aceitação — ou da integração — da interdição do incesto, implica a possibilidade de transcender uma estrutura de dependência primária e, nesta medida, implica a possibilidade de abertura ao Outro e aos Outros.[424]

Além desse elemento que considera central e pouco discutido, Pellegrino também analisará a função do amor enquanto um elemento que confere fundamento, coesão e legitimidade à lei. Isso não numa concepção moralizante, sobretudo porque reconhece a espontaneidade constitutiva desse afeto, mas no sentido de constatar que sua presença ou ausência na estruturação do pacto tem implicações no sentido de fundar uma lógica de funcionamento psíquica e as formas de se vincular com o mundo externo e com os outros.

Com relação ao tema, retoma as reflexões freudianas no sentido de lembrar que, no processo da passagem pelo complexo de Édipo, o sentimento de hostilidade do menino, em relação ao pai, frequentemente é ambivalente, ou seja, também entra em conflito com o amor e admiração que o menino sente por ele, o que permite instaurar os complexos processos de identificação. Para Pellegrino, a admiração e o amor são sentimentos que ajudam a aplacar e abandonar os desejos pela mãe, pois não poderia perder o pai que também é amado, e sente mal-estar e culpa por sentir esses desejos assassinos em relação a ele.[425]

O amor nesse processo, como apontado por Hélio Pellegrino[426], auxilia o menino na cura desse corte, ajuda-o a desligar-se da mãe, internalizar as proibições na formação da instância superegoica e descobrir outros caminhos capazes de desenvolver seus interesses e desejos amorosos na relação com outras pessoas. Logo, são construídos, no percurso do intercâmbio social, diferentes caminhos para seus desejos, estabelecendo laços sociais e se constituindo na relação com os outros. Certamente, os pais são os primeiros objetos de amor e ódio; entretanto, é inelutável e fundamental que esse amor venha a se defletir e se desenvolva com outras pessoas. Portanto, há uma relação indissolúvel entre a dialética

---

[424] Pellegrino, H. (n.d.-z). *Do ponto de vista institucional, as tendências incestuosas [Título atribuído]*. [Rio de Janeiro]. Arquivo Hélio Pellegrino. Arquivo Museu de Literatura Brasileira. Fundação Casa de Rui Barbosa., p. 1.

[425] Pellegrino, 1987b.

[426] Id.

de sentimentos estabelecida nas relações com o outro e a formação do pensamento.

Nesse sentido, reconhecer a função do amor dos pais e pelos pais tem implicações fundamentais; por outro lado, o amor e a admiração sentidos pelo pai auxiliam o menino a abrir mão da dependência infantil e se constituir a partir do que Freud denominou pelo conceito de identificação, que designa o processo pelo qual o ser humano toma o outro como modelo, que, nesse exemplo discutido, é o pai, e identifica-se com ele, passa a desejar ser como ele. Assim, pelo reconhecimento dessa autoridade e pelo amor vivido, constrói-se um terreno pelo qual a criança continuará a criar e se construir na relação com os outros, tendo nos pais o ponto de partida de suas escolhas amorosas, de identificação, de formação superegoica, dos Ideais do Eu etc.

Dessa maneira, para o autor, as formas que a interdição desenvolve na passagem do complexo de Édipo são importantes para se compreender qual é a relação do sujeito com a lei, com as proibições em geral e com as instituições, pois: "O pai representa a sociedade em geral, e suas autoridades, em particular. Comutativamente, as autoridades e as instituições — para cada um de nós — representam a figura do Pai"[427]. Por isso enfatiza a importância do caráter de reciprocidade no pacto edípico para a internalização das proibições e formação superegoica, uma vez que

> [...] se a figura do Pai não for justa e boa, haverá uma fragilização do superego e, consequentemente, transtornos delinquenciais, psicóticos ou neuróticos. Sem um bom pacto de cada pessoa com o seu superego não há verdadeira e genuína ordem social. Esse pacto é o fundamento da boa, justa e digna ordem social.[428]

Hélio Pellegrino parte, assim, da referência central e determinante de como o *complexo de Édipo* se desenvolve para ilustrar um ponto de partida presente no processo estruturante e fundador do psiquismo humano a partir da constituição dos sujeitos nos processos de socialização presentes em uma sociedade, na estruturação da lei, dos pactos que estruturam as instituições, bem como os conflitos vividos internamente, entendendo esse processo como fruto de uma formação histórica dos sujeitos.

---

[427] Pellegrino, H. (n.d.-aj). *Fenômeno portentoso. Nada fica a dever a uma tragédia grega [Título atribuído].* [Rio de Janeiro]. Arquivo Hélio Pellegrino. Arquivo Museu de Literatura Brasileira. Fundação Casa de Rui Barbosa., p. 1.

[428] Ibid., p. 3.

Nesse sentido, nota-se que uma lei fundada unicamente na ameaça é de frágil sustentação, pois tem seu poder sustentado pelo medo e temor, e não pelo respeito, que confere coesão, dignidade e legitimidade à lei. Em sua análise: "[...] se, na resolução do Édipo, o temor é necessário, nem por isto se torna suficiente. Uma Lei que se baseie apenas no temor é uma lei perversa, liberticida — lei do cão".[429]

Para o autor, essa diferença é substantiva e ilustrada pela tragédia de Sófocles, na qual se evidencia que ele não se fixou incestuosamente aos pais, mas com os pais experienciou o amor e uma lei justa, que possibilitou internalizar as proibições do incesto e do parricídio e dar coesão à estruturação de sua instância superegoica. O que revela esse solo é o fato de que ele teve segurança para sair da cidade e escolher seu próprio caminho fora da dependência infantil e incestuosa à família, mesmo que o destino, simbolizado pela figura do oráculo, lhe apontasse que cometeria incesto e parricídio. Fica explícito que ele se viu preso a uma dependência anterior, referida dependência infausta aos pais que tentaram assassiná-lo.[430]

Dessa forma, tendo como ponto de partida a compreensão freudiana de que a internalização da lei e o superego são herdeiros do complexo de Édipo, propõe a análise dos elementos coesivos que fundam um processo humanizatório, reconhecendo a função estruturante da proibição, do amor, dos processos de identificação, construção do Ideal do Eu e da função coesiva do caráter de reciprocidade em direitos e deveres no processo de internalização da lei no pacto edípico. Essa compreensão ganha longo alcance nos escritos de Hélio Pellegrino que discutem a estruturação dos quadros esquizoides, dos quadros depressivos e da formação de sintomas em geral e delineia uma noção da origem da psicopatologia que o autor desenvolve ao conceber que:

> A possibilidade de reativação das situações psicopatológicas básicas vai depender, obviamente, das condições concretas de vida, mas o fator preponderante é o grau em que foram internalizados os objetos, no estágio de dependência infantil.[431]

---

[429] *O tema da nossa mesa-redonda é sexualidade e poder*, Pellegrino, n.d.-bh, p. 6.

[430] Vamos falar de Édipo, herói de uma velha legenda tebana, Pellegrino, n.d.-by.

[431] Pellegrino, H. (n.d.-ap). *Interesse predominante em pacientes esquizoides [Título atribuído].* [Rio de Janeiro]. Arquivo Hélio Pellegrino. Arquivo Museu de Literatura Brasileira. Fundação Casa de Rui Barbosa, p. 10.

Nesse sentido, para o autor, é fundamental compreender como a internalização da lei vai se constituir, a partir da história concreta dos sujeitos, o que comunica as formas que o complexo de Édipo assume na cultura. Essa perspectiva reforça a necessidade de se garantir os direitos da criança de uma educação libertadora, de cuidados, de alimentação, de limites e de saúde enquanto condições elementares para estruturar os elementos coesivos da instância superegoica. Contudo, enfatizará a análise de que as formas de interdição presentes na cultura são muito mais adoecedoras do que fundadoras de uma coesão social que garanta condições dignas para o sujeito se desenvolver a partir da garantia de direitos e de deveres inalienáveis, liberdade de pensamento crítico, entre outras condições estruturantes.

Pelo contrário, constata um contexto de desigualdade, opressão, violência, autoritarismo no contexto das instituições em geral e nos processos educativos autoritários. Por isso vê como fundamental a desconstrução da noção da educação pelo autoritarismo, partindo da constatação do contexto que viveu: "[...] vivemos numa cultura patriarcal, autoritária. Nós aprendemos a ter, pela autoridade, uma tolerância quase ilimitada. Somos educados para a obediência e a submissão"[432]. Para ele, a estrutura de violência e arbítrio ilustrada na obra de Sófocles, na relação de Laio, Jocasta e Édipo, constitui emblema de que a lógica do autoritarismo e da violência é marcada por fixações, dependência infausta a objetos maus, ausência de pensamento crítico e pela ausência da internalização de uma lei justa, igualitária, estruturante do desejo, tampouco fundada na noção de justiça em direitos e deveres. Por isso, está absolutamente convencido de que é preciso desconstruir a ideia da educação pelo autoritarismo e pela dor, pois estas não constroem uma via de mão dupla do ponto de vista intrapsíquico e social, conforme é bem retratado por Freud:

> [...] a identificação com o pai constrói um lugar permanente para si mesma no ego. É recebida dentro deste, mas lá se estabelece como um agente separado, em contraste com o restante do conteúdo do ego. Damos-lhe o nome de superego e atribuímos-lhe, como herdeiro da influência parental, as funções mais importantes. Se o pai foi duro, violento e cruel, o superego assume dele esses atributos e, nas relações entre o ego e ele, a passividade que se imaginava ter sido reprimida é restabelecida. O superego se tornou sádico e o

---

[432] *Fenômeno portentoso. Nada fica a dever a uma tragédia grega*, Pellegrino, n.d.-aj, p. 2.

ego masoquista, isto é, no fundo, passivo, de uma maneira feminina. Uma grande necessidade de punição se desenvolve no ego, que em parte se oferece como vítima ao destino e em parte encontra satisfação nos maus tratos que lhe são dados pelo superego (isto é, no sentimento de culpa), pois toda punição é, em última análise, uma castração, e, como tal, realização da antiga atitude passiva para com o pai. Mesmo o Destino, em última instância, não passa de uma projeção tardia do pai.[433]

Nesse sentido, discorrerá sobre a função da repressão para a transformação de fantasias onipotentes, incestuosas e parricidas direcionadas aos pais, ou seja, discorrerá sobre a importância da Lei, que necessariamente passa pela função da autoridade na estruturação de um poder, em um nível externo e que efetivamente gere efeitos psíquicos estruturantes para o sujeito de internalização de limites. Isso implica etapas de muitas renúncias e diferentes aprendizagens ao longo da história de vida do sujeito, que passam pela educação familiar, pela escola, pelas aprendizagens para o trabalho, ou seja, tudo o que faz com que o sujeito não fique abandonado à própria sorte ou estruturado a partir de uma lógica do *laissez-faire*. Aqui, cabe expor uma diferença fundamental presente em seu pensamento entre o conceito de lei e de poder, bem como a articulação entre essas noções. Para ele:

Não existe Lei sem poder, embora, desgraçadamente, a recíproca não seja verdadeira. Uma Lei sem poder é uma lei desativada — de pijama. Para que uma lei seja válida, é preciso que ela tenha poder de interdição, de constrição e de punição. [...]. É exatamente o que ocorre com a Lei estruturante do desejo humano. Refiro-me à Lei da Cultura, ou Lei do Pai, ou Pacto Edípico, que interdita o incesto. Ela tem validade universal, conforme demonstrou Freud em seu livro *Totem e Tabu*, e constitui não apenas a gramática elementar do desejo, mas o fundamento do processo civilizatório. [...]. O ser humano é salto, é passagem qualitativa de natureza para a cultura. Ao nível da sexualidade, esse salto é promovido através do complexo de Édipo — e sua resolução. Pelo Édipo, a sexualidade se humaniza — e se homeniza — e se insere no circuito de intercâmbio social.

---

[433] Freud, S. Dostoievski e o parricídio. In Freud, S. *O futuro de uma ilusão, o mal-estar na civilização e outros trabalhos*. Rio de Janeiro: Imago, 1928/1996, p. 181–200, v. 21, p. 190.

> Ela deixa o plano da especularidade narcísica para tornar-se comunitária e alteritária. O ser-outro, próximo a mim, surge como consequência do Édipo e da linguagem.[434]

O reconhecimento coesivo da função da Lei está na constatação do valor do estabelecimento de exigências civilizatórias e no valor do estabelecimento de garantias das condições dignas de vida, de cuidados, amor, condições econômicas, educativas e culturais para coesão da internalização da lei fundadora do psiquismo humano. Esta mantém o caráter de reciprocidade em direitos e deveres, numa via de mão dupla: marcando uma concepção contrária à noção da lei pela via única do temor, da submissão e capitulação dos sujeitos, a qual não mantém o caráter de reciprocidade do pacto edípico, mas gera fixações, mentalidades autoritárias e um pacto pelo poder perverso.

Isso posto, cabe discorrer sobre uma mediação central no pensamento do autor, acerca da estruturação do trabalho para a compreensão dos fundamentos coesivos ou disruptivos na estruturação econômica, social e política de um tempo.

5.4. Fundamentos coesivos do processo civilizatório ao nível da estruturação do trabalho: pacto econômico, político e social

Hélio Pellegrino fará uma analogia estrutural entre os elementos coesivos presentes no pacto edípico, passando por uma análise do contexto familiar, pela forma como se desenvolvem os processos educativos nas instituições de ensino e pela centralidade dos elementos coesivos do processo civilizatório ao nível da estruturação do trabalho em uma sociedade. Ressaltando seu caráter de reciprocidade e de justiça, numa via de mão dupla, afirmará:

> O processo civilizatório, em seu conjunto, obedece a uma mesma linha estratégica. Ela exige progressivas e dolorosas renúncias, mas, em troca, fica obrigada, para legitimar-se, a criar direitos e vantagens correspondentes.[435] [436]

---

[434] O tema da nossa mesa-redonda é sexualidade e poder, Pellegrino, n.d.-bh, p. 1–2.

[435] Um texto publicado na última década de vida do autor sintetiza sua concepção sobre a relação intrínseca entre complexo de Édipo, pacto edípico e pacto social: *Psicanálise da criminalidade brasileira: ricos e pobres* (Pellegrino, 1984).

[436] Pellegrino, 1984, p. 7.

Essa é uma constatação do elemento básico que forma a liga para a coesão da vida social, que reafirma seu caráter de via de mão dupla, pela qual, na medida em que se fundamenta em renúncias e exigências, deve garantir, em troca, o "[...] direito a tudo aquilo que seja indispensável à [...] integridade física, psíquica e espiritual"[437], o que implica a necessidade de um pacto social que garanta condições econômicas, de trabalho, de saúde, de educação e de lazer para si e para sua família, de forma igualitária para toda a população, além da garantia fundamental ao direito de protesto, enquanto garantia inalienável do trabalhador: "E, como elemento regulador fundamental da relação entre as classes, o pleno direito de greve e autonomia sindical"[438]. Com efeito, em qualquer sociedade democrática, justa e digna: "São esses os canais mínimos capazes de dar vez e voz à vontade do povo. Sem eles, haverá em nosso país tudo o que se quiser: menos democracia".[439]

Assim, entende-se o porquê da necessidade de um pacto social que implique transformar a atual estruturação do trabalho, fundada na desigualdade presente na relação entre ricos e pobres, cujo retrato é da "Riqueza: o supérfluo de alguns, acumulado à custa do indispensável de muitos. Construir um sistema social em que a necessidade de muitos seja mais importante do que o supérfluo de alguns: ideal socialista"[440]. E tem a clareza de que essa transformação não se fará enquanto o modo de produção do capitalismo permanecer, uma vez que, em menor ou maior grau de desigualdade e desumanidade, ele se pauta em uma estrutura de trabalho na qual:

> Dinheiro gera dinheiro, para os que o possuem, ao passo que o trabalho cria a pobreza para os que trabalham — quando conseguem trabalhar. E, para coroar tudo, o poder arbitrário, [...] a impunidade triunfante, a cupidez sem limite, o consumismo sem freio, tudo isto, de um só lado — o dos donos da vida. Do outro lado, o rosto anônimo da miséria: [...] milhões de brasileiros condenados à penúria absoluta.[441]

---

[437] Pellegrino, H. (n.d.-ar). *Massacre no manicômio [Título atribuído]*. [Rio de Janeiro]. Arquivo Hélio Pellegrino. Arquivo Museu de Literatura Brasileira. Fundação Casa de Rui Barbosa, p. 2.

[438] Id.

[439] Id.

[440] *Marxismos e Psicanálise, dois instrumentos de desmistificação*, Pellegrino, n.d.-aq, p. 6.

[441] Pellegrino, 1984, p. 8.

Desse modo, compreende-se que essa forma de distribuição desigual da riqueza produzida pelos trabalhadores de uma sociedade, mas concentrada nas mãos de uma minoria que detém os meios de produção, somada ao exército de desempregados do capitalismo no mundo, retrata uma lógica estruturada não pela igualdade real, mas pelo arbítrio e pelos privilégios, fundando condições desiguais e iníquas de vida. Isso necessariamente gera uma crise dos fundamentos da vida social ao fundar um pacto perverso de poder, e não a concretização de uma lei igualitária para todos, em deveres e direitos.

5.5. Crise de fundamentos da vida social no pacto perverso da estruturação do trabalho no capitalismo

Em vista do exposto, para Hélio Pellegrino, a estruturação do trabalho no capitalismo internacional é uma mediação central para a compreensão da dominação de classes na origem da violência, instaurando uma crise de fundamentos no pacto social e, retroativamente, no pacto edípico, que, por sua vez, estrutura diversos sintomas sociais fundados na lógica do privilégio e do arbítrio.

Nesse sentido, parte de uma perspectiva que compreende a origem da estruturação de diversos sintomas sociais a partir de uma lógica de manutenção de privilégios e arbítrio. Essas situações demonstram que a resolução do complexo de Édipo implica abrir mão da imposição dos desejos onipotentes e antissociais sobre o outro ou de dominação, de exploração, ou seja, implica internalizar uma lei justa, igualitária, que assume as exigências e responsabilidades do processo educativo e do trabalho, ao mesmo tempo em que adquire vantagens correspondentes de garantia de vida digna. Hélio Pellegrino enfatizará a necessidade de se gerar a prática de uma lei justa, igualitária, libertária, e não tirana, assim como a garantia inalienável de direitos e deveres, numa via de mão dupla. A resolução do complexo de Édipo implica desejar o outro em sua alteridade e em sua condição de sujeito, o que implica o reconhecimento e trabalho pela garantia igualitária das condições de vida para todos. Para o autor, a saída do complexo de Édipo implica possibilitar o desenvolvimento da sexualidade humana madura:

> A sexualidade humana madura é, portanto, alteritária, abre-se à essência do outro, aceita-o em sua realidade carnal.

> Desejar o Outro em sua realidade carnal é desejá-lo livre, investido de sua dignidade de sujeito, capaz de assumir sua própria palavra.[442]

Assim, analisa, por outro lado, a formação de sintomas e acontecimentos históricos que são expressão de uma patologia social e retrato de uma crise de fundamentos da vida social, produzidos pela lógica de privilégios e que estruturam, de forma solidária, diferentes tendências que insistem em se impor em diversas instituições e em permanecer na vida social: no Estado, na política, na violência policial, nas prisões, nos manicômios, em determinadas formas de ensino e nas instituições psicanalíticas etc. Para o autor, esses fenômenos sociais presentes nessa crise devem ser pensados como faces de uma mesma moeda, ou seja, devem ser pensados em sua condição de sintoma de uma crise de fundamentos da vida social que se desenvolve de maneira solidária — da qual todos fazemos parte e somos responsáveis pela sua manutenção ou transformação.

Nesse sentido, para Hélio Pellegrino, é fundamental pensar nas tendências que estão em curso na formação do Estado e nas funções que desempenha. Por isso, se vale da análise sobre a estruturação do Estado brasileiro como uma das mediações para se pensar essa crise, analisando, especificamente, o momento que viveu do golpe militar de 1964 e tudo o que as ditaduras representam na história do capitalismo, da América Latina e do Brasil.

Sua descrição considera o momento histórico anterior ao golpe de 1964, no qual a maioria da população trabalhadora e espoliada se organiza por meio de greves e protestos no sentido de exigir que o Estado, mantido pela maioria da população trabalhadora, fosse estruturado para representar os direitos democráticos da população para a superação das condições aviltantes de trabalho, saúde, educação. Contudo, o Estado, predominantemente estruturado para servir de braço para garantir os interesses de uma minoria da população formada pela elite, respondeu com o golpe militar de 1964, que representou uma contrarrevolução preventiva para impor e manter os interesses de classe da elite, aumentando o fosso da desigualdade no país e repondo a questão de que a origem da crise dos fundamentos coesivos da vida social diz respeito à luta de classes, ou seja, diz respeito ao fato de que:

---

[442] Psicanálise e sua inserção no modelo capitalista, Pellegrino, n.d.-bi, p. 14–15.

> [...] as relações de classe, no Brasil, são das mais iníquas e
> injustas de todo o mundo. O golpe de 64, liderado pelo Poder
> Militar, em nome da segurança e do combate à subversão,
> em verdade instituiu um regime brutalmente espoliativo,
> onde o enriquecimento delinquencial de minorias ínfimas,
> nacionais e transnacionais, se faz à custa da miséria do povo,
> da fome crônica e da mortalidade infantil.[443]

Retoma assim a análise dos sociólogos e historiadores de que o golpe militar foi mais uma expressão, na história do país, de uma resposta da elite para manter seus privilégios à força, se valendo do uso do Estado, da força policial e de aparato ideológico para fomentar a paranoia contra o pobre e o trabalhador com a finalidade de impor seus interesses na luta de classes, expondo o dado de que a crise dos fundamentos do processo civilizatório necessariamente tem a sua origem na história da luta de classes e de que:

> A crise brasileira não é conjuntural — é estrutural. Em abril
> de 64, a burguesia indigna, apoiada no braço armado dos
> militares, subordinou-se aos interesses do grande capita-
> lismo alienígena. As elites fizeram uma opção imperialista
> e, com isto, dispensando-se de lutar pela implantação de
> um desenvolvimento autônomo, lançaram às urtigas a
> reforma agrária e a necessidade de aliança com a classe
> trabalhadora. O povo foi brutalmente expulso da cena
> política e, para tanto, o Poder Militar usou do arbítrio, do
> liberticídio, da tortura e do terrorismo do Estado. A ideologia
> que permitiu tudo isso veio de fora, importada da National
> War College, e aqui se instalou, com armas e bagagens, na
> Escola Superior de Guerra, com o nome de Doutrina de
> Segurança Nacional.[444]

Há, aqui, uma interpretação de que as classes dominantes internacio-nais e nacionais historicamente conseguem obter seus objetivos anticivili-zatórios não por meio da cordialidade, mas sim por meio da violência. Assim retoma a descrição do retrato da tendência predominante na formação do Estado brasileiro, no que se refere às suas relações com os interesses da elite:

---

[443] Pellegrino, 1979b, p. 2.

[444] *Transição intransitiva*, Pellegrino, n.d.-k, p. 2–3.

> Darcy Ribeiro, no ensaio em que faz essa afirmação, denuncia a partir dela a inacreditável crueldade — e o arrogante egoísmo — das classes dominantes brasileiras. Sua postura está longe de ser cordial e conciliadora. Elas abocanham os seus privilégios com uma dureza homicida — e delinquente. Nada, a não ser o instinto mais elementar de sobrevivência, é capaz de fazê-las mudar de conduta. Além do mais, são incultas, sem nenhuma audácia criadora, encostadas na máquina do Estado e capazes de uma desfaçatez social que raia o absurdo. Basta dizer que, entre nós, há diferenças de rendas que são das maiores do mundo. Se a maioria do povo brasileiro ganha menos do que o salário mínimo, a minoria de executivos, empresários e outros aliases ganham cem, duzentas, trezentas vezes esse salário mínimo. A coisa clama aos céus por uma vingança que nunca chega — nem se constrói.[445]

Ao mesmo tempo, aqui cabe uma ressalva de que o autor analisa o momento histórico que viveu — expresso pela barbárie, violência policial presente nas práticas cotidianas de fuzilar e exterminar cidadãos injustamente, na prática de extermínio e tortura frente aos que se opunham ao Estado, assim como a barbárie que estrutura o sistema prisional, psiquiátrico, manicomial, enquanto expressões de uma lógica solidária que afeta e estrutura as diferentes instituições —, formando um retrato do Brasil e seus impeditivos ao processo civilizatório. Ao mesmo tempo, enfatiza que essa análise não se confunde com a leitura ideológica de interpretar que os países periféricos do capitalismo não passaram ainda por um processo civilizatório presente em países "desenvolvidos" do capitalismo. Pelo contrário, é preciso assinalar que as deformações estruturais do trabalho têm a sua origem no imperialismo do capitalismo internacional dos países desenvolvidos, que não servem de modelo para nenhum país, que se valem da exploração e acúmulo de riquezas às custas da exploração dos países subdesenvolvidos, e a impossibilidade de se manter a coesão do tecido social devido à ruptura da coesão social que estrutura o capitalismo enquanto um modelo econômico e social de produção da vida, por se edificar sobre a injustiça e exploração da mais-valia. Portanto, o caso brasileiro, por mais que expresse uma particularidade do desenvolvimento do capitalismo nos países periféricos, também é expressão das mazelas que se originam e se perpetuam nos países capitalistas "desenvolvidos".

---

[445] Pellegrino, H. (n.d.-ag). *Existe no Brasil uma radical — e, portanto, decisiva — tradição escravagista [Título atribuído]*. [Rio de Janeiro]. Arquivo Hélio Pellegrino. Arquivo Museu de Literatura Brasileira. Fundação Casa de Rui Barbosa., p. 1.

É por isso que parte de perspectiva que defende o socialismo democrático radical e a importância de se criar um outro pacto social a partir da "Revolução popular, pacífica e democrática, ordeira e libertária"[446], que efetivamente implique a superação da violência e iniquidade estrutural do capitalismo, da falsa democracia burguesa e de suas deformações no mundo. Nessa construção de uma verdadeira democracia, reconhecia o valor da união da América Latina, da autodeterminação dos povos, da participação popular, da soberania nacional; da alta função das melhores utopias e dos valores na coesão do Ideal de Eu em uma cultura, sem o que a humanização e transformação social não se efetiva. Nesse sentido, reitera:

> Somos irredutíveis ao *recurso do método*: é esse o nosso brasão, grandeza que nos distingue — e nos define. A cultura latino-americana transborda dos conceitos claros e distintos e, portanto, é trans cartesiana — ou mais do que cartesiana. Somos, no mundo, o território da dança e do sagrado, onde a negritude é o santo óleo de Eros, capaz de vencer a morte e defender a primavera. Nosso patrimônio fundamental não é o tecnológico — mas poético e mágico. Levantamos até os céus o rumor de tambores e batucadas, para que as constelações se regozijem pelo conhecimento que temos da cadência do Cosmo. Somos libertários e desregrados, portadores de uma alegria que *já é* o sal da terra, apesar da fome, da miséria e das chagas que nos vulneram. Por isso, nossos poetas voam tão alto.[447]

Ao mesmo tempo, ainda com relação à dominação de classes na origem da barbárie, Hélio Pellegrino se debruça em diversos escritos sobre os fundamentos intrapsíquicos na ideologia anticomunista que formaram um aparato ideológico fundamental da direita radical e que foi imprescindível para sustentar a contrarrevolução preventiva da ditadura militar no país para barrar a população trabalhadora brasileira que passou a se organizar por meio de protestos e greves pelos direitos democráticos elementares de trabalho, saúde, educação. Incansavelmente, esse regime totalitário buscou legitimar a dominação e violência arbitrária antidemocrática contra o trabalhador e contra o pobre, tendo em vista a manutenção dos privilégios da elite nacional e internacional, a partir dela. Nesse ponto, o

---

[446] Pellegrino, H. (n.d.-as). *Miguel Arraes [Título atribuído]*. [Rio de Janeiro]. Arquivo Hélio Pellegrino. Arquivo Museu de Literatura Brasileira. Fundação Casa de Rui Barbosa, p. 2.

[447] Pellegrino, 1989, p. 152, grifos do autor.

autor analisará a necessidade de desvendar o fundamento intrapsíquico essencial do sintoma da paranoia, ódio e violência contra o pobre, pois a manutenção desse estado desigual do capitalismo "[...] tem no anticomunismo paranoico o seu fulcro ideológico, implica um modelo econômico periférico, excludente, concentrador de renda no mais alto grau [...]"[448]. É um elemento que estrutura a democracia burguesa, a qual, por sua vez, se apresenta falsamente como igualitária para todos em direitos e deveres:

> A definição clássica de democracia a descreve como o governo do povo, pelo povo e para o povo. Há, aqui, de saída, uma homogeneização da cidadania, cujo objetivo consiste em aplainar — ou abolir — as diferenças sociais, transformando todos os cidadãos em seres com os mesmos direitos e deveres. Numa sociedade de classes, em que há exploradores e explorados, isto é absolutamente falso, e afirmá-lo chega às raias do escândalo. No Brasil, por exemplo, um terço das famílias ganha até um salário mínimo, e um quarto delas tem como renda até dois salários mínimos. A percentagem de 1 % dos mais ricos, em nosso país, participa da renda nacional numa proporção à dos 50 % mais pobres. Este desnível clamoroso nos confere o título nada honroso de campeões mundiais da injustiça social.[449]

Com efeito, após mais de trinta anos da morte do autor, continua não sendo desprezível que esse dado obsceno da desigualdade e concentração de renda no país permanece intocado. Assim, em diversos textos defenderá a necessidade de não se silenciar, de desvendar e analisar os fundamentos desse estado de coisas. Analisa, então, uma sequência de fatos concretos que ocupam lugar de metáfora e são estruturados pelo fundamento intrapsíquico do sintoma da paranoia, do ódio e da violência contra o pobre. Para o autor, tratar desses diferentes fenômenos é fundamental para todos os campos do saber e para a psicanálise, pois a crise dos fundamentos da vida social apresenta seus fundamentos intrapsíquicos que precisam ser desvelados em sua essência e estrutura, tendo em vista a necessidade de sua superação.

Com efeito, a gama de análises de Hélio Pellegrino sobre a relação entre estrutura social e violência nas relações interdependentes entre as instituições expressa uma perspectiva próxima à de Norbert Elias sobre o

---

[448] *Transição intransitiva*, Pellegrino, n.d.-k, p. 3.

[449] Pellegrino, 1989, p. 118.

processo civilizador, pois, para este autor, a fertilidade do raio de pesquisas *sociogenéticas* e historiográficas implica uma perspectiva de totalidade na análise do campo social e de um período histórico:

> Implica, acima de tudo, descobrir as estruturas básicas, que dão a todos os processos individuais agindo nesse campo sua direção e marca específica. [...]. A afirmação de que todo estudo sociogenético deva voltar-se para a totalidade do campo social não significa que deva dirigir-se para a soma de todos os fatos específicos, mas para a sua estrutura, na inteireza de suas interdependências.[450]

Como se pode observar, os trabalhos de Hélio Pellegrino apresentam uma fértil contribuição para o campo das investigações sobre o processo civilizador, e ele deveria ser considerado um teórico importante para o campo. Então, passemos para um breve panorama de graves sintomas sociais presentes em fatos históricos que foram discutidos pelo autor para pensar essa questão.

5.6. Paranoia, ódio e violência contra o trabalhador e contra o pobre

A sequência de diversos sintomas sociais e fatos históricos presentes na constituição do Brasil é retomada pelo autor, que analisa o fundamento intrapsíquico do sintoma da paranoia, ódio e violência contra o pobre e o trabalhador na história do país enquanto elemento importante para a compreensão de como ele costura, de maneira solidária, diversos sintomas sociais como o racismo, o anticomunismo, os manicômios, as prisões, a violência policial, "[...] a tortura, o sequestro, o desaparecimento de presos políticos, o assassinato frequente de pobres e marginais, nas delegacias de polícia, tudo isso compromete e acumplicia as classes dominantes".[451]

Nesse sentido, fará análises e denúncia de vários episódios ocorridos no período da ditadura militar no Brasil como expressão de um sintoma social que assumiu características específicas, mas não se restringe ao país e, a partir do qual: "A direita radical, em toda parte do mundo, constrói o seu projeto político em torno da ideologia anti-comunista".[452]

---

[450] Elias, 1993, p. 239.

[451] Pellegrino, 1979b, p. 2.

[452] *A dialética da tortura: direito versus direita*, Pellegrino, n.d.-b, p. 15.

Dentre os fatos concretos presentes na ditadura militar que ocupam lugar de metáfora, o autor insistirá no não esquecimento da operação Riocentro, manifestando sua revolta diante do arquivamento desse processo, que revelou, mais uma vez, a extrema direita em todo o período do golpe militar no país. Vale lembrar a verdade por trás do episódio: em 1981, na data simbólica de comemoração do Dia do Trabalhador, representantes do Estado ditatorial da extrema direita do governo planejaram a explosão de bombas no grande evento que reuniria mais de 30.000 pessoas. O intuito era culpar a esquerda pelo ato terrorista da extrema direita presente no exército, buscando sistematicamente criminalizar a esquerda e os trabalhadores. O objetivo era também impedir a reabertura democrática, legitimar a continuidade do sistema ditatorial e da perseguição dos que se opunham ao regime e lutavam pela construção da democracia do país, por salários dignos, saúde, educação, direitos sociais e políticos para todos. O ato concreto e simbólico é uma representação tão séria da crise de fundamentos coesivos de um processo civilizador que, seguindo com o pensamento do autor, faz lembrar de quando analisa os fenômenos sintomáticos que ocorrem no Brasil no que se assemelha a uma tragédia grega[453]. Faz questão de lembrá-lo como emblema de um obstáculo para qualquer área de trabalho que se debruce sobre os sentidos da educação, da consolidação de direitos e deveres em uma sociedade democrática e do processo civilizador a partir de uma indagação: "[...] a impostura do Riocentro, tão clamorosa que provocou, em uma amiga, a seguinte — e angustiada — pergunta: 'Depois disto, como irei educar os meus filhos'".[454] [455]

Para o autor, a farsa que se revelou nesse fato histórico foi expressão, mais uma vez, de que a busca por criminalizar a maioria da população tra-

---

[453] *Fenômeno portentoso. Nada fica a dever a uma tragédia grega*, Pellegrino, n.d.-aj.

[454] *Massacre no manicômio*, Pellegrino, n.d.-ar, p. 2

[455] Importante pensarmos que o questionamento do autor sobre o silêncio acerca desse atentado e a ausência de culpabilização do setor responsável pelo ato terrorista de grandes proporções eram sintomas de que ainda não superamos totalmente esse estado de arbítrio e violência, segundo ele. Com efeito, mesmo com a reabertura política, a reabertura do processo sobre o Riocentro em 1999 e a comprovação de que foi um ato do Estado, após relatório da Comissão da Verdade, em 2014, os agentes do atentado não foram responsabilizados. Esse dado somado com os privilégios dos salários vitalícios aos familiares dos militares no Brasil constitui uma porção de sintomas de que ainda há uma luta social a ser construída até a responsabilização do Estado pelos crimes perpetrados na ditadura militar. Isso tudo permanece, numa solução de compromisso, apesar de ficar explícita a farsa que representou a ideologia comunista no sentido de uma perseguição aos que defendiam a democracia. A culpabilização do Estado trata-se de uma conquista histórica ainda por ser construída para se dar mais um passo no sentido de construção de um Estado Democrático de Direito que vigore para todos concreta e simbolicamente.

balhadora se pauta no ódio da classe dominante e no uso da violência para a manutenção de seus privilégios. Isso se constrói por meio do mecanismo intrapsíquico da paranoia e da projeção dos seus próprios crimes no outro para justificar a perseguição, a criminalização, a violência, a tortura e a eliminação do outro. O que aponta para o fato de que o anticomunismo e o racismo são sintomas da estrutura social da dominação de classes e que:

> A luta contra a subversão é a justificativa espúria pela qual os ricos, em nome do ocidente cristão e de outras balelas, tentam legitimar sua crueldade e seu egoísmo. O subversivo, por sua vez, é a representação paranoica e persecutória de uma culpa social vomitada, não assumida. Ele encarna, para as classes dominantes — e para a repressão que as sustenta —, o vingador construído à imagem e semelhança de seus mais repulsivos pecados. Por isso, tem que ser arrasado, varrido do mapa da cultura, sem que dele reste osso sobre osso. Ou, na melhor das hipóteses, encarcerado, inanistiável, sob o rótulo infamante de terrorista.[456]

Para ele, a interpretação psicanalítica das expressões desse sintoma social da paranoia contra o pobre e o trabalhador é fundamental porque, em verdade, desvelar, reconhecer, elaborar, desconstruir e superar as condições que geram, sustentam e aprofundam o sofrimento em nível individual e coletivo é o fundamento e sentido primeiro do surgimento da psicanálise. Ademais, pensar a crise de fundamentos do tecido social interessa ao campo da educação e a toda a nação envolvida com o trabalho pela garantia das condições de humanização e de afirmação da condição de sujeito de todos; o que implica analisar as condições impeditivas para superá-las, como o ódio de classe.[457]

Aqui, faz-se necessário um adendo. Esses elementos próprios de uma análise inaugurada por Hélio Pellegrino para interpretar psicanaliticamente fundamentos da subjetividade que se articulam com a adesão e manutenção dessa estrutura social formam mais um argumento que venho desenvolvendo neste livro de que os escritos do autor compreendem, com isso, toda uma singular e fundamental interpretação do Brasil, entendendo que ela inaugura um estilo de pensamento que dialoga com

---

[456] Pellegrino, 1979b, p. 2.

[457] *A dialética da tortura: direito versus direita*, Pellegrino, n.d.-b.

outros intérpretes da questão social do país, por exemplo, ao notarem a força política da tese do Estado como demiurgo da sociedade:

> Ocorre que o país tem vivido uma história extremamente problemática, de largos períodos de dissociação entre a sociedade e o Estado, nos quais se desencontram as tendências de amplos setores da sociedade civil e as diretrizes que as classes dominantes têm imposto ao Estado, aos governantes. É como se fosse uma larga história de dissociação, atravessada por tensões e reinvindicações, lutas populares e golpes de Estado, diversionismo e repressão. Daí a 'tese' de setores dominantes, alegando que a sociedade civil é débil, pouco articulada ou errática, motivo pelo qual o Estado deveria impor-se, dominante, como demiurgo da sociedade.[458]

O que há de diferente que Hélio Pellegrino inaugura é uma leitura psicanalítica de pensar esse fenômeno e, com isso, permitir a compreensão de que a constituição subjetiva é indissociável dos processos sociais mais amplos e dos processos econômico, políticos e culturais que historiadores e sociólogos analisam ao longo da história do país.

Nesse sentido, afirmará a necessidade de se reconhecer o intuito da dominação de classes no ódio, na paranoia e na estigmatização de grupos que historicamente representam a luta por direitos democráticos para toda a população. Para ele, aí se encontra o sentido por trás da perseguição aos considerados subversivos.[459]

Igualmente, é importante reconhecer, do ponto de vista psicanalítico, que o Estado que se valha do uso da força policial e de um aparato ideológico para fomentar a paranoia contra o pobre — cujo exemplo concreto e simbólico é a tortura e os golpes por que o Brasil historicamente passa —, o faz a partir de se coonestar e estabelecer um pacto com a parcela ínfima da elite e da necessidade de preservar privilégios à força. Tudo isso expressa uma estrutura social fundada na negação de abrir mão de um desejo onipotente, de negação da internalização da lei igualitária em direitos e deveres — própria da passagem pelo pacto edípico e social —, mas rompe com esse pacto e provoca uma ruptura ininterrupta ao usar todos os instrumentos em busca de impor a violência para a garantia

---

[458] Ianni, 2004, p. 142.

[459] *A dialética da tortura: direito versus direita*, Pellegrino, n.d.-b.

de privilégios a uma minoria da população, ou seja, expressa o rompimento com os fundamentos coesivos do pacto social em nível estrutural e intrapsíquico.[460]

Nesse sentido, para o autor, a prática da tortura figura como expressão máxima da manifestação da constituição do Estado pela soberania do poder perverso e arbitrário, oposto à constituição de uma estrutura social democrática que se estrutura pela soberania da Lei. Por isso, defende a necessidade de se reconhecer, analisar e superar essa prática, como a maior urgência para qualquer sociedade. Nesse sentido:

> O reconhecimento e a denúncia de sua existência também exprimem, por sua vez, um comportamento político que interessa a toda a Nação, sem que implique o propósito de aviltamento ou insuflação de ódio contra quem quer que seja[461].

Não à toa, vemos que a preocupação e insistência no reconhecimento da diferença entre a soberania da Lei e a soberania do Poder é central no pensamento psicanalítico de Hélio Pellegrino e se manifesta também na análise que tece sobre a prática da tortura em uma sociedade como expressão de uma negação.

> Esta tendência, por sua própria estrutura, acaba por tornar-se incompatível com o reconhecimento — e acatamento — da soberania da lei. Se me atribuo um estatuto de infalibilidade, coloco-me necessariamente fora do alcance da lei, já que para mantê-lo não posso, em nenhum momento, admitir qualquer instância a cujo arbitramento me venha a submeter. Se sou perfeito, não posso errar. Se não posso errar, não há porque deva eu abrir espaço para a lei, uma vez que esta, transcendente a mim, denuncia a minha possibilidade de erro e, nesta medida, me denuncia como vulnerável, falível, imperfeito.[462]

A esse respeito, Pellegrino[463] se detém na análise da filosofia por trás da prática da tortura, instrumento de repressão e controle extremos, pre-

---

[460] Id.

[461] Ibid., p. 9.

[462] Ibid., p. 10.

[463] Ibid.

dominantemente aceito e utilizado no governo militar, ao mesmo tempo em que não era admitido, mas constituiu expressão máxima do sintoma da crise radical dos fundamentos da coesão do tecido social na origem da barbárie. Por isso, defendeu a necessidade de se reconhecer a complexidade das contradições envolvidas no fato de que ela é utilizada como recurso extralegal do Estado, apesar de grupos que se oponham à prática. Isso quer dizer que há uma solução de compromisso nessa prática extralegal, silenciada, não assumida, mas praticada, o que revela situações de clivagem institucional que precisam sair desse lugar de silêncio e prática oculta, tendo em vista a necessidade de seu reconhecimento e superação, pois:

> A esse tipo de pensamento político se deve a organização e o funcionamento, entre nós, de todo um aparelho repressivo que passou a adotar, como um de seus recursos de luta, o uso extra-legal da tortura contra presos políticos, com o objetivo de extrair deles confissões que pudessem render rápidos dividendos na empreitada de esmagamento, a qualquer preço, da subversão. Acontece, entretanto, que essa filosofia política, consoante com os setores mais privilegiadamente reacionários da sociedade, jamais conseguiu impor-se ao consenso das Forças Armadas de modo a obter delas apoio unânime para seus desígnios [...]. A impossibilidade de solução do problema produziu, como consequência, sua negação pura e simples. À semelhança do que costuma ocorrer no terreno da fenomenologia psicanalítica, processou-se uma clivagem na estrutura da corporação militar, de tal modo que os órgãos de segurança, desprendidos do conjunto institucional, passaram a poder movimentar-se com liberdade de ação, sem que seu comportamento criasse vínculos de uma responsabilidade geral. Os órgãos de segurança, a partir dessa clivagem defensiva, adquiriram por assim dizer uma vida própria, autônoma, e a eficácia dessa defesa foi complementada pela negação radical da existência, onde quer que fosse, de quaisquer procedimentos repressivos à margem da lei. As entidades diretamente ligadas à repressão passaram a agir com autonomia, ao mesmo tempo que esta ação, nos seus aspectos arbitrários e ofensivos aos direitos humanos, era mantida em rigoroso segredo. Este sigilo, por sua vez, imposto drasticamente aos meios de comunicação de massa e a todos os cidadãos, transformou-se numa exigência intimadora de negação do problema, do conformismo obscurantista, de desinformação

sistemática. [...]. A prática da tortura em nosso país não pode nem institucionalizar-se, nem deixar de existir.[464]

Nota-se a importância e a atualidade dessa análise no sentido de levantar para a psicanálise, a ciência e a sociedade em geral a tarefa primeira de responsabilidade de todos de superação desse estado de violação de direitos mais elementares que se estabelece em diversas instituições, de maneira solidária, assim como a importância de se analisar o fenômeno social da negação da realidade, do obscurantismo, do autoritarismo, da tortura e de um tipo específico da polícia militar no Brasil. Essa polícia surgiu exatamente para perpetrar todas as práticas de tortura e violência e, até hoje, não foi desmilitarizada, espantosamente, após mais de trinta anos do fim da ditadura militar. À sua época, Pellegrino já denunciava o surgimento e a estruturação da polícia militar em práticas de tortura não só de presos políticos, nas prisões, mas no cotidiano da vida social, da população pobre, periférica, do massacre nos manicômios etc.:

> A boçalidade crassa e grossa da polícia em geral — e da Rota em particular — faz parte da escura rotina dentro de cujas malhas transcorre a nossa sobrevivência cotidiana. A polícia é, por definição, arrogante, onipotente e impune. Esta máscara de ferro, hedionda e repulsiva, lhe foi pregada ao rosto, desde o golpe de 64, pela Lei de Segurança Nacional. Qualquer cidadão brasileiro, até prova em contrário, é uma ameaça à segurança do Estado. Aí estão os conceitos de subversão, de fronteira ideológica interna, de guerra revolucionária, que não me deixam mentir. A polícia reprime, em nome da segurança. Quanto mais repressão, mais segurança. Segundo a lógica dessa equação perversa, a tortura e o homicídio acabam por transformar-se em modelo de conduta moral e cívico, acima de qualquer suspeita — e de qualquer sanção.[465]

Da mesma forma, o autor defenderá — seja a partir da publicação de seus textos, seja pelo trabalho realizado pela Comissão Teotônio Vilela para as Prisões do Grupo Tortura Nunca Mais — a necessidade de superação dos manicômios no país, que sempre representaram o depósito do ódio de classes e que sempre representaram verdadeiros campos de tortura e violação de direitos. Da mesma forma, denunciou e exigiu revi-

---

[464] Ibid., p. 11.

[465] *Massacre no manicômio*, Pellegrino, n.d.-ar, p. 1.

são de laudos psiquiátricos feitos com objetivo de perseguição política e estigmatização.[466]

Nesse sentido, Pellegrino[467] escreve sobre Aparecido Galdino dos Santos como um caso que pode ser tomado por emblema de projeção da paranoia e violência contra o pobre, anulado de sua condição de sujeito, própria dos manicômios judiciários. A expressão da paranoia contra o pobre está explicitamente documentada em seu laudo, que foi denunciado por Hélio Pellegrino, que exigiu sua liberação e revisão. Segundo ele, o ato de internar Aparecido Galdino dos Santos se vinculava ao desejo de criminalizá-lo, atribuindo-lhe periculosidade que a população não reconhecia, no sentido de impedir que suas pregações messiânicas de justiça e igualdade levantassem inquietações às populações.

> As autoridades militares viram na sua conduta uma ameaça à Segurança Nacional, e o imaginaram ligado à subversão. O Conselho de Sentença, pretendendo impedir que a pregação messiânica 'levasse a inquietação às populações do interior de S. Paulo', providenciou a internação de Galdino no Manicômio Judiciário, através de laudo psiquiátrico feito sob medida. 'Levar a inquietação às populações do interior' significa: dar-lhes uma faísca de consciência, ajudá-las a pensar, minimamente, em termos políticos ou religiosos, na monstruosa injustiça praticada pelos latifundiários, pelos grileiros, pela política. Em suma: resgatá-las, por um fio de esperança, da violência de um sistema social que vilipendia, impunemente, o direito do pobre. O desespero, a inquietação real, das massas perseguidas, com seus ranchos queimados e suas roças destruídas, não têm a menor importância. O que é preciso é calar a voz de Galdino, que teve a coragem de colocar a sua boca a serviço do povo, de Deus e de sua Justiça. A necessidade homicida de enforcar qualquer forma de protesto, para coonestar o privilégio dos ricos, tal é a essência da paranoia do sistema, exercida em nome do combate ao comunismo.[468]

Com essas reflexões, evidencia uma denúncia do que está por trás da necessidade de criminalizar, estigmatizar e excluir na busca de laudos

---

[466] Pellegrino, H. (n.d.-ad). *Esquizofrenia paranoide contra o pobre*. [Rio de Janeiro]. Arquivo Hélio Pellegrino. Arquivo Museu de Literatura Brasileira. Fundação Casa de Rui Barbosa.

[467] *Esquizofrenia paranoide contra o pobre*, n.d.-ad.

[468] Ibid., p. 2.

diagnósticos na psiquiatria que fundamentam internações forçadas presentes nos manicômios e hospitais judiciários, assim como a leitura crítica da esquizofrenia paranoide nesse procedimento. Por outro lado, entendeu a loucura de Galdino como uma resposta saudável de defesa contra uma estrutura social que o violentou ao expulsar-lhe de sua terra. Segundo o autor: "[...] foi um ato de saúde profunda e de coragem existencial. Ele se salvou por sua crença, apoiou-se no Absoluto para não soçobrar na miséria e no aviltamento absolutos".[469]

Nesse sentido, o mal-estar da violência interinstitucional se refere, para o autor, ao retrato das formas que a barbárie, a opressão e a dominação ganham no capitalismo e revela que o autor não se furtou de analisar, denunciar e expor o sentido de urgência no posicionamento e trabalho pela transformação e construção de outra realidade social a partir da análise, denúncia e descrição do estado de barbárie do Brasil e dos obstáculos ao processo civilizador que se impõem na estrutura social. Dessa forma, critica o ódio à cultura e o uso da psiquiatria como expressão desse ódio comum contra o outro, revelando a morbidade e adoecimento das próprias instituições manicomiais, cujo retrato e mal-estar produzidos são uma:

> Formidável máquina de tortura e degradação dos enfermos ali depositados. Há uma deliberação implacável — embora inconsciente — de punir, anular e humilhar a condição humana dos internados, de modo a torná-los feridas vivas, cuja dor clama aos céus.[470]

Outras práticas de violência e extermínio nos manicômios e prisões também são discutidas por Hélio Pellegrino[471] como emblema da falência do Estado Democrático de Direito e da violência que se desenvolve e é solidária a diversas instituições. O massacre de Franco da Rocha representa o retrato do Brasil e seus impeditivos ao processo civilizatório, assim como representa o estatuto dos que se colocam acima da lei, impunes e absolutos. Essa prática é simbólica e tragicamente análoga ao lugar ocupado pelo pai tirano de *Totem e tabu*, dono do poder de vida e morte sobre todos, e é representativa de que:

---

[469] Id.

[470] Pellegrino, H. (n.d.-br). *Revolução (cubana) no hospício.* [Rio de Janeiro]. Arquivo Hélio Pellegrino. Arquivo Museu de Literatura Brasileira. Fundação Casa de Rui Barbosa, p. 1.

[471] *Massacre no manicômio,* Pellegrino, n.d.-ar.

Se é permitido fuzilar seres humanos, sem consequência alguma, tudo o mais é permitido. Inclusive degradar, torturar e massacrar as populações dos presídios e dos manicômios, judiciários ou não, a tal ponto que Paulo Sérgio Pinheiro, após visitar o Manicômio Judiciário de Franco da Rocha, autorizou-se a descrevê-lo segundo uma terrível — e denunciadora — expressão: cloaca psiquiátrica. [...]. Cloaca é o lugar de excrementos, de detritos imundos. A metáfora, no caso, é perfeita, embora apocalíptica. Ela serve para designar não apenas um manicômio, mas o conjunto da estrutura psiquiátrico-nosocomial, patrocinada pelo Estado. E, mais ainda: ela serve para caracterizar, com precisão cirúrgica, o estado de degradação excrementícia a que é reduzida a população carcerária, em nosso País.[472]

5.7. Teleologia do incesto do ponto de vista institucional

Pellegrino desdobrará a análise desse cenário na análise das tendências incestuosas nas instituições que se caracterizam por se estruturar no poder arbitrário produtor da opressão, dos privilégios e do pensamento único. Com isso, funda a estruturação pela lógica do incesto marcada pela prática concreta da ausência de pensamento crítico, da ausência da aceitação da alteridade no outro e em si. Em sua análise:

Nas sociedades autoritárias — ou totalitárias — a produção do incesto se faz em escala micro e macrossocial. O incesto, ao nível triangular e familiar, é apenas um sintoma de induções — ou produções — incestuosas muito mais vastas, destinadas a promover a união plena e total do cidadão nas instituições que o modelam. A teleologia do incesto visa a dissolver o triângulo, de modo a torná-lo uma díade que, por sua vez, é questionada de maneira a reduzir-se a um ponto. O incesto é anti-diferença, anti-pluralidade e, ao nível político, significa a absorção do sujeito pelas instituições com as quais ele deve identificar-se, ou nas quais ele deve dissolver-se, perdendo, assim, seu poder de negatividade, de perspectivação separadora, de transcendência, com respeito a essas mesmas instituições.[473]

---

[472] *Massacre no manicômio*, Pellegrino, n.d.-ar, p. 2.

[473] Do ponto de vista institucional, as tendências incestuosas, Pellegrino, n.d.-z, p. 1.

Nesse ponto, discorre sobre diferenças e nuances que para ele são importantes de serem discutidas no que diz respeito às formas em que concebe a passagem do complexo de Édipo e do complexo de castração. Ele critica uma significação que é comumente atribuída à noção da passagem pelo complexo de castração como se fosse equivalente a uma passagem por um processo puramente fundado na via autoritária. Faz pensar que o complexo de castração não existe enquanto entidade abstrata, mas na concretude real e simbólica das vias das relações que se estabelecem com o outro. Nesse sentido, diferencia um processo de passagem pela castração fundado na reciprocidade, na afirmação de alteridade e na capacidade do sujeito de criar a partir de suas singularidades, falta, desejos e diferenças com relação ao outro, ou seja, a partir do reconhecimento do diferente no outro e em si, afirmando a capacidade de negatividade crítica do sujeito, pelas vias libertadoras da cultura e enfatizando a diferença desse processo com a castração de conotação autoritária. Esta somente afirma a via de negação e subserviência do sujeito — característica presente na dependência incestuosa, sadomasoquista —, que impõe a uniformização e o pensamento único na cultura. A partir dessa perspectiva, critica a formação das instituições autoritárias, incestuosas e seus sentidos:

> As instituições autoritárias — ou totalitárias — visam a eternizar-se, sufocando ou castrando a possibilidade de contradição — e da contradição — dialéticas. Elas esmagam a diferença, a emergência, o movimento, a transformação que as iria modificar, destruindo-as. Toda instituição que esteja a serviço do crescimento do ser humano aceita modificar-se e dissolver-se, acompanhando as vicissitudes e as leis deste crescimento. [...]. A instituição incestuosa é aquela que castra na pessoa as possibilidades de sair dela, transcendendo-a. Esse tipo de instituição é, apenas, proibidor, fechando uma — ou várias portas —, sem deixar ao sujeito a possibilidade de abrir aquelas que sua liberdade e sua criatividade poderiam permitir. Ao incesto, em nível sexual, infantil, corresponde uma estrutura social produtora de incesto, da qual a família é a célula básica. O incesto sexual é, obviamente, proibido pela cultura, mas sua substituição por instituições com um caráter materno — ou paterno, ou parental — é estimulada pelo sistema, de modo a produzir agentes sociais dóceis, submissos, incapazes de se curarem desse tipo de incesto. É curioso observar-se que as tentativas de cura desse incesto institucionalizado e permitido — e,

HÉLIO PELLEGRINO: POR UMA PSICANÁLISE POLÍTICA

mais do que permitido — induzido pelo sistema, é acompanhado de fortes sentimentos de culpa. O incesto sexual é proibido pelo sistema, mas a ausência de incesto e, portanto, a possibilidade de uma posição crítica, alteritária, frente às instituições sociais é igualmente proibida. Então, o sistema e a cultura criam uma situação de duplo vínculo. Por um lado, proíbem o incesto, no plano sexual. Eternizam-no, entretanto, ao reprimir a sexualidade. E, no plano social, geram-no, estimulam-no, impedem que o sujeito assuma o seu fálus social, a sua potência inovadora, renovadora, crítica e, eventualmente, revolucionária.[474]

Desse modo, para Pellegrino[475], discutir as significações presentes na leitura do complexo de Édipo, assim como os elementos que coloca em discussão nessa perspectiva elaborada acerca do pacto edípico e do pacto social, é importante na análise de como se expressa a teleologia do incesto na estruturação das instituições em geral. Ao mesmo tempo, são relevantes para a análise de como se estruturam as instituições psicanalíticas e as implicações dessa estruturação tanto na posição institucional que ocupam quanto nas implicações — conscientes ou inconscientes — no que diz respeito ao lugar de analista ocupado na clínica com o analisando. Por isso, considera elementar levantar a discussão de que:

Esse aspecto tem, eventualmente, para o trabalho analítico, uma importância muito grande. Um analisando que comece a ganhar seu protagonismo como pessoa, e comece a querer assumir o seu discurso próprio, pode vir a adotar, com respeito às instituições sociais, uma posição crítica e, mesmo, agressiva. Essa agressão pode justificar-se, perfeitamente, uma vez que, segundo vai sendo visto, o recorte normalizador do sistema social em que vivemos é extraordinariamente violento e castrador. Ora, se não tem em conta que o excesso de institucionalização é uma forma social de incesto, pode-se analisar o movimento do cliente como decorrente de suas tendências incestuosas: agressão ao pai, à autoridade, às instituições, etc., em virtude de seus desejos sexuais com relação à mãe, quando, na verdade, o movimento pode significar exatamente o oposto, isto é: rebelião e violência contra uma forma incestuoso-nor-

---

[474] Ibid., p. 1–2.

[475] Do ponto de vista institucional, as tendências incestuosas, Pellegrino, n.d.-z

malizadora que o impede de ser si mesmo, como pessoa e como cidadão.[476]

Desse modo, o autor desenvolverá a noção de que a posição teórica que se ocupa frente a esses temas tem um vínculo indissolúvel e informa a estratégia terapêutica do psicanalista. Por isso, vale discorrermos brevemente sobre a crítica que tece acerca da constituição dos totalitarismos e privilégios na estruturação do trabalho na história das instituições psicanalíticas.

5.8. Teleologia do incesto na história das instituições psicanalíticas: a má-fé alienante dos psicanalistas apolíticos

> *A psicanálise está confinada, limitada às classes dominantes. Isto, entretanto, nada tem a ver com sua natureza científica. A sociedade de classes se estrutura a partir do privilégio. Os benefícios da cultura, em todos os sentidos, são cerceados para ela e por ela gerenciados.*[477]

Para Hélio Pellegrino, a estrutura institucional mantida por meio de totalitarismos e privilégios, predominantemente presentes na Internacional Psychoanalytical Association (IPA) e na história das instituições psicanalíticas no mundo, passa por, em essência, uma distorção da teoria psicanalítica, que se manifesta na visão conservadora do complexo de Édipo e da função da lei equivalente à perspectiva de manutenção de privilégios da classe dominante. Nos desdobramentos dos escritos do autor, defenderá a tese de que há um contorcionismo ideológico que retira a essência do caráter desmistificador, libertador e libertário da descoberta do complexo de Édipo e de castração na psicanálise freudiana. Para ele, forma-se uma tendência interpretativa que se opõe, esquece, esvazia e nega a leitura teórica da constituição do sujeito pelo complexo de Édipo e da função da lei como geradora de igualdade, de alteridade, de uma via de mão dupla em direitos e deveres e da exigência de um Estado Democrático de Direito.[478]

Dessa forma, questiona tanto o esquecimento sobre os elementos mais originais da teoria freudiana no que diz respeito à análise do mito fundador em *Totem e tabu* e no tema edípico quanto o contorcionismo ideológico frequentemente utilizado que se vale desses temas no sentido

---

[476] Ibid., p. 2.

[477] *A psicanálise está confinada, limitada às classes dominantes*, Pellegrino, n.d.-h, p. 1.

[478] Ibid.

de se afirmar a importância da internalização de limites e da função da lei como se fosse o equivalente à possibilidade de afirmação do poder absoluto do pai arbitrário. Nesse sentido, como se fosse o caminho para incorporar a força do pai morto pelo parricídio, sustentando uma leitura que reafirma a relação entre lei e privilégios.[479]

Com efeito, frequentemente, se apresentam explicações acerca da relação entre o complexo de Édipo e o mito Totem e Tabu, destacando-se a origem da lei, da internalização da proibição do incesto a partir da retomada da descrição do mito. O objetivo é enfatizar que, diante do pai da horda primeva — que detinha o direito às mulheres, assim como de vida e de morte sobre todos —, os filhos cometem o parricídio e comem o pai como representação da incorporação de sua força e de se tornar mais forte que ele. Ao mesmo tempo, isso é tomado como expressão do remorso, força impulsionadora para o surgimento do Totem e Tabu como símbolo do que será então proibido na cultura. São descrições a partir das quais se esquece ou se nega que há, na descrição freudiana do mito fundador da cultura, uma acepção de que o parricídio não representará a reafirmação da lei tirânica do mais forte e de instauração de privilégios. Desconhece-se assim que a estória representa uma reflexão sobre os elementos que estão em causa na transformação de uma lei totalitária e tirânica para uma lei igualitária e democrática no tecido social.

Contrapondo-se a essa leitura que, para o autor, retira a essência dos elementos presentes nessas descobertas freudianas, retoma a defesa de sua tese de que os privilégios são expressão de vicissitudes pré-edípicas, ou seja, são anteriores ao pacto, seja partindo-se da análise do complexo de Édipo, seja do Totem e Tabu como mito fundador para se discutir a vida social. E afirma: "O privilégio é anterior ao Pacto. Ele representa a lei do mais forte, o desejo despótico do pai primordial (impedir aos filhos o acesso às mulheres da horda primitiva)".[480]

Nesse sentido, entende que a amnésia sobre essa verdade, a qual está presente na teoria freudiana, leva a diferentes posições teóricas a partir das quais se incorre no mesmo lugar de reafirmação do privilégio, de identificação e reafirmação do poder arbitrário. Ao mesmo tempo, tem a clareza de que o sentido por trás dessa distorção ideológica tem a função de busca de conservação de privilégios:

---

[479] Ibid.

[480] *A psicanálise está confinada, limitada às classes dominantes*, Pellegrino, n.d.-h, p. 4.

> Se quero manter o *status quo* social a partir do qual aufiro privilégio e vantagem, vou considerá-lo, ideologicamente, como a referência ótima sobre a qual construirei os meus conceitos de normalidade e minha estratégia terapêutica.[481]

Dessa forma, reconhece o efeito prático dessa distorção ideológica na clínica e na manutenção de estruturas institucionais de formação analítica fundadas no poder arbitrário, onipotente e perverso: "Se se atrela a Psicanálise ao privilégio, daí decorrerão consequências. Nossa prática nos levará a uma ideologia conservadora". Isso faz com que a psicanálise se converta num instrumento de dominação de classes[482]. Ao mesmo tempo, tece a reflexão crítica na ressalva de que esse problema não é inerente à essência da ciência psicanalítica, mas:

> O fato de estar o emprego de psicanálise limitado às classes abastadas constitui um dos aspectos de dominação de classe. O uso elitista da psicanálise representa uma deformação de sociedade capitalista e não um intrínseco prejuízo inerente à teoria e à prática da psicanálise. [...]. Por outro lado, o uso exclusivo da psicanálise, por parte das classes dominantes, com a conivência ou a cumplicidade, explícita ou implícita, dos psicanalistas, tem inevitáveis reflexos sobre as concepções e sobre a terapêutica psicanalítica.[483]

Essa deformação é analisada numa série de fatos ocorridos na Sociedade Psicanalítica do Rio de Janeiro (SPRJ), da qual fizera parte, e que também se referem à formação psicanalítica da IPA, expressando uma longa história de pactos perversos pelo poder arbitrário, sem limites, pelos privilégios que estruturavam a instituição a que pertenceu. Para o autor, é um prejuízo que se expressa também na defesa do apoliticismo nessas instituições e faz referência ao seu próprio caso como um emblema de que, a partir dessa defesa, quando ele foi preso e mantido numa condição de preso político na ditadura militar, solicitou à instituição um documento declarando que sua prisão afetaria seus pacientes. Isso foi negado pela SPRJ, com a justificativa de que ela não tomava parte em assuntos políticos. Não obstante, a SPRJ mantém Amílcar Lobo, um torturador, que testava

---

[481] Ibid., p. 1–2.

[482] Ibid., p. 1.

[483] Id.

a resistência dos presos políticos à tortura[484], candidato a analista da instituição; e, mais grave do que isso, puniu Hellena Besserman Viana, que já havia denunciado o fato, mantido em silêncio por quase uma década. Ademais, quando Pellegrino exige posicionamento da SPRJ, assim como da IPA, não obstante, ao invés de expressar uma posição frente à gravidade da denúncia, a instituição se silencia, só se posiciona tardiamente e expulsa-o — não Amílcar Lobo, mas Pellegrino — como descrito no primeiro capítulo. Se a expulsão — articulada à omissão diante das atividades de um torturador, à tomada de todas as atitudes para mantê-lo na instituição e à punição e expulsão de quem representasse a contraposição a essa atuação — expressa uma posição neutra e apolítica, não sabemos então o que pode ser considerado tomar parte em assuntos políticos e defender essa posição de todas as formas iníquas possíveis, fundadas num apoliticismo de fachada e de má-fé, que busca encobrir o desejo de demissão da responsabilidade teórica e prática das posições assumidas. O dado de Hélio Pellegrino nunca ter sido considerado analista didata nessa instituição e da ausência de estudos sobre a contribuição do seu pensamento psicanalítico para essas instituições já é sintomático por si. Em verdade, essa foi mais uma expressão simbólica da atmosfera de ausência de lei na instituição, reafirmando e legitimando uma estrutura institucional fundada no poder arbitrário e perverso, à qual ele só conseguiu se reintegrar por mandato judicial, conforme descreve:

> Voltei por mandato judicial. Eu fui expulso de uma maneira iníqua... Exatamente uma maneira... (risos) para nenhum pai primevo botar defeito (muitos risos)... Foi uma coisa de uma brutalidade assim até engraçada. [...]. Agora vocês vejam o seguinte: é uma coisa bastante grave que, numa sociedade psicanalítica, uma discordância deva recorrer à justiça. Porque esta sociedade não está castrada, compreendeu? É preciso que o terceiro esteja fora da sociedade, isto é estruturalmente muito eloquente, não é? Então foi a justiça comum que nos devolveu o nosso direito de cidadania. Nós fomos expulsos sem direito de defesa e foi por isso que a justiça nos deu ganho de causa. Então, com o advento desse terceiro termo judiciário, quer dizer, o poder dos burocratas enfraqueceu rapidamente e eles acabaram se autoeliminando. Porque eles são esquizo-paranoicos mesmo, no bom sentido freudiano da palavra. Eles não conseguem

---

[484] Pires, 1998, p. 81.

> conviver com a diferença, eles agora não frequentam mais a sociedade, eles não conseguem ir até lá. Depois de terem tentado uma manobra para que a IPA (International Psychoanalytical Association) nos desfiliasse, eles adotaram uma linha do tipo "antes eles do que eu", quer dizer, se nós cairmos fora vocês vão ser desfiliados porque vocês não têm competência para manter um bom acordo com a IPA. Fracassados nessa empreitada, eles saíram e praticamente não frequentam mais a SPRJ, o que é lastimável porque seria importante que eles estivessem lá como um pólo de contradição no debate. Então, o que é preciso, para voltarmos ao tema, é preciso que se faça análise, e análise institucionalizada não é análise, ou melhor, ela é uma análise muito, muito prejudicada.[485]

Para Pellegrino, estava claro que essa era apenas a ponta do *iceberg* de um problema cujas raízes são mais profundas. Há uma sequência de escritos do autor que problematizam a disposição do poder arbitrário, sem limites e por privilégios na própria estruturação da formação psicanalítica presente na história das instituições de formação psicanalítica, que precisa ser pensado e superado; seja nos processos de

> a) hierarquização rígida do campo, na minorização do psicanalista, b) conformismo institucional e científico, c) fechamento da formação, sob pretexto de defesa do santo nome da psicanálise, e) isolacionismo e indiferença aos aspectos interdisciplinares, f) ausência de qualquer cogitação política da consciência do problema social[486] [487].

Essa questão é central para o autor e extensamente discutida, apesar da (praticamente) ausência de pesquisas sobre os textos do autor que discorrem sobre ela. Não obstante, é retomada como motor da instigante pesquisa de Daniel Kupermann[488], na qual repõe o problema da seguinte forma:

---

[485] Pellegrino, 1996, p. 97–98.

[486] *A psicanálise está confinada, limitada às classes dominantes*, Pellegrino, n.d.-h, p. 4–5.

[487] Importante informar ao leitor que Hélio Pellegrino escreve vários textos sobre cada um desses elementos pertinentes à reflexão e à necessidade de reformulação da formação presente nas instituições psicanalíticas, que possibilitam pesquisas específicas sobre esse recorte, pela sua atualidade.

[488] Kupermann, D. (1996). Transferências Cruzadas. Rio de Janeiro: Revan., p. 185.

> Mas uma pergunta não encontra resposta nas análises da época: qual a relação (direta, particular e singular) entre os efeitos transferenciais produzidos nas análises didáticas da SPRJ com o surgimento de um membro de equipe de tortura em seus quadros? Em outras palavras, pretendemos mostrar que o caso Amílcar Lobo é também uma produção do sistema de formação da SPRJ, ou seja, esta sociedade não apenas acobertou ou foi conivente com as práticas de Amílcar Lobo, como colaborou ativamente para a sua perpetuação.

A partir da análise desse caso, o autor desenvolve a tese de que Amílcar Lobo e a continuidade de sua participação em equipe de tortura, assim como na formação psicanalítica, de fato, representaram uma expressão sintomática do funcionamento da instituição psicanalítica:

> [...] que, através do funcionamento de seus mecanismos institucionais, principalmente pela manipulação da transferência na formação psicanalítica, colaborou-se ativamente, na SPRJ, para produzir uma situação na qual um de seus candidatos em formação participasse de uma equipe de tortura.[489]

Assim, nesse caso, que ganha lugar de uma trágica metáfora, fica mais do que evidente a necessidade de se politizar a psicanálise. Aliás, é um exemplo metafórico de que, quer ela assuma ou não, sempre está comprometida com a política e com os compromissos sociais de sua realidade social. Ele desvela que a defesa do apoliticismo se constitui na história como farsa para encobrir, através da ilusão da neutralidade, uma posição que se vale das transferências cruzadas e do poder arbitrário para reafirmar: um lugar de autoritarismo e privilégios e participar ativamente, ou a partir de uma omissão ativa, para manter esse lugar essencialmente antianalítico; e uma atmosfera que trabalha para manter e reforçar transferências fundadas na obediência, autoritarismo, ausência de pensamento crítico, ausência de liberdade de pensamento. Nesse sentido, Kupermann retoma a função que Pellegrino teve em desvelar que o apoliticismo é apenas uma farsa ideológica para reforçar um grave sintoma como esse:

---

[489] Ibid., p. 187–188.

> Ao tentar enquadrar um membro de equipe de tortura na 'nosologia psicanalítica', Pellegrino (o único analista a ousar essa empreitada) considerou os seguintes diagnósticos: 1) Perversão sádica; 2) Caracteriopatia fascista grave, usada como justificativa ideológica para a prática da tortura; 3) Pusilanimidade radical e indiscriminada diante de ordens superiores; 4) Mistura dos três itens anteriores, que não são excludentes. Independentemente do que poderia ser considerado uma postura 'pouco psicanalítica' de Pellegrino, ao formular diagnósticos baseados em 'caráter', ou mesmo da 'querela diagnóstica', interessa-nos insistir nesse material. A leitura do livro de Lobo reforça a hipótese de que o terceiro diagnóstico — pusilanimidade radical e indiscriminada diante de ordens superiores — é prevalente (o que não exclui os outros). Lobo não se apresenta como um defensor ideológico da prática de tortura, e refere-se aos 'colegas' da equipe de tortura como pessoas "extremamente sádicas", entre as quais não se inclui, e cujo convívio o faz "sofrer", atribuindo sua participação nestas práticas exclusivamente ao medo, ou seja, por uma radical pusilanimidade diante de ordens superiores. Ora, mas esse não é justamente o principal sintoma antianalítico que alguns sistemas de formação psicanalítica tendem a produzir? Existe maneira melhor de definir o sintoma apontado por Balint em certos candidatos que, submetidos a uma "intropressão do superego", tornam-se "excessivamente" respeitosos a seus analistas, como vimos no capítulo 4, e mesmo os sintomas do candidato "conformado, alienado, intimidado e eunuco", ilustrados por Pellegrino como "provas" de uma boa análise, senão "pusilanimidade radical e indiscriminada diante de ordens superiores"? Se Amílcar Lobo sofria de "pusilanimidade radical", a formação psicanalítica, ao invés de "curá-lo", conseguiu apenas reforçar seu sintoma.[490]

De fato, essa análise apresenta significações importantes para se pensar o problema, pois, assim como a utilização da castração do homem em eunuco implicava a força concreta e simbólica de servir de exemplo para impedir a insurgência e independência diante do povo dominado nos impérios, há uma solidariedade entre o não reconhecimento e punição, desde a denúncia anônima de Helena Besserman Vianna — chegando aos confins da realização de exames grafológicos para investigar as origens das

---

[490] Ibid., 1996, p. 199.

denúncias e puni-la — até todas as práticas diante dos posicionamentos de Hélio Pellegrino.

Assim, Kupermann[491] retoma a evidência de que, por trás da defesa do apoliticismo, não é possível sustentar o negacionismo que reafirma que a SPRJ não teve participação ao manter e reforçar os processos de identificação sadomasoquistas presentes no sintoma da prática de tortura de Amílcar Lobo. Aliás, faz pensar que a prática concreta de qualquer instituição, quer ela assuma ou não, trabalha por reforçar ou transformar transferências anteriores presentes em qualquer formação de sintomas. Portanto, não há que se confundir a compreensão da importância e manejo da transferência com uma posição que aspire se afirmar num lugar de neutralidade, de torre de marfim, tirando o corpo fora de responsabilidades da ética terapêutica, que é um elemento básico de qualquer prática terapêutica.

A meu ver, essa história pode ser considerada uma das maiores alegorias tanto sobre as tendências totalitárias na psicanálise quanto sobre as tendências democráticas. Nesse sentido, o caso paradigmático Amílcar Lobo expressa de tal forma um dado geral que não se pode discutir a história da psicanálise e das instituições psicanalistas no mundo sem passar por uma reflexão profunda sobre o que ele representa concreta e metaforicamente enquanto um dado geral para as instituições psicanalíticas debaterem o lugar que ocupam na sociedade. Isso justamente porque não discutir a memória e o passado é sintomático da repetição das origens e dos efeitos desse passado e só instaura a tendência de se repetir o horror dos processos autoritários, de identificação sadomasoquista, violentos e da imposição de ausência de pensamento crítico que esse passado carrega. Aprendizado que não podemos esquecer por conta do valor que representam, por exemplo, os estudos de Freud, Adorno, Benjamim e, particularmente, os de Hélio Pellegrino. Além do que, aponta para o dado do momento do processo civilizador e de seus impasses na história das instituições psicanalíticas.

Do contrário, manter esse dado sem a devida análise e num processo de silenciamento, como se fosse possível conceber a psicanálise e suas instituições numa torre de marfim e afastada dos problemas sociais que assolam a sociedade como um todo, só faz com que esse passado tenda a se repetir sistematicamente, de forma ainda mais explícita do que nas

---

[491] Ibid.

outras instituições, coerente com a força obscurantista do seu silenciamento. Novos dados que a pesquisa de Kupermann discute são a prova concreta e simbólica disso:

> Quando Helena Besserman Vianna foi apontada como autora da denúncia de *Cuestionamos*, a partir de um perfeito trabalho de investigação "em equipe" feita entre as direções das Sociedades Psicanalíticas (SPRJ e SBPRJ) e a polícia (representada por um técnico em grafologia do Instituto Carlos Éboli), o Coronel Cid Noli diz a Amílcar Lobo:

> — Lobo, se esta Sociedade Psicanalítica está criando assim tantos problemas nesta área, nós fechamos esta birosca e já. Se você quiser, vai arranjando outra especialidade logo. Nós vamos fechar esta Sociedade. Quanto a esta Dra. Helena, pode estar certo: A GENTE VAI COLOCAR UMA BOMBA NO CONSULTÓRIO DELA E VAMOS EXPLODIR TUDO. (citado por *A hora do Lobo, a hora do Carneiro*. Op. cit., p. 70, grifo nosso).

> Por um apelo dramático seu, conta Lobo, isso não aconteceu. Porém, no início dos anos 80, quando recomeçaram as denúncias das quais Hélio Pellegrino era o principal porta-voz, Leão Cabernite, em encontro ocasional com Lobo, faz uma sugestão que, por sua semelhança com o discurso do militar, dispensa comentários:

> — Amílcar, você que tem um conhecimento com estes militares, por que não sugere a eles que ponham uma bomba no consultório do Hélio. Este cara já ultrapassou todos os limites e só tem este jeito... (Op. cit., p. 88).

> Recordando, Leão Cabernite havia sido analista didata de Lobo e presidente da Sociedade.[492]

Assim, o obscurantismo desse silenciamento alcança necessariamente uma postura antianalítica de manipulação da transferência que foi analisada na pesquisa de Kupermann[493], revelando a seriedade do que representou essa postura de suposto apoliticismo e neutralidade dos analistas das instituições psicanalíticas, sua conivência com o autoritarismo, privilégios, manipulação e manutenção de processos de identificação sadomasoquistas. Ou seja, uma manipulação com vistas à manutenção

---

[492] Ibid., p. 191.
[493] Ibid.

do poder arbitrário, por privilégios e por grana por parte dos analistas didatas. Nesse sentido, o autor faz uma análise minuciosa de processos absurdos de deformação presentes na manipulação da transferência em que a análise pessoal de Amílcar Lobo é um emblema extremo desse cenário:

> Vimos como Lobo teve de 'engolir' interpretações referentes aos aspectos sadomasoquistas nas relações parentais quando o tema era sua participação nas práticas de tortura. A introjeção dessas interpretações resultou em uma das maiores caricaturas de psicanálise das quais já se teve notícia. Em entrevista à imprensa, Lobo responde sobre o porquê de sua impossibilidade em abandonar a equipe de tortura, referindo-se à primeira infância e às suas "duas mães":

> — Não, é uma coisa cultural. Houve uma situação, social, em que minha mãe mesmo, minha mãe biológica, teve que realmente se ausentar por um período e esse período — exatamente quando eu tinha seis meses —, esse afastamento durou muito tempo, durante o qual eu fiquei com outra pessoa. Depois, houve o retorno e eu fui tirado dessa pessoa. Então, todas as situações em que possam ocorrer mudanças que implicariam numa suposta, pelo menos, situação de vida, uma mudança externa, relativamente me afetam muito, me impedem de executar essa mudança, entende?

> J.B. — Não.

> Lobo — Isso realmente nem chegou a ser devidamente analisado. Isso seria responsável por aquele meu comportamento.

> J.B. — Dr. Lobo: o senhor tinha seis meses e hoje está com 47 anos. O Sr. acha que o trauma permanece e seria responsável pelo seu comportamento? O Sr. tá falando como pessoa ou como analista?

> Lobo — As duas coisas.[494]

> Há coerência, ainda que sinistra: se seus didatas (que podem ser tecnicamente definidos como pessoas analisadas, com acesso mais rápido e eficaz ao inconsciente) sempre foram "compreensíveis" com suas práticas, por que agora outros analistas também "analisados durante anos" o acusam? O chato da estória é que só se fez introjetar "ideais psicanalí-

---

[494] Ibid., p. 195–196.

> ticos" que servissem para a manutenção do *status quo* (exercício de poder e divisão de mercado) vigente na Sociedade, tais como, os regulamentos da formação, a representação do didata como detentor exclusivo do saber e sua recíproca, a representação do candidato como aquele que não sabe, ao qual resta *obedecer ordens superiores*. Os outros ideais psicanalíticos — abertura para a fala, escuta do desejo, combate à hipocrisia da cultura, diminuição do sofrimento humano — foram providencialmente recalcados, e mesmo *proibidos*.[495]

Mesmo com o fato de que esses relatos e essa pesquisa tenham surgido somente após a morte de Pellegrino, é impressionante a lucidez que ele tinha a respeito de que essa postura nas instituições informa, certamente, uma posição da prática clínica e uma posição teórica própria de um contorcionismo ideológico. Esse contorcionismo esvazia a essência da psicanálise de ser uma ciência cujo sentido primeiro é o compromisso com a diminuição do sofrimento, o compromisso de um trabalho com a simbolização, a linguagem, o poder libertador da fala, da escuta do diferente em si e no outro, a liberdade do pensamento crítico, e que, pelo contrário, a postura fria, neutra, apolítica, opressora e subserviente, mantenedora de silenciamentos obscurantistas é exatamente o oposto de uma postura analítica. Pelo contrário, mantém e reproduz processos de integração obscurantistas, dominação, anulação do sujeito, violência e tudo isso em nome da manutenção de privilégios. Diante do que esse estado de coisas representa, Hélio Pellegrino desvela que não há neutralidade na psicanálise e, assim como em outras áreas do saber, o trabalho psicanalítico também expressa um compromisso com os oprimidos ou com os opressores. Ademais, para ele, é uma questão que passa pela teleologia do incesto nas instituições. Assim, diante da pergunta sobre o que se pretende numa análise, discorre:

> [...] que o candidato ou cliente aceite o lugar do terceiro excluído. Ele tem que aceitar que não é objeto do desejo do analista. Ele quer ser objeto do desejo do analista, quer dizer, ele quer reproduzir na situação analítica a condição de falo da mãe. Ele quer ser o falo da mãe, que por sua vez vai ter o falo por intermédio dele. É a primeira fase do Édipo lacaniano. Bom, numa análise com um cliente o que

---

[495] Ibid., p. 197.

você faz? Você trabalha pra resolver isto. Você primeiro diz a ele, você não é o falo da sua mãe e sua mãe é castrada. Depois você diz a ele, o pai também não é o falo, portanto, não é o pai terrível, não é o pai da horda primeva. O pai é o representante da Lei. E terceira etapa você diz, olha, você pelas renúncias que assumiu e pelo fato de ter aceito essa gramática essencial do desejo, e pelo fato de ter aceito a linguagem, você então terá a sua liberdade sexual. Então a análise termina quando você aceita o caráter erótico da Lei. Porque a Lei é produto de Eros. A Lei não foi feita pra sacanear o desejo. A Lei foi feita para que você articule seu desejo, para que você estruture o discurso de seu desejo. Quando isso acontece, quando você conclui desejo e Lei, quando a lei do desejo pode se tornar desejo da Lei, você então, por assim dizer, termina a análise. Para responder a sua pergunta, por que eu me afastei? O que acontece na Sociedade Psicanalítica do Rio de Janeiro? [...]. Agora, o que faz a sociedade? O candidato bate à porta da sociedade levando um desejo cujo objeto ele ignora. Ele não sabe do desejo de ser analista e a sociedade muito menos!... ignora. Não venha então me dizer que os que fazem a avaliação e seleção em duas ou três entrevistas possam saber alguma coisa desse desejo. Se a sociedade aceita alguém que lhe apresenta o desejo de tornar-se analista e assume esse desejo sem lhe conhecer o objeto, veja os efeitos de desconhecimento que isso provoca. O candidato tem desejo de se tornar analista. Ele vai à sociedade, a sociedade assume como seu, dela, o desejo do candidato de se tornar analista. Então, o que o candidato aceito vai desejar? Ele vai desejar o desejo da sociedade, ele torna-se objeto do desejo da sociedade e, fundamentalmente, ele passa a ocupar o lugar da mãe fálica. Quanto mais ele for submisso, quanto mais ele corresponder às expectativas, aos sonhos, às fantasias do analista didata dele, que é plenamente um representante da instituição, tanto mais esplêndido ele será, tanto mais ele ficará confirmado no seu papel de falo da mãe, isto é, de falo da sociedade psicanalítica. E, nesta medida, a análise vai dar com os burros n'água. Ela não progride e na melhor das hipóteses esse sujeito pode sair dessa condição de falo da mãe, para se defrontar com o quê? Com o pai fálico, com o pai primevo, com o pai anterior ao parricídio simbólico. E então ele se submete, ele se acachapa diante desse monstruoso fantasma na esperança de que no futuro ele vá poder ocupar esse lugar de pai fálico, arbitrário, caprichoso e perverso. Então meu caro, na sociedade psicanalítica, do ponto de vista de sua estrutura, ela faz análise. Por outro lado, ela favorece a perversão, do ponto de vista teórico.[496]

5.9. Reformulação quanto ao lugar do psicanalista: uma ética da alteridade

Caminhando para o final deste livro, foi possível discorrer sobre a fertilidade de significações que o pensamento psicanalítico de Hélio Pellegrino desenvolve em torno do compromisso social da psicanálise. Está presente em seu pensamento e se desenvolve no reconhecimento da centralidade do conceito do *complexo de Édipo* no campo, articulado com uma perspectiva nova que apresenta para o campo das ciências humanas os conceitos de *pacto edípico* e *pacto social*. Para o autor, essa articulação expressa, por sua vez, uma determinação central na constituição do sujeito, das instituições e do lugar ocupado pelo psicanalista.

Com isso, apresenta uma perspectiva não só sobre a constituição do ser humano, enquanto objeto de estudo da psicanálise e das ciências humanas, como também no que diz respeito ao sujeito do conhecimento; ao seu lugar no mundo, nas instituições, no trabalho a favor dos processos que geram a manutenção da dominação de classe, do conformismo ou da transformação social.

Nesse sentido, repõe necessariamente o lugar que o psicanalista ocupa em seu trabalho, também atravessado por sua estrutura psíquica, pela forma como experiencia o complexo de Édipo ao nível intrapsíquico e ao nível institucional, por sua posição teórica com relação aos fundamentos da lei enquanto representante simbólico e pelas inevitáveis implicações éticas e políticas no espaço da clínica, nas instituições e fora delas.

Na articulação entre esses três conceitos fundamentais que expressam uma síntese das tendências presentes em seu pensamento psicanalítico, defende uma análise consequente dos sentidos presentes no fenômeno da repressão, articulada com as formas que ela necessariamente expressa na prática concreta das instituições e na sociedade em geral; sem o que a análise tende a ser individualizante e ideológica. Dessa forma, coloca em destaque a necessidade de se debater as diferentes posições teóricas que os psicanalistas e suas instituições ocupam, sobretudo no que diz respeito à

---

[496] Ibid., p. 92–93.

posição teórica sobre o complexo de Édipo, a função da lei, da transferência e seu manejo, pois os sentidos presentes nessas leituras informam a prática que se realiza. Nesse sentido, a interpretação e a disputa sobre o lugar da lei e a estruturação psíquica vai se dar no sentido do desenvolvimento da sexualidade e em todos os planos, a partir de significações totalitárias, subservientes, incestuosas ou libertadoras e alteritárias. Por essa perspectiva:

> O que acontece, com a cura psicanalítica, é que ela só chega a captar o discurso da neurose — ou da loucura em nível de incesto sexual infantil, vivido no aqui e agora da transferência, quando, em verdade, ao nível da transferência se articula um discurso muitíssimo mais vasto e complexo, no qual há um poder de denúncia contra todas as formas de repressão, castração e normalização.[497]

Nesse sentido, nota-se a preocupação do autor de pensar sobre os elementos que garantem a coesão da passagem pelo complexo de Édipo, de castração, pelo pacto edípico e pelo pacto social. Isso obviamente ressoa na compreensão que desenvolve acerca do processo psicanalítico, que, em seu pensamento, tem a marca central de uma ética da alteridade, e pelo qual:

> Busca-se, através do processo psicanalítico, libertar o desejo, fazendo-o aceder ao Outro. Acontece, entretanto, que essa descoberta do Outro, para ser feita, não apenas no plano do desejo, mas no plano social e político, precisa integrar, como instrumento conceitual, a análise crítica das instituições e dos sistemas sociais. [...] de modo a poder enxergar o rosto do oprimido, do explorado, do faminto, do desgraçado, do marginalizado, do rejeitado.[498]

Isso implica a compreensão de que toda formação de sintomas sociais fundada em privilégios e no poder arbitrário expressa situações sintomáticas análogas e contrárias à resolução de Édipo, cuja passagem deve gerar necessariamente a prática de uma lei justa, abertura ao outro e ao seu lugar de sujeito, de palavra e de liberdade[499]. São elementos presentes nas principais descobertas psicanalíticas que fazem com que Pellegrino esteja absolutamente convencido de que:

---

[497] *Do ponto de vista institucional, as tendências incestuosas*, Pellegrino, n.d.-z, p. 3.

[498] Id.

[499] *Psicanálise e sua inserção no modelo capitalista*, Pellegrino, n.d.-bo.

Esse alvo do desejo genital — do amor genital — é incompatível com a exploração do homem pelo homem. Com a opressão. Com a injustiça. Com o arbítrio, venha ele de onde vier. Com a violência homicida das bombas fascistas e do terror fascista. Com a Falange Pátria Nova. Com os generais de ultra-direita.[500]

Por isso, enfatiza que a passagem pelo complexo de Édipo deve necessariamente estabelecer um pacto edípico pela internalização de uma Lei igualitária, e não tirana ou pelo poder perverso, assim como a garantia inalienável de direitos e deveres, numa via de mão dupla. Nesse sentido, parte da compreensão de que:

O ser humano é constitutivamente aberto ao ser-outro, enquanto ser-no-mundo. O incesto é uma tentativa de, em função da angústia excessiva, enraizada nas primeiras relações insatisfatórias de objeto, obturar o espaço desta abertura livre e in-determinada, de modo a haver uma relação de simbiose ou, mesmo, de con-fusão com a mãe.[501]

Nesse sentido, a análise do complexo de Édipo é central para Pellegrino, em todos os sentidos, tanto para a necessidade da análise pessoal do psicanalista passar pela possibilidade do tratamento pela fala de seus fantasmas, bem como para fundar as condições de possibilidade de escuta no processo psicanalítico. Isso implica um questionamento da marotagem ideológica do apoliticismo que nega o compromisso social da psicanálise e que, conforme discutido neste livro, esvazia-a de sua essência libertária e:

[...] acarreta no psicanalista um entibiamento de sua dimensão de cidadania e de sua responsabilidade social. Ele se retrai, se fecha nos estreitos limites do seu consultório, lida com uma dúzia — ou pouco mais — de pacientes, e deixa de lado, como inexistente, o formidável problema da doença mental, em nosso país, intimamente ligado à nossa dramática realidade social e política.[502]

Por fim, para o autor, os efeitos do trabalho psicanalítico estão necessariamente vinculados a um trabalho com a diminuição do sofrimento,

---

[500] Ibid., p. 15.

[501] *Do ponto de vista institucional, as tendências incestuosas*, Pellegrino, n.d.-z, p. 2–3.

[502] *Psicanálise e sua inserção no modelo capitalista*, Pellegrino, n.d.-bo, p. 15.

com o poder libertador da fala, da escuta do diferente em si e no outro, com a simbolização dos fantasmas, com a linguagem, com a dimensão da alteridade em si e no outro, com o resgate do poder de negatividade crítica do sujeito, com os efeitos da desmistificação, com a abertura ao outro. Ou seja, é um trabalho no sentido de romper processos que frequentemente são mantidos no ocultamento, no silêncio obscurantista e na repetição mórbida da repressão e do recalque formador dos sintomas. Assim, como nos termos freudianos, permite repetir, recordar e elaborar ao nível da esfera psíquica o que se repete indiferenciadamente nos sintomas e nos fantasmas internos. Nesse sentido, em seu pensamento, um êxito na análise tem a seguinte conotação:

> Eu costumo dizer um pouco jocosamente o seguinte: a condição humana não tem cura. Nós somos nesse sentido incuráveis. Nós somos em nossa essência, falta. Nisto eu acho que Lacan tem toda razão. Nós somos falta, nós somos fenda, nós somos portanto incurável nostalgia e provavel-mente paixão inútil, para usarmos a expressão do velho Sartre. Então, nós não temos cura, quer dizer, toda tentativa de preenchermos essa falta, a criação de qualquer objeto fálico que nos dê a ilusão de sermos completos, dá com os burros n'água, fracassa. O que se tem a fazer é assumir a falta como estruturalmente inarredável e fazer da falta o lugar do outro, isto é, o lugar do próximo, não o do grande Outro. O lugar do concidadão, o lugar do convívio, o lugar do Mitsein heideggeriano, o lugar do ser-com, o lugar do amor, até onde é possível falar nisso. Esta seria ao meu ver a busca. Isto implicaria enfim, não digo quebra, mas uma transformação. Você tem que passar o seu ideal narcísico pelo crivo da castração, você tem que passá-lo pelo crivo da ordem do simbólico, que é o que vai permitir que você enxergue o próximo e enxergue a realidade com a qual tem que trabalhar. Isto é o que uma análise dá. E em termos de uma análise que tenha tido êxito, o que é que a gente pede dela? A gente pede que você possa falar o seu fantasma. E nisto Freud tem algumas contribuições importantes. Quer dizer, por que é importante que você fale o seu fantasma? Porque quando você falar o fantasma, você o torna metaboli-zável pelo registro da consciência. Na metapsicologia, Freud tem uma observação que é espantosa e que é a seguinte: a consciência está para o inconsciente assim como os órgãos dos sentidos estão para a realidade do mundo físico. Então o

fantasma, quando ele aparece para a consciência, na medida em que você não fala, na medida em que a consciência não o consegue falar, ele aparece como um dado bruto, ele aparece com a opacidade do real, com a espessura do real. O fantasma quando ele aparece para minha consciência sem que eu o consiga falar, ele é tão concreto como uma árvore para o meu olho, e é por isso que o fantasma tem uma eficácia na produção de sintomas. Por que então você fala o fantasma? Porque na medida em que você fala o fantasma, você sabe que o fantasma é fantasma. Você só sabe que o fantasma é fantasma na medida em que ele é dito. A fala então, através do código linguístico, é o último grau do processo de simbolização, quero dizer, a fala avaliza e dá lastro a essa produção semiótica que é o fantasma. Mas ele é linguagem num primeiro grau de abstração, ele só se tornará plenamente simbolizado na medida em que ele seja falado. Eu estou de acordo com Lacan quando ele diz que: "Bom, a análise é um problema de linguagem". É um problema de palavras, e isto é absolutamente a essência do nosso trabalho.[503]

Conforme essa perspectiva, o processo psicanalítico de repetir na esfera psíquica o que só se repete de forma automática nos sintomas, para iniciar um processo de elaboração e transformação das fixações aos objetos internos maus, necessariamente implica um trabalho de desconstrução das relações de poder de dominação e de normalização, conforme já discorrera e sustentara essa perspectiva na década de 1970, no debate com Foucault:

O senhor afirma que a relação entre o analista e o paciente é uma relação de poder. Estou de acordo, mas não creio que uma análise deva ser necessariamente alguma coisa que constitua uma relação de poder, na qual o analista tem o poder e o analisado é submetido a esse poder. Se assim é, eu posso lhe dizer que a análise é má, é mal feita e se transforma numa psicoterapia diretiva. O analista passa a desempenhar um papel substitutivo, dominador. Isso não é um analista. Na verdade, quando um analista tem poder, ele é investido de um poder que o cliente lhe dá. Porque precisa que o analista tenha poder. Porque, por um lado, o cliente é dependente do poder do analista. Inclusive

---

[503] Pellegrino, H. (1996). Recordar, repetir, elaborar. *Psicanálise & Debate, 1*, 90-91.

> costuma ocorrer que um paciente dê ao analista, confira ao analista, um poder onipotente, que é o reflexo dos desejos de onipotência do paciente. Então toda a análise, em última instância, consiste em questionar esse poder que o analisado quer dar ao analista. O analisado quer abrir mão de sua cura e de sua procura para que o analista o substitua na tarefa de existir. O analista, se for um bom analista, deve justamente questionar e destruir essa *démarche* transferencial pela qual o paciente quer lhe dar o poder, investi-lo de poder que ele não pode aceitar, e deve tentar dissolver numa atmosfera de entendimento humano, atmosfera de absoluta igualdade, numa atmosfera de busca da verdade.[504]

Subjaz a essa concepção a compreensão de que, para que um processo psicanalítico ocorra, deve-se ter em vista que a postura analítica situa-se num trabalho de desconstrução das relações de poder opressivas, de lógica adaptativa e de normalização dos sujeitos. Por mais que essa perspectiva não seja a hegemônica na história das instituições psicanalíticas no mundo, como a IPA, Pellegrino relembra que não se pode desconsiderar uma série de trabalhos como referência importante na construção dessa perspectiva:

> Há uma série de sintomas importantes como, por exemplo, a antipsiquiatria, o movimento argentino, e naturalmente o senhor já tomou conhecimento de um grupo italiano de psicanalistas, um grupo brilhante que rompeu com a Internacional e fundou uma IV Internacional. É preciso, então, que se observe não um ou dois analistas isolados, que dariam da psicanálise a visão de uma instituição globalmente opressiva. Acho que hoje essa não é uma visão correta, portanto, já existe também um movimento que tem corpo de movimento e que se coloca justamente na posição de um questionamento radical do poder. Isto é a prova de que a psicanálise é exatamente um processo da destruição de uma relação de poder de dominação nominal.[505]

---

[504] Foucault et al., 2013, p. 143–144.

[505] Id.

Conclusão

Este livro postula que o pensamento psicanalítico de Hélio Pellegrino abarca uma fértil e rigorosa contribuição epistemológica, teórica, conceitual, ética e política sobre a práxis clínica, institucional e fora dos consultórios para a psicanálise à altura dos problemas e desafios do nosso tempo, o que expressa sua atualidade. Algumas das tendências presentes em seu pensamento, discutidas ao longo da exposição do presente trabalho, permitem desenvolver a tese de que a articulação entre esses elementos constitui uma totalidade e uma teia complexa que marca uma teoria pellegriniana da psicanálise, com continuidades e rupturas com a teoria freudiana da psicanálise, bem como com continuidades e rupturas com as teorias kleiniana e fairbairniana da psicanálise. O modelo crítico, estrutural e relacional presente em seu pensamento, o qual atribui centralidade ao compromisso social da psicanálise, deixa um legado de importância fundamental para o campo. Alguns argumentos que sustentam essa tese podem ser destacados como centrais.

Sua contribuição é substancial e apresenta uma perspectiva singular não só sobre a sociedade brasileira e o processo civilizador, mas controvérsias e perspectivas que caracterizam o desenvolvimento da história da psicanálise no Brasil e sua relação com a história da psicanálise no mundo. Ademais, ao inaugurar uma perspectiva psicanalítica de esquerda singular no Brasil, inaugura também o rompimento com uma tradição da história da psicanálise no país que corrobora o poder hegemônico de até então e seus valores.

A sua trajetória de vida e de trabalho marca um posicionamento intelectual extremamente corajoso e uma contribuição temática que abre novos horizontes não só para a psicanálise, mas também para as outras áreas das ciências humanas. Ao romper o silêncio sobre temas tabus na sociedade e nas instituições psicanalíticas de seu tempo, a partir de uma perspectiva psicanalítica heterodoxa singular, traz importantes contribuições temáticas e teóricas sobre a relação entre literatura nacional e psicanálise; democracia, psicanálise e liberdade de expressão; a violência do cotidiano; as iniquidades das desigualdades sociais; a criminalidade enquanto um sintoma social; a violação de direitos; a tortura; os mecanismos intrapsíquicos de adesão ao totalitarismo; os sentidos do uso da tortura no período da ditadura militar e sua expressão de um sintoma da direita; a interpretação do acontecimento do golpe militar no Brasil; a função da criação do rótulo de subversivo; bem como os sintomas da direita e da ideologia burguesa como o ódio e paranoia contra o pobre, os trabalhadores e a esquerda, enquanto expressões contrárias à perspectiva de garantia de direitos — que seria fruto de um pacto civilizatório humanizador —; os sintomas como o racismo e o anticomunismo; o sistema manicomial e nosocomial psiquiátrico; a violência policial; o sistema prisional e a violência que é solidária e que estrutura diversas instituições, formando um retrato das possibilidades e impeditivos ao processo civilizador no país.

Dessa forma, apesar do tabu do silenciamento desses temas, os quais reconhece como essencialmente psicanalíticos, além do senso de urgência da necessidade de superar problemas prementes na realidade social da cultura e do mal-estar, o autor traz contribuições sobre aspectos que permaneciam intocáveis nas instituições psicanalíticas. Esses temas englobam a relação substantiva entre psicanálise e política, sexualidade e poder, psicanálise e democracia, psicanálise e fascismo; a ideologia do capitalismo nos consultórios; as formações psicanalíticas institucionais sintomáticas de estruturações pelo pacto perverso pelo poder arbitrário e por privilégios; reflexões sobre a formação psicanalítica na história das instituições; reflexão crítica sobre o tema das revoluções fundadoras da cultura; a relação entre instinto e cultura, sujeito e civilização, o mal-estar na cultura; a teoria da repressão; reflexão crítica sobre a crise epistemológica da psicanálise; os fundamentos, os pressupostos, os conceitos fundamentais da psicanálise, além da propositura de uma prática psicanalítica que visasse a democratizá-la; entre tantos outros temas tabus, propondo um debate amplo e crítico sobre eles.

Nesse ponto, é preciso destacar que sua coragem intelectual de romper o silêncio lança uma nova luz e traz uma contribuição imorredoura para se pensar o que gera a violência e a criminalidade no cotidiano do Brasil de forma epidemiológica, mas não se restringe a esse alcance. Sua trajetória dá mostras, de maneira literal e metafórica, de que o silêncio nas instituições psicanalíticas tem o sentido de manter o sintoma da violência, opressão e autoritarismo, ao ponto de manter a SPRJ conivente com os crimes de tortura cometidos por um candidato a analista de sua instituição, ao mesmo tempo em que não reconheceu Hélio Pellegrino como analista didata, expulsou e teve a intenção de assassiná-lo em seu consultório, por exigir que a instituição investigasse a denúncia quanto ao crime de tortura e tomasse uma posição frente ao caso Amílcar Lobo — denunciado por participar de equipe clandestina de tortura. Contudo, por romper o silêncio diante de temas e problemas tabus, como a tortura e a farsa do apoliticismo, em um regime autoritário, foi expulso da SPRJ, de maneira análoga ao procedimento pelo qual foi preso na ditadura militar.

Ainda é preciso destacar uma contribuição fundamental para a psicanálise na tese em que o autor discute profundamente o que esse caso representa. Segundo ele, a má-fé alienante dos psicanalistas que supostamente se dizem apolíticos ou defendem que a psicanálise seja apolítica não passa de uma farsa ideológica com vistas à defesa de regimes autoritários, da manutenção do *status quo*, de privilégios, de reforços ativos e passivos de relações autoritárias, de opressão e de manipulação e reforçamento de identificações sadomasoquistas. Após os férteis debates teóricos sobre a temática do apoliticismo e do que o caso Amílcar Lobo representa, é possível dizer e defender que ele expressa de tal forma um dado geral de que não se pode discutir a história da psicanálise e/ou de suas instituições no mundo sem passar por uma discussão profunda do que esse caso representa para as instituições psicanalíticas debaterem o lugar que ocupam na sociedade. Isso justamente porque não discutir a memória e o passado é sintomático da repetição das origens e dos efeitos desse passado e só instaura a tendência de se repetir o horror dos processos autoritários, de identificação sadomasoquista, violentos e da imposição de ausência de pensamento crítico desse passado.

Ao mesmo tempo, enquanto pensador de temas tabus e de problemas prementes de sua época, não é possível entender que seu pensamento se restringia a uma contribuição sobre os graves problemas contextuais ou momentâneos do país. Primeiro porque pesquisas recentes, como a de Stephen Frosh e Belinda Mandelbaum[506], reconhecem como um caso particular dentro de um dado maior no desenvolvimento das instituições psicanalíticas internacionais. Segundo porque a contribuição psicanalítica de Pellegrino passa pela reflexão sobre esses problemas estruturais do capitalismo no Brasil e no mundo, como a violência, o autoritarismo,

---

[506] Frosh & Mandelbaum, 2017.

a desigualdade e a criminalidade (que ainda existem e não foram superados). Ademais, há em sua análise uma leitura sobre os fundamentos do processo civilizador, sobre a diferença entre interdições que fundam qualquer cultura e um discernimento e análise crítica das interdições próprias dessa estrutura econômica e social.

Talvez, a coragem do intelectual Hélio Pellegrino de romper o silêncio sobre problemas estruturais do capitalismo, da psicanálise e do Brasil o tenha levado a se debruçar, nos diferentes escritos, sobre como se desenvolve uma amnésia dos elementos mais originais e libertadores da teoria freudiana, dos seus conceitos fundamentais, como o conceito de inconsciente e do complexo de Édipo; da análise do tema de revoluções fundadoras da cultura — presentes no mito de *Totem e tabu* e em outras descobertas freudianas. Portanto, construindo uma postura cada vez mais heterodoxa que está presente em seu pensamento, ele enfatizará as descobertas e os elementos que considera mais originais e esquecidos nesses conceitos, em detrimento dos elementos biologicistas, elementaristas e cartesianos enfatizados por uma corrente que considera conservadora e dogmática da psicanálise. Com isso, seu pensamento marca uma ruptura dialética e lega para o campo psicanalítico contribuições conceituais fundamentais.

Dentre elas, no que diz respeito ao conceito de inconsciente, podemos designar que Hélio Pellegrino faz psicanálise porque partilha do pressuposto comum de todos os modelos psicanalíticos que concebem a fonte fundamental da motivação humana com origem no inconsciente. Assim, apresenta análises sobre suas diversas manifestações e dinâmicas no fenômeno transferencial, sua presença nas compulsões de repetição, na resistência etc. Além disso, pode-se considerar que o autor manterá em seu pensamento uma continuidade com a perspectiva teórica de Freud, Jung e Lacan, no que diz respeito à descoberta da dimensão supraindividual do inconsciente, atribuindo a Freud a descoberta fundamental do complexo de Édipo como o centro do psiquismo, das neuroses e das psicoses.

A ruptura central está na contraposição que Hélio Pellegrino faz à articulação conceitual que atribui a origem dessa instância, em última análise — bem como da consciência — a um substrato somático. Assim, também irá se contrapor à análise que atribui a origem do inconsciente à pulsão ao subverter a análise e radicalizar a origem histórico-social do inconsciente. Há, nessa ruptura dialética presente no pensamento do autor, uma radicalização da atribuição da centralidade do fenômeno objetal na origem do psiquismo, redimensionando-a, subvertendo e inaugurando, nesse ponto, uma formulação particular sobre as origens do inconsciente e da consciência. Isso, por sua vez, indica uma preocupação em refletir sobre a característica radicalmente histórica do ser humano que, em essência, o diferencia dos animais, não atribuindo a origem dessa característica, em última análise, a uma fonte somática, mas à essência da origem histórico-social do ser humano e do psiquismo.

Mantendo uma coerência em suas reformulações conceituais, o autor reconhece a teoria da libido enquanto um pilar fundamental do edifício teórico da psicanálise, sobretudo na possibilidade que apresenta de compreensão dos processos históricos na constituição do psiquismo que permitem a passagem do autoerotismo para a procura do objeto alteritário. Não obstante, a par dessa dimensão libertária que, para ele, constitui a sua essência e expressa o seu valor indiscutível, reconhece também um processo de ocultamento dessa dimensão, além do predomínio de uma ênfase em aspectos mecanicistas, fisicistas, biologicistas e naturalizantes. Estes estão presentes no desenvolvimento do conceito de libido e no desenvolvimento do conceito de pulsão que, assim pensados, se mostram anacrônicos e inadmissíveis, tendo em vista as novas possibilidades epistemológicas de reformulá-los. Além disso, se ocupará em realizar uma análise minuciosa de perspectivas dogmáticas na tradição ortodoxa da psicanálise que dão ênfase a esses aspectos e sustentam posições conformistas e reacionárias. Diante do impasse e das fragilidades conceituais argumentadas, desenvolverá a tese da necessidade de substituir a centralidade atribuída à teoria da libido por uma teoria do desenvolvimento baseada nas relações objetais.

Não podemos daí concluir que, com essa reformulação na qual o autor deixa de enfatizar o que uma tradição ortodoxa da psicanálise enfatiza, ele deixe de ser psicanalista ou de fazer psicanálise. Pelo contrário, Pellegrino tem a clareza de que, na própria teoria freudiana, a dimensão das relações de objeto vai ganhando importância progressiva, sobretudo a partir de 1920, apesar de manter ao mesmo tempo uma ênfase psicobiológica na origem do psiquismo, em detrimento da origem histórico-social. Reconhece também os avanços realizados pelos autores da Teoria das Relações Objetais, como Melanie Klein, que deu cada vez maior importância às relações objetais. Ao mesmo tempo, criticará que seu erro, assim como o de Freud e de Fairbairn, esteve em admitir a base somática na origem do psiquismo humano e na origem da possibilidade de intuir e fundar as relações objetais. Essa crítica, por sua vez, alcança a problematização de uma tradição psicanalítica ortodoxa de orientação instintivista que tem diferentes implicações no trato de diversos conceitos como a agressão, a repressão, as fantasias, a violência, a leitura acerca da sexualidade, e uma tendência reacionária e naturalizante de se tratar esses fenômenos a partir da base conceitual instintivista.

Da mesma forma, se uma continuidade fundamental entre o pensamento do autor e de Fairbairn está em reconhecer a importância elementar da relação objetal a partir da afirmação de Fairbairn de que a libido não procura o prazer, mas o objeto, é possível localizar uma inversão e uma originalidade operadas pela reelaboração teórica presente no pensamento psicanalítico de Hélio Pellegrino. Há uma ruptura na compreensão de que a libido fundaria o psiquismo para a compreensão de que a libido, por si mesma, não funda o psiquismo humano; ela mesma só se funda em relação ao objeto.

Assim, é preciso situar que, da mesma forma que Fairbairn rompe com a tradição kleiniana e passa a ser considerado um teórico importante dentro do grupo de independentes a partir da teoria das relações objetais, Pellegrino parte dos mesmos elementos de ruptura com a tradição kleiniana, retoma a importância elementar da relação objetal, bem como os argumentos de ruptura de Fairbairn — que têm como uma das afirmações centrais a tese de que a libido não procura o prazer, mas o objeto — e radicaliza-os numa revisão crítica do próprio Fairbairn. Por esses elementos e outros de ruptura com o pensamento kleiniano discutidos neste livro, sobretudo no que diz respeito ao conceito de pulsão, levanto a hipótese de que seria apropriado reformular a parte do verbete do Dicionário de Psicanálise[507] que situa o pensamento de Pellegrino na linha da tradição kleiniana.

Certamente, o pensamento do autor se aproxima mais dos elementos fundadores e de ruptura presentes no pensamento fairbairniano do que kleiniano, que ele considera revolucionários. Ao mesmo tempo, rompe também com os aspectos instintivistas presentes em Fairbairn e inaugura uma leitura própria, sustentada na tese de que as pulsões e a libido não podem ser consideradas como elemento fundador do psiquismo, mas sim a constituição das relações objetais.

---

[507] Roudinesco & Plon, 1998.

Aqui cabe o adendo de que se considera fértil levar em conta a análise, trabalhada e desenvolvida por Renato Mezan[508], de que a história da psicanálise é marcada por desenvolvimentos e rupturas que dizem respeito a matrizes clínicas e aspectos privilegiados a partir da teoria freudiana, bem como transformações na teoria e na clínica psicanalítica, que só podem ser compreendidas se situadas em relação com a práxis histórica.

Assim sendo, a partir da reformulação conceitual anteriormente citada e desenvolvida por Pellegrino, nota-se que o autor inaugura uma leitura particular, mantendo pontos de continuidade fundamentais com autores da chamada Teoria das Relações Objetais, que inclusive vão ter ressonância nas reformulações e desdobramentos mais originais de Hélio Pellegrino acerca do complexo de Édipo, por exemplo. Contudo, os mesmos aspectos de discordância, a partir dos quais Pellegrino rompe com Melanie Klein, também estão presentes no rompimento com a perspectiva de Fairbairn. Assim, por apresentar uma perspectiva particular na psicanálise, desenvolve-se a hipótese de que ele deveria ser considerado formalmente um teórico que elabora uma perspectiva importante e particular dentre os autores da Teoria das Relações Objetais.

Há vitalidade e mérito nas reformulações conceituais que Hélio Pellegrino tece, justo porque, a partir da centralidade que atribui à essência do compromisso social da psicanálise, questionará e tensionará a perda da radicalidade da compreensão histórica da interconstituição entre sujeito e cultura nos conceitos psicanalíticos. Para o autor, essa dimensão está presente nos conceitos psicanalíticos, que são esvaziados dessa dimensão, transformando-os em um jogo mecanicista, entitativo, constitucional, individualizante e abstrato. Se, para isso, ele subverte a ênfase nos elementos constitucionais e somáticos que constituem esse processo, entendendo-os inclusive como decorrentes da constituição das relações objetais, talvez nos faça pensar no sentido dessa escolha para se resgatar a radicalidade do conceito esquecida, levando suficientemente a sério a crítica a uma adesão fetichista e irracional da teoria e da ciência convertida em ideologia conformativa das iniquidades sociais.

Outro importante mérito dos trabalhos do autor, articulado com esse, está em subordinar as problematizações e reformulações conceituais que apresenta a um escrutínio epistemológico a partir do qual a própria

---

[508] Mezan, R. (2014). Discussões sobre técnica: 1919–39. In Mezan, R. *O Tronco e os Ramos: estudos de história da psicanálise*. São Paulo: Companhia das Letras.

psicanálise passa a ser problematizada em um diálogo mais crítico e franco com a crise epistemológica presente em outras áreas do conhecimento. Isso permite oxigenar a psicanálise à luz dos problemas do nosso tempo e das ciências humanas em geral. Nesse ponto, Hélio Pellegrino talvez possa ser considerado um dos autores no campo psicanalítico que leva mais adiante a tarefa de retirar as premissas e fundamentos epistemológicos, que frequentemente estão implícitos e inconscientes, e torná-los translúcidos, assim como os seus compromissos subjacentes. É nessa tarefa que podemos ver que a crítica do conceito da pulsão se desdobra na crítica dos fundamentos que dão base para uma concepção de ciência naturalizadora da realidade social. Ao questionar isso a fundo, discute a necessidade de uma ruptura com essas bases, sem a qual dificilmente se chegará a uma concepção aberta da psicanálise enquanto teoria crítica, o que atesta a sua vitalidade como um sistema aberto, não dogmático.

Da mesma forma, o autor expõe com clareza que as reformulações conceituais presentes em sua perspectiva acerca da teoria das relações objetais são fundamentadas em uma epistemologia de totalidade, relacionalista, a qual sustenta a negatividade crítica e também outras reformulações que tece acerca de importantes conceitos, tais como: a repressão, a agressão, a libido, a criminalidade, a violência, a suposta antinomia entre origem antissocial do ser humano e civilização, a atividade criativa, as fantasias inconscientes. Ou seja, o autor se propõe a discutir abertamente a releitura como parte tributária de uma virada epistemológica do princípio cartesiano da causalidade, do elementarismo, para o princípio da totalidade, relacionalidade e complexidade.

Essa subversão e ruptura dialética conceitual e epistemológica que caracteriza a perspectiva pellegriniana da psicanálise vão ganhar uma síntese e sua máxima expressão na reformulação que apresenta para o campo psicanalítico do *complexo de Édipo* freudiano e no reconhecimento da centralidade desse conceito na psicanálise. Isso articulado com uma perspectiva nova que apresenta não só no campo psicanalítico, como no campo das ciências humanas acerca dos conceitos de *pacto edípico* e *pacto social*. Para o autor, essa articulação expressa, por sua vez, uma determinação central na constituição do sujeito, das instituições e do lugar ocupado pelo psicanalista.

Com isso, apresenta outras bases a partir das quais se desenvolve uma noção particular sobre *complexo de Édipo, pacto edípico* e *pacto social*, o que também subverte as acepções até então presentes dos filósofos políticos e teóricos do contratualismo sobre o conceito de *pacto social*. Por isso, deve ser concebido como um teórico que desenvolve uma concepção sobre o processo civilizador não só no campo da psicanálise, como também no campo da filosofia política. Tem-se em vista que ele rompe com os fundamentos que sustentam as teorias criadas pelos teóricos do contratualismo e discute uma nova concepção acerca do pacto social. Todas essas reformulações nesses dois campos advêm, então, de uma preocupação central em seus escritos: a de pensar os fundamentos da vida social que estruturam os sujeitos, as instituições e a sociedade a partir de uma lei igualitária ou do poder arbitrário.

Ademais, é uma leitura comprometida com a libertação das condições que vilipendiam a dignidade humana e que silenciam, anulam, objetificam sua condição de sujeito, de alteridade e de liberdade. Nesse sentido, em sua perspectiva sobre o pacto edípico, o pacto social e todas as outras análises que propõe sobre os problemas da realidade brasileira também reside seu alcance ético sobre os fundamentos coesivos no processo civilizador e seus entraves em geral. Por isso, ao mesmo tempo, tem alcance universal e interessa a toda a psicanálise e outras áreas do saber, enquanto perspectiva teórica importante entre os teóricos do processo civilizador e entre os teóricos do pensamento social brasileiro.

Procurei, no trabalho deste livro, construir uma memória da produção psicanalítica de um autor que levou suficientemente a sério a necessidade de pensar esses problemas na psicanálise e no Brasil. Nestes tempos difíceis, acredito que seja importante trazermos à luz as memórias e contribuições teóricas, éticas e políticas de pensadores como Hélio Pellegrino, enquanto referência entre os intelectuais que contribuíram para a história do país e de uma psicanálise comprometida com a luta pela garantia de direitos de todos. Nesse sentido, cabe enfatizar que, longe da perspectiva reforçar personalismos ou a ideia equivocada de busca de heróis salvadores e longe da perspectiva de estabelecer um culto à personalidade, é coerente com a contribuição deixada pelo autor valorar o legado da reflexão crítica sobre qualquer teórico e sobre a relação entre os compromissos teóricos e políticos na práxis histórica do desenvolvimento da ciência; o que vale também para a tarefa de reflexões críticas sobre os trabalhos de Pellegrino e sobre os limites das premissas de que partiu; exercício que, a par das contribuições documentais que este livro resgata, precisa ser feito. Ou seja, diante do trabalho realizado, há balanços críticos que podem e devem ser feitos, mas um mapeamento básico está realizado nesta primeira bibliografia e memória da contribuição psicanalítica do autor, com sugestões de novas pesquisas.

Pela fertilidade das contribuições legadas ao país, podemos considerar que, assim como ele reconhecia a alta função dos elementos de esperança na teologia da libertação como movimento da América Latina de alto valor para o mundo, seus trabalhos e escritos abrigados no Museu de Literatura Brasileira formam um testemunho de fértil valor teórico, político e social, constituindo um patrimônio histórico-cultural do Brasil, da América Latina e da humanidade na construção de um projeto de sociedade a serviço da superação das desigualdades sociais, a partir de utopias caras e fundamentais para a coesão do laço social.

Além disso, essas formulações conceituais formam um coroamento de uma perspectiva teórica que defende os fundamentos de uma psicanálise de esquerda, que faça parte do trabalho e da luta pela igualdade e dignidade humana por uma perspectiva socialista democrática radical e contrária a perspectivas que reforçam o pacto social perverso de manutenção de privilégios que se funda, por sua vez, na negação de direitos individuais e na negação de um verdadeiro Estado Democrático de Direito. Para ele, o legado freudiano está em trabalhar a serviço do crescimento do outro, implicando que:

> Crescer é poder chegar a amar o Próximo, de modo a desejá-lo em sua essência, isto é, na sua liberdade e dignidade de ser outro. Crescer, portanto, é repudiar o arbítrio, a autocracia, a violência contra os outros, a exploração do homem pelo homem, a injustiça e a prepotência, civil ou militar, de direita ou de esquerda, de onde vier.[509]

Essa concepção leva ao entendimento de que construir uma sociedade democrática que tenha a justiça, o bem comum e uma lei justa como fundamento da vida social também diz respeito a tratar e permitir que os sujeitos desenvolvam a capacidade de lidar com as contradições, nas diferentes instituições. Não se trata de dicotomizar em bem *versus* mal, de forma paranoica, como a direita e a ideologia anticomunista fazem para perseguir e eliminar o diferente. Diante de várias análises da ideologia burguesa de direita, Pellegrino defende a tese de a psicanálise ser um

---

[509] *A escolha de meu nome para patrono desta turma*, Pellegrino, n.d.-e, p. 2.

pensamento de esquerda, humanizador e libertário, a favor do Estado Democrático de Direito em todas as esferas da vida.[510]

As reflexões que tece sobre os heróis nacionais, a partir das contribuições da literatura brasileira, imprimem características particulares na perspectiva psicanalítica que Hélio Pellegrino elabora acerca dos elementos coesivos e impeditivos a um processo civilizador humanizador. Apresenta, assim, elementos de análise que expressam importantes contribuições do que talvez possamos supor como características de uma psicanálise brasileira, tupiniquim. Tal perspectiva psicanalítica é contrária a qualquer leitura conservadora ou reacionária que não trabalhe pela democracia e pela libertação das condições desumanas do povo brasileiro.

Além disso, sabia que sua presença representava uma escolha a favor de uma psicanálise heterodoxa, ao mesmo tempo "[...] embasada na tradição freudiana, comprometida com a verdade, enraizada na cultura brasileira, à procura de rumos humanizadores e libertadores"[511]; "Tenho a certeza de que, ao homenagearem, por meu intermédio, a psicanálise, vocês estão homenageando não a mim, pobre marquês, mas a esses valores"[512]. Sem dúvida, este estudo afirma a importância da perspectiva que o autor representa enquanto referência de um pensamento que demora a ser reconhecido nas universidades, nas referências entre os autores intérpretes do Brasil e do Pensamento Social Brasileiro, cujo sonho e trabalho se deram no sentido de vislumbrar um processo civilizador humanizatório, igualitário e libertário para todos os homens, como tarefa primeira da vida.

Pelo valor da análise epistemológica que desenvolve, pela reflexão crítica dos conceitos fundamentais do campo, pelas contribuições acerca dos sentidos nos fatos concretos e simbólicos do processo civilizador, pelas contribuições acerca do compromisso social da psicanálise, por ter sido um baluarte em demonstrar a contraposição dos compromissos da psicanálise com o autoritarismo e com a ditadura, por mostrar que a psicanálise pode ser praticada em qualquer classe social — inclusive aquelas as quais ela se recusa preponderantemente —, pelos ideais de transformação social que representa, Hélio Pellegrino deve ser um dos psicanalistas mais importantes que a cultura nacional já criou. Afinal, faz pensar: a psicanálise, a que se destina?

---

[510] Acredito que, fundamentalmente, os distúrbios emocionais, sejam neuróticos ou psicóticos, derivam de perturbações precoces na intencionalidade do ego, Pellegrino, n.d.-l.

[511] A escolha de meu nome para patrono desta turma, Pellegrino, n.d.-e, p. 1.

[512] Ibid., p. 2.

Referências

28 pessoas morrem na sexta-feira sangrenta. (n.d.). Recuperado de: http://memorialdademocracia.com.br/card/sexta-feira-sangrenta-28-mortos-nas-ruas

Amado, J. (2008). *Tocaia Grande*: a face obscura. São Paulo: Companhia das Letras.

Barreto, F. P. (1972). *Crítica do Hospital Psiquiátrico de Minas Gerais.* [Rio de Janeiro]. Arquivo Hélio Pellegrino. Arquivo Museu de Literatura Brasileira. Fundação Casa de Rui Barbosa.

Barros, M. (2010). *Poesia completa.* Lisboa, Portugal: LeYa.

Basso, F. (2018). *Kultur do Brasil: interpretação, função paterna e cultura brasileira.* Instituto de Psicologia, Universidade Federal do Rio Grande do Sul, Porto Alegre, Brasil.

Betella, G. K. (2007). "Os quatro cavaleiros de um íntimo apocalipse" e suas biografias vicárias: Fernando Sabino, Otto Lara Resende, Hélio Pellegrino e Paulo Mendes Campos na escrita de perfis. *Estudos Avançados,* 21(60), 247–270.

Boff, F. L. (1988). Hélio Pellegrino: quatro lados de um mesmo rosto. In *Hélio Pellegrino A-Deus.* Petrópolis, RJ: Vozes.

Castro, L. L. (2015). *Revelação e ocultamento: dos estudos sobre violência e violência escolar aos estudos sobre bullying.* (Dissertação de Mestrado). Faculdade de Educação, Universidade Federal de Goiás. GO, Brasil.

Chnaiderman, M. (1989). Homenagem a Hélio Pellegrino. *Percurso,* II, 7–9. Recuperado de: http://revistapercurso.uol.com.br/pdfs/p02_texto01_ano01.pdf

Drummond, T. F. (1998). *Hélio Pellegrino: um ensaio biográfico.* Faculdade de Letras, Universidade Federal de Minas Gerais, Minas Gerais, Brasil.

Dunker, C. (2018). *Respondendo comentários do vídeo sobre Jair Bolsonaro.* YouTube. Recuperado de: https://www.youtube.com/watch?v=STEim7-GO8w&t=727s

Durkheim, E. (2001). *As regras do método sociológico.* São Paulo: Martin Claret.

Elias, N. (1993). *O processo civilizador.* Rio de Janeiro: Jorge Zahar. v. 2.

Filho, G. C. (ed.). (1982). *Crise na psicanálise*. Graal. Rio de Janeiro.

Foucault, M., SantÁnna, A., Katz, C., Pellegrino, H., Lima, L., Pinto, M., Amaral, M, Machado, R., Crus, R., & Muraro, R. (2013). Mesa-redonda com Michel Foucault. In Foucault, M. *A verdade e as formas jurídicas*. Rio de Janeiro: Editora Nau.

Freud, S. Dostoievski e o parricídio. In Freud, S. *O futuro de uma ilusão, o mal-estar na civilização e outros trabalhos*. Rio de Janeiro: Imago, 1928/1996, p. 181–200, v. 21.

Freud, S. Mal-estar na civilização. In Freud, S. *O futuro de uma ilusão, o mal-estar na civilização e outros trabalhos*. Rio de Janeiro: Imago, 1930/1996, pp. 67–148, v. 21.

Freud, S. Um exemplo de trabalho psicanalítico. In Freud, S. *Moisés e o monoteísmo, esboço de psicanálise e outros trabalhos*. Rio de Janeiro: Imago, 1940/1996, p. 197–206, v. 23.

Frosh, S., & Mandelbaum, B. (2017). "Like Kings in Their Kingdoms": Conservatism in Brazilian Psychoanalysis During the Dictatorship. *Political Psychology*, 38(4), 591–604. Recuperado de: https://doi.org/10.1111/pops.12427

Hobbes, T. (1974). *Leviatã*. São Paulo: Abril Cultural.

Ianni, O. (2004). *Pensamento Social no Brasil*: EDUSC.

Jacoby, R. (1977). *Amnésia Social: uma crítica à psicologia conformista de Adler a Laing*. Rio de Janeiro: Zahar.

Kupermann, D. (1996). *Transferências Cruzadas*. Rio de Janeiro: Revan.

La Porta, E. (1981). *Totens e Tabus da Instituição Psicanalítica*. [Rio de Janeiro]. Arquivo Hélio Pellegrino. Arquivo Museu de Literatura Brasileira. Fundação Casa de Rui Barbosa.

Mezan, R. (2014). Discussões sobre técnica: 1919–39. In Mezan, R. *O Tronco e os Ramos: estudos de história da psicanálise*. São Paulo: Companhia das Letras.

Moura, J. C. (ed.). (1988). *Hélio Pellegrino A-Deus*. Petrópolis, RJ: Vozes.

Passeata dos cem mil afronta a ditadura. (n.d.). Recuperado de: http://memorial-dademocracia.com.br/card/passeata-dos-cem-mil-afronta-a-ditadura

Pellegrino, A. (2004). Cronologia. In *Arquivinho de Hélio Pellegrino*. Rio de Janeiro: Bem-Te-Vi.

Pellegrino, H. (1964). *Abrir-se ao objeto. 1963–1964*.

HÉLIO PELLEGRINO: POR UMA PSICANÁLISE POLÍTICA

Pellegrino, H. (1974a). Psicanálise: ciência e consciência. In. *Psicanálise em crise* (p. 162). Petrópolis, RJ: Vozes.

Pellegrino, H. (1974b). O ego e o real: primeiras considerações. In Brasil, H. V., Pais de Barros, C., Gárcia, C., Katz, C. S., Leão, E. C., Pellegrino, H., Ribeiro, I., & Chebati, W. de L. (ed.), *Psicanálise & Debate* (p. 162). Petrópolis, RJ: Vozes.

Pellegrino, H. (1976a). Armadilha para o leitor. In Sussekind, C., Sussekind, C. *Armadilha para Lamartine* (p. 300). Rio de Janeiro: Editorial Labor do Brasil.

Pellegrino, H. (1976b). *Desculpas por repetir, consolo-me com Napoleão [Título atribuído].* [Rio de Janeiro]. Arquivo Hélio Pellegrino. Arquivo Museu de Literatura Brasileira. Fundação Casa de Rui Barbosa.

Pellegrino, H. (1979a). *Comigo não, violão.* [Rio de Janeiro]. Arquivo Hélio Pellegrino. Arquivo Museu de Literatura Brasileira. Fundação Casa de Rui Barbosa.

Pellegrino, H. (1979b). *Democratização da tortura.* [Rio de Janeiro]. Arquivo Hélio Pellegrino. Arquivo Museu de Literatura Brasileira. Fundação Casa de Rui Barbosa.

Pellegrino, H. (1981). *Contribuição para uma análise institucional da SPRJ: um estudo de caso.* [Rio de Janeiro]. Arquivo Hélio Pellegrino. Arquivo Museu de Literatura Brasileira. Fundação Casa de Rui Barbosa.

Pellegrino, H. (1984). Psicanálise da criminialidade brasileira: ricos e pobres. *Folha de São Paulo.*

Pellegrino, H. (1985). *Psicanálise no Brasil.* [Rio de Janeiro]. Arquivo Hélio Pellegrino. Arquivo Museu de Literatura Brasileira. Fundação Casa de Rui Barbosa.

Pellegrino, H. (1987a). Édipo e a paixão. In *Os sentidos da Paixão* (pp. 307–327). São Paulo: Companhia das Letras.

Pellegrino, H. (1987b). Pacto Edípico e Pacto Social. In *Grupo sobre grupo* (pp. 195–205). Rio de Janeiro: Editora Rocco.

Pellegrino, H. (1989). *A burrice do demônio.* Rio de Janeiro: Rocco.

Pellegrino, H. (1993). *Minérios domados: poesia reunida.* Rio de Janeiro: Rocco.

Pellegrino, H. (1996). Recordar, repetir, elaborar. *Psicanálise & Debate*, 1, 88–98.

Pellegrino, H. (2003). *Meditação de Natal.* São Paulo: Planeta do Brasil. Ilustrado por Olilon Moraes, Mauricio Paraguassu.

Pellegrino, H. (2017). Pacto edípico e pacto social: da gramática do desejo à sem-vergonhice brasílica. In *Psicanálise* (pp. 27–36). Rio de Janeiro: FUNARTE.

Pellegrino, H. (n.d.-a). *A Clínica Social de Psicanálise [Título atribuído]*. [Rio de Janeiro]. Arquivo Hélio Pellegrino. Arquivo Museu de Literatura Brasileira. Fundação Casa de Rui Barbosa.

Pellegrino, H. (n.d.-b). *A dialética da tortura: direito versus direita [Título atribuído]*. [Rio de Janeiro]. Arquivo Hélio Pellegrino. Arquivo Museu de Literatura Brasileira. Fundação Casa de Rui Barbosa.

Pellegrino, H. (n.d.-c). *A diferenciação é marcada pelo fato de que há, na dependência primária, não apenas identificação, mas incorporação oral [Título atribuído]*. [Rio de Janeiro]. Arquivo Hélio Pellegrino. Arquivo Museu de Literatura Brasileira. Fundação Casa de Rui Barbosa.

Pellegrino, H. (n.d.-d). *A entrada do mercado — e do sistema [Título atribuído]*. [Rio de Janeiro]. Arquivo Hélio Pellegrino. Arquivo Museu de Literatura Brasileira. Fundação Casa de Rui Barbosa.

Pellegrino, H. (n.d.-e). *A escolha de meu nome para patrono desta turma [Título atribuído]*. [Rio de Janeiro]. Arquivo Hélio Pellegrino. Arquivo Museu de Literatura Brasileira. Fundação Casa de Rui Barbosa.

Pellegrino, H. (n.d.-f). *A interpretação: alguns problemas a ela relacionados [Título atribuído]*. [Rio de Janeiro]. Arquivo Hélio Pellegrino. Arquivo Museu de Literatura Brasileira. Fundação Casa de Rui Barbosa.

Pellegrino, H. (n.d.-g). *A psicanálise é uma ciência, de direito e de fato [Título atribuído]*. [Rio de Janeiro]. Arquivo Hélio Pellegrino. Arquivo Museu de Literatura Brasileira. Fundação Casa de Rui Barbosa.

Pellegrino, H. (n.d.-h). *A psicanálise está confinada, limitada às classes dominantes [Título atribuído]*. [Rio de Janeiro]. Arquivo Hélio Pellegrino. Arquivo Museu de Literatura Brasileira. Fundação Casa de Rui Barbosa.

Pellegrino, H. (n.d.-i). *A psicanálise experimenta em nossos dias uma crise radical de seus fundamentos*. [Rio de Janeiro]. Arquivo Hélio Pellegrino. Arquivo Museu de Literatura Brasileira. Fundação Casa de Rui Barbosa.

Pellegrino, H. (n.d.-j). *A teoria de Freud, sobre a natureza e as finalidades do aparelho psíquico, se baseia essencialmente numa psicologia dos instintos [Título atribuído]*.

[Rio de Janeiro]. Arquivo Hélio Pellegrino. Arquivo Museu de Literatura Brasileira. Fundação Casa de Rui Barbosa.

Pellegrino, H. (n.d.-k). *A transição intransitiva*. [Rio de Janeiro]. Arquivo Hélio Pellegrino. Arquivo Museu de Literatura Brasileira. Fundação Casa de Rui Barbosa.

Pellegrino, H. (n.d.-l). *Acredito que, fundamentalmente, os distúrbios emocionais, sejam neuróticos ou psicóticos, derivam de perturbações precoces na intencionalidade do ego [Título atribuído]*. [Rio de Janeiro]. Arquivo Hélio Pellegrino. Arquivo Museu de Literatura Brasileira. Fundação Casa de Rui Barbosa.

Pellegrino, H. (n.d.-m). *Algumas coisas que direi hoje, terei que repeti-las amanhã [Título atribuído]*. [Rio de Janeiro]. Arquivo Hélio Pellegrino. Arquivo Museu de Literatura Brasileira. Fundação Casa de Rui Barbosa.

Pellegrino, H. (n.d.-n). *Aprendizado da psicanálise: formação ou deformação?* [Rio de Janeiro]. Arquivo Hélio Pellegrino. Arquivo Museu de Literatura Brasileira. Fundação Casa de Rui Barbosa.

Pellegrino, H. (n.d.-o). *As defesas contra os objetos maus são defesas secundárias [Título atribuído]*. [Rio de Janeiro]. Arquivo Hélio Pellegrino. Arquivo Museu de Literatura Brasileira. Fundação Casa de Rui Barbosa.

Pellegrino, H. (n.d.-p). *As premissas redutivistas sobre as quais Freud se apoiou [Título atribuído]*. [Rio de Janeiro]. Arquivo Hélio Pellegrino. Arquivo Museu de Literatura Brasileira. Fundação Casa de Rui Barbosa.

Pellegrino, H. (n.d.-q). *As relações de excludência: psicanálise e favela se excluem [Título atribuído]*. [Rio de Janeiro]. Arquivo Hélio Pellegrino. Arquivo Museu de Literatura Brasileira. Fundação Casa de Rui Barbosa.

Pellegrino, H. (n.d.-r). *Burguesia absolvida*. [Rio de Janeiro]. Arquivo Hélio Pellegrino. Arquivo Museu de Literatura Brasileira. Fundação Casa de Rui Barbosa.

Pellegrino, H. (n.d.-s). *Cada época tem seu molde epistemológico, sua estrutura indagadora, que define o tipo de pergunta característico dessa época [Título atribuído]*. [Rio de Janeiro]. Arquivo Hélio Pellegrino. Arquivo Museu de Literatura Brasileira. Fundação Casa de Rui Barbosa.

Pellegrino, H. (n.d.-t). *Como se constitui uma ciência [Título atribuído]*. [Rio de Janeiro]. Arquivo Hélio Pellegrino. Arquivo Museu de Literatura Brasileira. Fundação Casa de Rui Barbosa.

Pellegrino, H. (n.d.-u). *Complexos inconscientes: representações psíquicas afetivamente carregadas [Título atribuído]*. [Rio de Janeiro]. Arquivo Hélio Pellegrino. Arquivo Museu de Literatura Brasileira. Fundação Casa de Rui Barbosa.

Pellegrino, H. (n.d.-v). *Consciência — Inconsciente [Título atribuído]*. [Rio de Janeiro]. Arquivo Hélio Pellegrino. Arquivo Museu de Literatura Brasileira. Fundação Casa de Rui Barbosa.

Pellegrino, H. (n.d.-w). *Consequências do apoliticismo, na prática [Título atribuído]*. [Rio de Janeiro]. Arquivo Hélio Pellegrino. Arquivo Museu de Literatura Brasileira. Fundação Casa de Rui Barbosa.

Pellegrino, H. (n.d.-x). *Contradições entre a estrutura dos conceitos fundamentais — redutivistas, instintivistas, biologicistas — e os fatos observados, dando ênfase às relações objetais [Título atribuído]*. [Rio de Janeiro]. Arquivo Hélio Pellegrino. Arquivo Museu de Literatura Brasileira. Fundação Casa de Rui Barbosa.

Pellegrino, H. (n.d.-y). *Diante do problema do artista criador [Título atribuído]*. [Rio de Janeiro]. Arquivo Hélio Pellegrino. Arquivo Museu de Literatura Brasileira. Fundação Casa de Rui Barbosa.

Pellegrino, H. (n.d.-z). *Do ponto de vista institucional, as tendências incestuosas [Título atribuído]*. [Rio de Janeiro]. Arquivo Hélio Pellegrino. Arquivo Museu de Literatura Brasileira. Fundação Casa de Rui Barbosa.

Pellegrino, H. (n.d.-aa). *Elitismo e psicanálise*. [Rio de Janeiro]. Arquivo Hélio Pellegrino. Arquivo Museu de Literatura Brasileira. Fundação Casa de Rui Barbosa.

Pellegrino, H. (n.d.-ab). *Encontro é o defrontar-se de duas pessoas [Título atribuído]*. [Rio de Janeiro]. Arquivo Hélio Pellegrino. Arquivo Museu de Literatura Brasileira. Fundação Casa de Rui Barbosa.

Pellegrino, H. (n.d.-ac). *Esquizofrenia domada*. [Rio de Janeiro]. Arquivo Hélio Pellegrino. Arquivo Museu de Literatura Brasileira. Fundação Casa de Rui Barbosa.

Pellegrino, H. (n.d.-ad). *Esquizofrenia paranoide contra o pobre*. [Rio de Janeiro]. Arquivo Hélio Pellegrino. Arquivo Museu de Literatura Brasileira. Fundação Casa de Rui Barbosa.

Pellegrino, H. (n.d.-ae). *Estágio de dependência infantil [Título atribuído]*. [Rio de Janeiro]. Arquivo Hélio Pellegrino. Arquivo Museu de Literatura Brasileira. Fundação Casa de Rui Barbosa.

Pellegrino, H. (n.d.-af). *Este é o desenho: a grande resistência está em desfazer-se do primário objeto ruim*. [Rio de Janeiro]. Arquivo Hélio Pellegrino. Arquivo Museu de Literatura Brasileira. Fundação Casa de Rui Barbosa.

Pellegrino, H. (n.d.-ag). *Existe no Brasil uma radical — e, portanto, decisiva — tradição escravagista [Título atribuído]*. [Rio de Janeiro]. Arquivo Hélio Pellegrino. Arquivo Museu de Literatura Brasileira. Fundação Casa de Rui Barbosa.

Pellegrino, H. (n.d.-ah). *Fairbairn não pensa, jamais, o ego em termos de impulsos ou instintos [Título atribuído]*. [Rio de Janeiro]. Arquivo Hélio Pellegrino. Arquivo Museu de Literatura Brasileira. Fundação Casa de Rui Barbosa.

Pellegrino, H. (n.d.-ah). *Fairbairn, por outro lado, supera decisivamente a visão freudiana de aparelho psíquico [Título atribuído]*. [Rio de Janeiro]. Arquivo Hélio Pellegrino. Arquivo Museu de Literatura Brasileira. Fundação Casa de Rui Barbosa.

Pellegrino, H. (n.d.-ai). *Falar mais de Freud do que de Fairbairn, mas desta maneira falar de Fairbairn [Título atribuído]*. [Rio de Janeiro]. Arquivo Hélio Pellegrino. Arquivo Museu de Literatura Brasileira. Fundação Casa de Rui Barbosa.

Pellegrino, H. (n.d.-aj). *Fenômeno portentoso. Nada fica a dever a uma tragédia grega [Título atribuído]*. [Rio de Janeiro]. Arquivo Hélio Pellegrino. Arquivo Museu de Literatura Brasileira. Fundação Casa de Rui Barbosa.

Pellegrino, H. (n.d.-ak). *A greve de fome*. [Rio de Janeiro]. Arquivo Hélio Pellegrino. Arquivo Museu de Literatura Brasileira. Fundação Casa de Rui Barbosa.

Pellegrino, H. (n.d.-al). *Há um consenso: toda obra de arte lança raízes no inconsciente [Título atribuído]*. [Rio de Janeiro]. Arquivo Hélio Pellegrino. Arquivo Museu de Literatura Brasileira. Fundação Casa de Rui Barbosa.

Pellegrino, H. (n.d.-am). *História para debate, com o subtítulo Luxo no lixo (a psicanálise tem lugar fora do asfalto?)*. [Rio de Janeiro]. Arquivo Hélio Pellegrino. Arquivo Museu de Literatura Brasileira. Fundação Casa de Rui Barbosa.

Pellegrino, H. (n.d.-an). *Houve o recalcamento de Reich [Título atribuído]*. [Rio de Janeiro]. Arquivo Hélio Pellegrino. Arquivo Museu de Literatura Brasileira. Fundação Casa de Rui Barbosa.

Pellegrino, H. (n.d.-ao). *Incêndios do nada*. [Rio de Janeiro]. Arquivo Hélio Pellegrino. Arquivo Museu de Literatura Brasileira. Fundação Casa de Rui Barbosa.

Pellegrino, H. (n.d.-ap). *Interesse predominante em pacientes esquizoides [Título atribuído]*. [Rio de Janeiro]. Arquivo Hélio Pellegrino. Arquivo Museu de Literatura Brasileira. Fundação Casa de Rui Barbosa.

Pellegrino, H. (n.d.-aq). *Marxismo e psicanálise, dois instrumentos de desmistificação.* [Rio de Janeiro]. Arquivo Hélio Pellegrino. Arquivo Museu de Literatura Brasileira. Fundação Casa de Rui Barbosa.

Pellegrino, H. (n.d.-ar). *Massacre no manicômio [Título atribuído]*. [Rio de Janeiro]. Arquivo Hélio Pellegrino. Arquivo Museu de Literatura Brasileira. Fundação Casa de Rui Barbosa.

Pellegrino, H. (n.d.-as). *Miguel Arraes [Título atribuído]*. [Rio de Janeiro]. Arquivo Hélio Pellegrino. Arquivo Museu de Literatura Brasileira. Fundação Casa de Rui Barbosa.

Pellegrino, H. (n.d.-at). *Na medida em que o ser humano é concebido como mecanismo — e só nessa medida — é que a psicoterapia pode ser considerada como técnica [Título atribuído]*. [Rio de Janeiro]. Arquivo Hélio Pellegrino. Arquivo Museu de Literatura Brasileira. Fundação Casa de *Rui* Barbosa.

Pellegrino, H. (n.d.-au). *O acontecimento decisivo na análise não é o encontro do paciente com seus objetos internos, projetados no analista [Título atribuído]*. [Rio de Janeiro]. Arquivo Hélio Pellegrino. Arquivo Museu de Literatura Brasileira. Fundação Casa de Rui Barbosa.

Pellegrino, H. (n.d.-av). *O analista, na relação analítica fecunda [Título atribuído]*. [Rio de Janeiro]. Arquivo Hélio Pellegrino. Arquivo Museu de Literatura Brasileira. Fundação Casa de Rui Barbosa.

Pellegrino, H. (n.d.-aw). *O ego é, constitutiva e copulativamente, uma relação com o real [Título atribuído]*. [Rio de Janeiro]. Arquivo Hélio Pellegrino. Arquivo Museu de Literatura Brasileira. Fundação Casa de Rui Barbosa.

Pellegrino, H. (n.d.-ax). *O encontro não é um acontecimento neutro, imparcial, explicativo, no qual o observador não se empenha enquanto pessoa [Título atribuído]*. [Rio de Janeiro]. Arquivo Hélio Pellegrino. Arquivo Museu de Literatura Brasileira. Fundação Casa de Rui Barbosa.

Pellegrino, H. (n.d.-ay). *O encontro psicanalítico pode ser, fora de dúvida, definido como um encontro existencial [Título atribuído]*. [Rio de Janeiro]. Arquivo Hélio Pellegrino. Arquivo Museu de Literatura Brasileira. Fundação Casa de Rui Barbosa.

Pellegrino, H. (n.d.-az). *"O Espelho Quebrado" [Lacan é, depois de Freud]*. [Rio de Janeiro]. Arquivo Hélio Pellegrino. Arquivo Museu de Literatura Brasileira. Fundação Casa de Rui Barbosa.

Pellegrino, H. (n.d.-ba). *O homem é uma totalidade significadora [Título atribuído]*. [Rio de Janeiro]. Arquivo Hélio Pellegrino. Arquivo Museu de Literatura Brasileira. Fundação Casa de Rui Barbosa.

Pellegrino, H. (n.d.-bb). *O mito e o complexo de Édipo na obra de Sófocles: uma reavaliação*. [Rio de Janeiro]. Arquivo Hélio Pellegrino. Arquivo Museu de Literatura Brasileira. Fundação Casa de Rui Barbosa.

Pellegrino, H. (n.d.-bc). *O narcisismo é — sempre — um fenômeno secundário [Título atribuído]*. [Rio de Janeiro]. Arquivo Hélio Pellegrino. Arquivo Museu de Literatura Brasileira. Fundação Casa de Rui Barbosa.

Pellegrino, H. (n.d.-bd). *O pensamento de Fairbairn representa um esforço original e fecundo [Título atribuído]*. [Rio de Janeiro]. Arquivo Hélio Pellegrino. Arquivo Museu de Literatura Brasileira. Fundação Casa de Rui Barbosa.

Pellegrino, H. (n.d.-be). *O presente trabalho, sobre alguns aspectos da atividade interpretativa [Título atribuído]*. [Rio de Janeiro]. Arquivo Hélio Pellegrino. Arquivo Museu de Literatura Brasileira. Fundação Casa de Rui Barbosa.

Pellegrino, H. (n.d.-bf). *O problema da internalização do objeto mau [Título atribuído]*. [Rio de Janeiro]. Arquivo Hélio Pellegrino. Arquivo Museu de Literatura Brasileira. Fundação Casa de Rui Barbosa.

Pellegrino, H. (n.d.-bg). *O silêncio de chumbo*. [Rio de Janeiro]. Arquivo Hélio Pellegrino. Arquivo Museu de Literatura Brasileira. Fundação Casa de Rui Barbosa.

Pellegrino, H. (n.d.-bh). *O tema da nossa mesa-redonda é sexualidade e poder*. [Rio de Janeiro]. Arquivo Hélio Pellegrino. Arquivo Museu de Literatura Brasileira. Fundação Casa de Rui Barbosa.

Pellegrino, H. (n.d.-bi). *O tema desta mesa-redonda é: inserção da psicanálise no modelo capitalista [Título atribuído]*. [Rio de Janeiro]. Arquivo Hélio Pellegrino. Arquivo Museu de Literatura Brasileira. Fundação Casa de Rui Barbosa.

Pellegrino, H. (n.d.-bj). *Os autores costumam centrar a diferença, entre Freud e Jung, a partir do conceito de inconsciente [Título atribuído]*. [Rio de Janeiro]. Arquivo Hélio Pellegrino. Arquivo Museu de Literatura Brasileira. Fundação Casa de Rui Barbosa.

Pellegrino, H. (n.d.-bk). *Os gregos: primeiras indagações [Título atribuído]*. [Rio de Janeiro]. Arquivo Hélio Pellegrino. Arquivo Museu de Literatura Brasileira. Fundação Casa de Rui Barbosa.

Pellegrino, H. (n.d.-bl). *Os trabalhos se tornam gradativamente mais longos [Título atribuído]*. [Rio de Janeiro]. Arquivo Hélio Pellegrino. Arquivo Museu de Literatura Brasileira. Fundação Casa de Rui Barbosa.

Pellegrino, H. (n.d.-bm). *Psicanálise e criatividade*. [Rio de Janeiro]. Arquivo Hélio Pellegrino. Arquivo Museu de Literatura Brasileira. Fundação Casa de Rui Barbosa.

Pellegrino, H. (n.d.-bn). *Psicanálise e Literatura*. [Rio de Janeiro]. Arquivo Hélio Pellegrino. Arquivo Museu de Literatura Brasileira. Fundação Casa de Rui Barbosa.

Pellegrino, H. (n.d.-bo). *Psicanálise e sua inserção no modelo capitalista [Título atribuído]*. [Rio de Janeiro]. Arquivo Hélio Pellegrino. Arquivo Museu de Literatura Brasileira. Fundação Casa de Rui Barbosa.

Pellegrino, H. (n.d.-bp). *Quando o objeto deixa de ser sinal de minhas necessidades e apetites [Título atribuído]*. [Rio de Janeiro]. Arquivo Hélio Pellegrino. Arquivo Museu de Literatura Brasileira. Fundação Casa de Rui Barbosa.

Pellegrino, H. (n.d.-bq). *Quem fala de psicanálise e Jung fala de Freud e Jung [Título atribuído]*. [Rio de Janeiro]. Arquivo Hélio Pellegrino. Arquivo Museu de Literatura Brasileira. Fundação Casa de Rui Barbosa.

Pellegrino, H. (n.d.-br). *Revolução (cubana) no hospício*. [Rio de Janeiro]. Arquivo Hélio Pellegrino. Arquivo Museu de Literatura Brasileira. Fundação Casa de Rui Barbosa.

Pellegrino, H. (n.d.-bs). *Rosa: psicologia da invenção*. [Rio de Janeiro]. Arquivo Hélio Pellegrino. Arquivo Museu de Literatura Brasileira. Fundação Casa de Rui Barbosa.

Pellegrino, H. (n.d.-bt). *Se a criança, desde o início, faz relações de objeto, isso significa que a criança é, desde o início, uma pessoa [Título atribuído]*. [Rio de Janeiro]. Arquivo Hélio Pellegrino. Arquivo Museu de Literatura Brasileira. Fundação Casa de Rui Barbosa.

Pellegrino, H. (n.d.-bu). *Se a orientação dos instintos é face aos objetos [Título atribuído]*. [Rio de Janeiro]. Arquivo Hélio Pellegrino. Arquivo Museu de Literatura Brasileira. Fundação Casa de Rui Barbosa.

Pellegrino, H. (n.d.-bv). *Teoria do desenvolvimento das relações objetais baseada na qualidade de dependência do objeto [Título atribuído]*. [Rio de Janeiro]. Arquivo Hélio Pellegrino. Arquivo Museu de Literatura Brasileira. Fundação Casa de Rui Barbosa.

Pellegrino, H. (n.d.-bw). *Uma vez que eu esteja fixado definitivamente a um objeto mau [Título atribuído]*. [Rio de Janeiro]. Arquivo Hélio Pellegrino. Arquivo Museu de Literatura Brasileira. Fundação Casa de Rui Barbosa.

Pellegrino, H. (n.d.-bx). *Vacas magras e gado gordo [Título atribuído]*. [Rio de Janeiro]. Arquivo Hélio Pellegrino. Arquivo Museu de Literatura Brasileira. Fundação Casa de Rui Barbosa.

Pellegrino, H. (n.d.-by). *Vamos falar de Édipo, herói de uma velha legenda tebana [Título atribuído]*. [Rio de Janeiro]. Arquivo Hélio Pellegrino. Arquivo Museu de Literatura Brasileira. Fundação Casa de Rui Barbosa.

Pellegrino, H. (n.d.-bz). *A crise atual da SPRJ, consequência e coroamento de outras lutas [Título atribuído]*. [Rio de Janeiro]. Arquivo Hélio Pellegrino. Arquivo Museu de Literatura Brasileira. Fundação Casa de Rui Barbosa.

Pellegrino, H. (n.d.-ca). *A crise institucional da SPRJ [Título atribuído]*. [Rio de Janeiro]. Arquivo Hélio Pellegrino. Arquivo Museu de Literatura Brasileira. Fundação Casa de Rui Barbosa.

Pellegrino, H. (n.d.-cb). *A doença da instituição psicanalítica: SPRJ*. [Rio de Janeiro]. Arquivo Hélio Pellegrino. Arquivo Museu de Literatura Brasileira. Fundação Casa de Rui Barbosa.

Pellegrino, H. (n.d.-cc). *A instituição é um mal necessário*. [Rio de Janeiro]. Arquivo Hélio Pellegrino. Arquivo Museu de Literatura Brasileira. Fundação Casa de Rui Barbosa.

Pellegrino, H. (n.d.-cd). *Almirante sem leme [Título atribuído]*. [Rio de Janeiro]. Arquivo Hélio Pellegrino. Arquivo Museu de Literatura Brasileira. Fundação Casa de Rui Barbosa.

Pellegrino, H. (n.d.-ce). *As acusações que pesam sobre o Dr. Amílcar Lobo Moreira da Silva [Título atribuído]*. [Rio de Janeiro]. Arquivo Hélio Pellegrino. Arquivo Museu de Literatura Brasileira. Fundação Casa de Rui Barbosa.

Pellegrino, H. (n.d.-cf). *Contra as portas fechadas [Título atribuído]*. [Rio de Janeiro]. Arquivo Hélio Pellegrino. Arquivo Museu de Literatura Brasileira. Fundação Casa de Rui Barbosa.

Pellegrino, H. (n.d.-cg). *Documentos e história [Título atribuído]*. [Rio de Janeiro]. Arquivo Hélio Pellegrino. Arquivo Museu de Literatura Brasileira. Fundação Casa de Rui Barbosa.

Pellegrino, H. (n.d.-ch). *Em mesa-redonda da PUC, denunciei o apoliticismo das insittuições psicanalíticas*. [Rio de Janeiro]. Arquivo Hélio Pellegrino. Arquivo Museu de Literatura Brasileira. Fundação Casa de Rui Barbosa.

Pellegrino, H. (n.d.-ci). *Falar-se-á, assim, de Melanie Klein, de Abraham, de Ferenczi, de Bion*. [Rio de Janeiro]. Arquivo Hélio Pellegrino. Arquivo Museu de Literatura Brasileira. Fundação Casa de Rui Barbosa.

Pellegrino, H. (n.d.-cj). *O Dr. Amílcar Lobo fez à Folha de S. Paulo no dia 8.2.81*. [Rio de Janeiro]. Arquivo Hélio Pellegrino. Arquivo Museu de Literatura Brasileira. Fundação Casa de Rui Barbosa.

Pellegrino, H. (n.d.-ck). *O Dr. Vítor Manuel Andrade, em circular distribuída para todos os colegas*. [Rio de Janeiro]. Arquivo Hélio Pellegrino. Arquivo Museu de Literatura Brasileira. Fundação Casa de Rui Barbosa.

Pellegrino, H. (n.d.-cl). *A consciência [Título atribuído]*. [Rio de Janeiro]. Arquivo Hélio Pellegrino. Arquivo Museu de Literatura Brasileira. Fundação Casa de Rui Barbosa.

Pellegrino, H. (n.d.-cm). *Carl Jung – definição psicanalítica de gênio [Título atribuído]*. [Rio de Janeiro]. Arquivo Hélio Pellegrino. Arquivo Museu de Literatura Brasileira. Fundação Casa de Rui Barbosa.

Pellegrino, H. (n.d.-cn). *O tabu da virgindade*. [Rio de Janeiro]. Arquivo Hélio Pellegrino. Arquivo Museu de Literatura Brasileira. Fundação Casa de Rui Barbosa. Pellegrino, H., Barreto, C., Chebabi, W., Lacombe, F., & Lima, J. (1975). *Conversa produtiva: 21/8/75*. [Rio de Janeiro]. Arquivo Hélio Pellegrino. Arquivo Museu de Literatura Brasileira. Fundação Casa de Rui Barbosa.

Peter, G. (1989). *Freud: uma vida para nosso tempo*. São Paulo: Companhia das Letras.

Pires, P. R. (1998). *Hélio Pellegrino: a paixão indignada*. Rio de Janeiro: Relume Dumará.

Pires, P. R. (2004). Biografia. In Frota, L. C. (ed.). *Arquivinho de Hélio Pellegrino* (1. ed.). Rio de Janeiro: Bem-Te-Vi.

Rivera, T. (2017). Desejo de ensaio. In *Psicanálise* (pp. 11–23). Rio de Janeiro: FUNARTE.

Rosa, J. G. (2001). *Grande sertão: veredas* (20. ed.). Rio de Janeiro: Nova Fronteira.

Roudinesco, E., & Plon, M. (1998). Dicionário de Psicanálise. In *Plos Pathogens* (v. 2, n. 5).

Safatle, V. (2021). Estado suicidário, fascismo e problemas no uso político do conceito de pulsão de morte. In *Tempo/Coleção Parentalidade & Psicanálise*. Belo Horizonte: Autêntica.

Souza, D. M. B. L. D. de. (2006). *Violência, poder e autoridade em Goiás*. Goiânia: UFG.

Souza, J. L., & Fleury, M. (1996). *Rememorar, repetir, elaborar: entrevista com Hélio Pellegrino*. Psicanálise & Debate. São Paulo: Lar São Francisco de Assis na Providência de Deus.

Ventura, Z. (2004). Orelha do livro. In Pellegrino, H., & Pellegrino, A. *Lucidez embriagada*. São Paulo: Planeta do Brasil.

Vianna, H. B. (1994). *Não conte a ninguém*. Rio de Janeiro: Imago.

Vygotsky, L. S. (2000). *A construção do Pensamento e da Linguagem*. São Paulo: Martins Fontes.

Posfácio

"É A SIMPLICIDADE QUE NOS CONSTRANGE", lamentou Edgar Allan Poe.

Hélio Pellegrino foi arrebatadoramente simples. Fugiu à ribalta e aos holofotes. Só não o fez de si mesmo, viveu na rua, "onde o povo mora e namora". Tudo o que dizia, com voz de barítono, vinha da alma e chegava à fala, compassada pelas mãos, em êxtase, os olhos muito abertos e diáfanos, emanando luz. Escrevia ao som da máquina Remington, rarissimamente consultando um texto. Tinha orgulho de ser jornalista da melhor "safra dos anos 40 das Alterosas". Amava redigir crônicas e fazer poemas; a diferença dos dois, apenas na forma. Em se tratando de justiça, encarnava a ira dos Profetas para gritar com veemência contra o opressor. Para a poesia recorria à lira que tocava com os olhos fechados, sonhando com histórias de amor, ou chorando pelo esquartejamento "tiradentista" das serras das Gerais.

"É escritor e poeta, não um psicanalista", foi o que ouviu do presidente da SPRJ, para desautorizá-lo na crítica à psicanálise, praticada pelos "barões" daquela sociedade. Hélio orgulhou-se com o "elogio". Freud recebeu, em 1930, o prestigioso Prêmio Goethe de Literatura. Cunhou a frase antológica, "Com o último homem morrerá o último poeta".

A toga da psicanálise de Hélio foi Larissa Leão de Castro, que soube bordá-la com os pontos em cruz, simplicidade e graça da artista que sabe sovar o verbo. Na pesquisa rigorosa, fiel aos cânones da Academia, a autora mapeou, com maestria e arte, a estrada real por onde "pellegrinou" o intelectual mineiro. Notável varredura sobre o pensamento de Hélio, síntese inteligente e didática do que seja a psicanálise, criada por Sigmund Freud. ACOLHIMENTO!

Pellegrino não recorreu ao hermetismo, menos ainda à prolixidade ou gongorismo para impressionar leitores e deixar ouvintes embevecidos com discurso arrebatado e sonoro, escondendo o vazio de conteúdo. Pouco bateava citações de lentes para autorizar a própria construção teórica. Forjou um pensamento próprio e genuíno, no mais puro cristal, sem jaça, da cata de Sigmund. "O sonho..., em sua imaterialidade, tem o peso de uma rocha — ou de destino". E mais, "[...] leio o granito a partir de meu sonho...".

Monumental compilação poética da Ciência dos Sonhos!

É larga a história oral sobre o psiquiatra que veio de Minas e se fez psicanalista, no Rio, a atenção voltada para o "Outro", nada lhe escapando, do Criador à majestosa bananeira prenhe, à beira do caminho.

Parmênides, Empédocles entenderam a filosofia como uma travessia poética, escreveram em versos. A psicanálise é literatura, é poesia. O sujeito fala prevalentemente de si, quase sempre sem ter consciência disso. O escritor criativo não se dá conta dos abismos da narrativa, tanto quanto o leitor, capaz de respigar do texto o que o autor sequer cogitou dizer. E que lá está, no bloco de mármore, pleno de esperas.

Larissa conheceu Hélio. Conversou com ele uma noite inteira e tombou de paixão diante do saber fulgurante do buliçoso rapaz de Belo Horizonte, político, jornalista, filósofo, jornalista, poeta, médico, psiquiatra, teólogo, psicanalista, pai, amigo, empático, pessoa humana, puro sangue. Gente! Foi recebida por ele em consultório, ensejando a ela beber da fonte o saber cristalino daquele "Herr", na universalidade de seu olhar para com o semelhante, com quem falava da natureza e da vida, de Deus e do lado escuro do mundo e seus mistérios indomados. Ele vira com os próprios olhos o paciente psiquiátrico, hipotônico, toda a vida, o Lobo do Mar, urinando-se por inteiro, diante dos olhos curiosos dos alunos de psiquiatria. Abraçou-o e chorou. Repensou seu lugar como médico. "Assim, não!" Larissa de Castro saiu solar do encontro, quando acordou do sonho, o dia alvorecendo, disposta a escrever sobre a obra daquele gênio e mostrar às gentes como entendeu Pellegrino o ofício de Freud, escuta e acolhida incondicional ao que lhe batesse à porta. E ele o fez no asfalto e no morro. Ouviu abonados, descartados, invisíveis, com a mesma atenção, atormentados e aflitos, à procura de um caminho. Mostrou-nos ela, sobejamente, na bela costura que nos ofereceu a ler, Hélio Pellegrino, que tudo o que fez, fê-lo sem CONS-TRANGIMENTO, na límpida SIMPLICIDADE que o constituía.

Creio que Hélio Pellegrino me autoriza: "Obrigado, generosa Larissa!".

João Lembi

Psicanalista

ANEXO I

Relato de um sonho

O sonho, com seu rosto eidético, é lâmina de significação que nos trespassa, de um lado ao outro. Por isto, em sua imaterialidade, tem um peso de uma rocha — ou de destino. Acontece que nós, humanos, nas lajes do chão que nos suporta, somos signo e linguagem, enraizados no coração selvagem da vida. É dessa floresta, cheia de rumores confusos, que nos virá o alfabeto pelo qual vamos tentar decifrar o mundo. Um bloco de granito pode ser a matéria que vou talhar para, de seu tutano, extrair o barco de pedra que me levará ao naufrágio. Ou a lápide do meu túmulo, se me disponho a morrer em terra. Ou o monumento por cujo intermédio grito para o mundo minha utopia — ou minha revolta. Seja como for, leio o granito a partir do meu sonho, é este que o decifra — e trabalha.

(Pellegrino, 1989, p. 147)

Neste anexo, peço licença para usar a primeira pessoa do singular (eu) a fim de contar as minhas motivações pessoais com esta pesquisa, a partir do relato do sonho mencionado no posfácio. Hesitei em mantê-lo. Acatei a sugestão de retirá-lo na versão da tese que está disponível para o público na biblioteca da UnB, mas nesta versão de livro o narro. A dúvida passou por me interrogar se ele teria apenas um valor narcísico de relatar angústias e dilemas que são meus e que poderiam deixar de ser descritos. Ao mesmo tempo, estou certa de que eles também dialogam com preocupações partilhadas por muitos grupos de pessoas de meu tempo histórico. Assinalo, de saída, que assumo o abandono de que seja possível neutralidade em qualquer ciência, sobretudo em se tratando de psicanálise. Como já sabemos, pelo legado da ciência psicanalítica, o registro inconsciente, os desejos e as paixões formam a determinação principal da nossa vida mental e de nossas escolhas científicas. Meu caso não foge a essa verdade. Além disso, definitivamente tomei a decisão de que realizaria esta pesquisa após este sonho que me encorajou, o qual relato nas próximas páginas. Partilhando do sentido de Peter Gay (p. 110), os sonhos "adiantam-se aos argumentos", os quais foram discutidos em termos científicos neste livro.

Então passemos ao relato. Foi um sonho de um encontro com Hélio Pellegrino. Havia entrado em contato perguntando se poderíamos nos encontrar para uma conversa. Contextualizei que eu gostaria de fazer uma pesquisa sobre ele e que seria muito bom falar com ele sobre isso. Tanto ele quanto eu tínhamos um entendimento de que não se tratava de pedir uma autorização para um estudo desses, já que todos são livres numa democracia para as suas escolhas de pesquisa, mas ele demonstrou um interesse em escutar o porquê de eu querer estudar sua produção psicanalítica. Portanto, fui procurá-lo no Rio de Janeiro. Ele me recebeu com espontaneidade e uma boa conversa na sua sala, me deixando muito livre. Era como se eu, no período histórico que vivia, estivesse me transportando para me encontrar com ele, no período histórico que viveu. A sensação era de que ele continuava com uma presença marcante e viva, bastando que alguém o procurasse, continuava com a vívida disponibilidade para o outro. Então, me perguntou por que, para mim, fazia sentido estudar o que ele escreveu.

Comentei que era um desejo meu desde 2011, quando conheci pela primeira vez um texto dele pela indicação de um profissional que trabalhava no presídio. Esse profissional me auxiliou com sua experiência e me indicou a leitura do texto sobre a criminalidade brasileira, me dando elementos teóricos e práticos que muito contribuíram para minha iniciação na prática clínica, mas que os motivos de agora eram outros. Comentei que fui ao lançamento de um livro de ensaios psicanalíticos no qual havia o texto *Pacto edípico e pacto social: da gramática do desejo à sem-vergonhice brasílica*, muito atual para se pensar o contexto dos últimos tempos no Brasil. Em diálogos no contexto acadêmico, eu pensava e destacava como era significativo que, em diferentes textos, ele apresentava uma nova perspectiva que até então eu não tinha visto na psicanálise sobre conceitos como complexo de Édipo, pacto edípico e pacto social. Isso lançava uma nova luz sobre questões clínicas da psicanálise e sobre problemas sociais da realidade brasileira, mas eu não sabia se ele partiu de outros fundamentos para desenvolver essas reformulações que se apresentavam de forma muito elaborada, de fácil compreensão sem ser simplista e sintética nos textos que eu conhecia. Desde então e por esse motivo, comentava que foi despertado em mim o desejo de realizar uma pesquisa específica sobre seus textos.

Nessas conversas, era advertida na universidade de que o fato de ele trabalhar de maneira particular com tais conceitos não era suficiente para que eu desenvolvesse um estudo sobre ele, além do que meu projeto anterior já estava coeso, pronto para ser enviado para o comitê de ética. Por outro lado, me vinha o pensamento de que os problemas decorrentes da relação entre psicanálise e democracia, psicanálise e política e as contribuições desse autor sobre os problemas sociais do Brasil ainda eram muito atuais. Além de que, no meu tempo livre, eu procurava textos sobre a sua contribuição psicanalítica nos bancos de dados acadêmicos e não encontrava.

Nessas conversas, também surgia a ponderação de que meu desejo era compreensível, mas não encontrar teses ou dissertações sobre o tema não era motivo o bastante para ter elementos de análise suficientes para elaborar uma tese. Comentei então que, de modo geral, embora haja quem reconheça Hélio Pellegrino como um importante poeta, escritor e psicanalista, se diz na universidade que ele não tem uma forte produção em psicanálise que permita um estudo aprofundado. Contudo, apenas pelo acesso ao que ele já publicou, eu tinha uma hipótese contrária. Nesses diálogos, com contribuições de alguns colegas, descobri que havia livros que se dedicavam a estudos próximos ao que eu estava propondo, como textos de Jurandir Costa sobre a Clínica do Social. Então, ponderamos limites e possibilidades de uma empreitada como essa e eu tive o desafio de escrever um projeto nas férias sobre o tema. Se o grupo de orientação do qual eu participava considerasse que havia pertinência, eu teria respaldo para desenvolver a pesquisa.

Contei que topei o combinado e, antes de a universidade fechar, pude contar com o auxílio do serviço de bibliotecários da UnB. Fiz um levantamento sistemático da produção científica do campo e, de fato, não encontrei nenhuma tese ou dissertação voltada ao estudo da sua produção psicanalítica. Então comentei nessa conversa com Hélio Pellegrino, em meu sonho, que meu pensamento teimava que um autor que apresentasse os conceitos de um campo de forma tão particular, além de reconhecer uma justificativa social para abordar problemas próprios de nosso tempo, já era motivo suficiente para o início de uma pesquisa.

Então falei para ele que, enquanto pesquisadora com algumas bases da formação estabelecidas no campo do estado do conhecimento, sustentaria o meu desejo de desenvolver essa pesquisa no fato de que a relevância social e ausência de pesquisas científicas em um campo é um princípio inegociável para seu estudo. Além disso, o risco que se corre de não encontrar elementos relevantes para um estudo de tese faz parte de qualquer pergunta de pesquisa e temos que estar abertos a passar por isso. Aqui cabe um adendo. É curioso porque, no sonho, a sensação era de que no momento dessa fala de meus motivos com ele, comecei a sentir segurança de que essas justificativas eram de fato suficientes e legítimas para se desenvolver uma pesquisa.

Então, comentei que, apesar de estar mais aliviada por descobrir como começaria a escrever o pré-projeto, conversando livremente com ele, queria comentar que havia outros motivos me angustiando e que me levavam a querer mudar o rumo da minha pesquisa. Eu não sabia por onde começar a falar da angústia que estava vivendo e disse que esse sentimento não era só meu, mas de muitos brasileiros, porque a cada dia fatos traumáticos difíceis de lidar vinham acontecendo no país. Eu estava preocupada em não me estender muito para não tomar o tempo dele e, então, tentei pensar em um episódio que resumia a sequência de traumas presentes no Brasil, que demoraríamos a superar, mas havia necessidade de falar sobre eles.

Comentei que, em 2016, o país sofreu um golpe ao destituir uma presidenta eleita democraticamente, deixando explícito que o motivo dos votos que a retiraram do poder não era a hipótese de ela ter cometido um crime de responsabilidade, mas sim motivos ligados à família, à religião, ao agronegócio, parecidos com aqueles exaltados pela Marcha da Família com Deus que apoiou a ditadura militar. Então, contei que a cena mais traumática foi, em um dos votos, a do então deputado Jair Bolsonaro declarando que iria votar pelo *impeachment* em homenagem ao coronel Carlos Ustra, escandalosamente realçando que esse homem foi o pavor de Dilma Rousseff, torturada na ditadura militar. Comentei que a cena foi tão criminosa, absurda, revoltante, ainda mais em nossos dias, nos quais foi uma conquista democrática considerar a apologia à tortura um crime, e que, no mínimo, ele deveria ter saído dali preso pelo crime cometido; no entanto, não houve nenhuma responsabilização. Essa cena traumática era apenas a ponta do *iceberg* e tudo piorou a partir daí. Suas declarações eram de que o livro da cabeceira dele era do torturador, além de falas racistas, misóginas e cheias de toda violência que se pudesse imaginar. Comentei com Hélio Pellegrino que, para se ter ideia da dimensão do problema, o pior de tudo era que, além de sair impune, esse homem havia sido eleito presidente do país em 2018.

No entanto, diferentes grupos de brasileiros, com o mínimo de bom senso, reconhecem a incompatibilidade entre defender a democracia, os direitos de todos e, ao mesmo tempo, a tortura, a ditadura militar, a violência, o racismo, a crueldade, a misoginia, o machismo, a homofobia. Saímos às ruas desde então para protestar, participar de mobilizações, debates públicos sobre o que o avanço do autoritarismo representa; grupos aos quais me juntei em movimentos e atos como o das Mulheres pela verdade e pela justiça e o Movimento Ele Não, que contava também com a participação de psicólogas e psicanalistas a favor da democracia.

Então, comentei que eu sentia angústia diante do avanço do autoritarismo e da perda das conquistas democráticas que o bolsonarismo representa e que essa corrente se expressava também na psicanálise, em grupos políticos religiosos de psicanalistas evangélicos que chegaram a propor um vergonhoso código de ética que impedisse os psicanalistas de falarem e se posicionarem sobre política. Esse mesmo grupo se pronunciou ativamente contra diversas manifestações contrárias à política de Bolsonaro ocorridas no país, buscando desqualificar e denunciar a prática como antipsicanalítica. Então, era surpreendente que, além de assistir passivamente à vergonhosa posição desse governo — em defesa da violação de direitos mais elementares —, esse grupo se manifestava ativamente no sentido de tentar obrigar psicanalistas a não se posicionarem contra essa política e esse projeto de sociedade. Entretanto, isso ocorreu sem assumirem — assim como na ditadura militar — que essa posição apolítica é, na verdade, uma concordância e defesa do autoritarismo e do projeto de sociedade que o governo Bolsonaro representa.

Então, comentei com Hélio Pellegrino que o considerava uma referência importante entre os intelectuais do campo psicanalítico do Brasil, que levou muito adiante, na ditadura militar, uma análise aprofundada do apoliticismo usado como farsa para a defesa de governos totalitários e que era necessário o resgate dessa memória para se repensar a questão a partir de quem se aprofundou nesse tema. Além disso, comentei que me assustava o avanço do autoritarismo no Brasil não só na política, mas em diversos âmbitos, ao ponto de vermos também grupos na psicanálise defendendo a chamada "cura *gay*", assim como uma suposta neutralidade na psicanálise, que confunde abstinência na clínica com defesa do autoritarismo, anulação subjetiva e violação de direitos elementares.

Ao mesmo tempo, ao pensar em alguém com rigor teórico e que o sonho e trabalho na psicanálise se deram no sentido de afirmar que a defesa da democracia diz respeito à própria essência da psicanálise, da afirmação da condição de sujeito de todos, do combate ao autoritarismo e defesa da igualdade nas diferentes instituições, encontro nele a maior referência para se pensar essas questões, assim como uma psicanálise explicitamente comprometida com a superação da opressão dos sujeitos.

Comentei também que eu ponderava a advertência de que poderia não encontrar material relevante o suficiente para discutir o tema num estudo de doutorado, mas que via bases da prática de pesquisa coerentes o bastante para fundamentar essa busca, mesmo com os limites que toda pesquisa tem. É interessante que eu já sentia uma intimidade naquele clima acolhedor em que ele me recebeu, ao ponto de sentirmos muita liberdade para ficar em silêncio. Eu já não sentia mais necessidade de falar. Hélio parecia pensar sobre a história do Brasil. Logo me olhou como quem transmitia a ausência de respostas sobre o que eu iria encontrar, mas me deu um sorriso largo, bonito, albergante e encorajador, como se estivesse transmitindo que o que vale é a busca, a travessia. Rimos, os dois, em estado de alegria, eu achando coerente mesmo que ele fizesse uma referência dessas, já que gostava tanto de Guimarães Rosa.

Assim acordei bem de madrugada, com o sol nascendo, sem vontade de voltar a dormir e satisfeita com o encontro que esse sonho proporcionou. A sensação era de acordar de um sonho que me fez passar da angústia para a alegria de poder entrar em contato com os motivos que me levavam a continuar em frente com o projeto. Seguindo com a mensagem poética de Guimarães Rosa e com a fertilidade da produção psicanalítica desse autor humanista e libertário do Brasil, Hélio Pellegrino, foi *um só facear com as surpresas* que se sucederam nessas descobertas e que este trabalho buscou expor.

Procurei, aqui, construir uma memória dos trabalhos psicanalíticos de um autor que levou suficientemente a sério a necessidade de pensar esses problemas na psicanálise e no Brasil. Nestes tempos sombrios, acredito que seja importante trazermos à luz as memórias e contribuições teóricas, éticas e políticas do pensamento de intelectuais libertários como Hélio Pellegrino, enquanto referência fundamental entre os intelectuais que contribuíram para a história do Brasil e de uma psicanálise comprometida com a garantia de direitos de todos.

> *Assim é a alegria — como uma asa que irrompe. Não cai do céu, nem salta do mar, nem nos bate à porta de repente, como a visita do anjo. Ela é o barco que projetamos e construímos, no espaço do nosso tempo — vida nossa. Há que construir. Trabalhar. Operar o pão de cada dia, com diligente paciência. A alegria nos visita à tarde, ou pela noite, quando somos densos de um maduro cansaço. Ao amanhecer, surge o sonho do barco e a tarefa de fazê-lo. Puxamos, com as mãos, os panejamentos da aurora, para com eles criar a superfície onde o barco será riscado, detalhe por detalhe. O barco principia a existir na levíssima seda do despontar do dia. Ele vem de longe, de um território prévio a qualquer viagem, pátria matriz da qual nos chegam as sementes carregadas de futuro.*
>
> *(Pellegrino, 1989, p. 145)*

ANEXO II

Quadro 1

Para melhor compreensão do Quadro 1 e da descrição das tendências, há que se fazer um adendo. Após a leitura inicial dos trabalhos, constatou-se que a análise de alguns eixos temáticos se repetia de forma sistemática (eram centrais na abordagem de diferentes temas). Uma segunda leitura levou à construção de categorias que aglutinassem os eixos temáticos recorrentes e que continham a mesma preocupação central. Esse eixo comum passou a ser um critério de identificação e análise dos seus escritos, assim como de exposição das tendências no mapeamento da produção psicanalítica do autor. Assim, aqueles que tratavam de um mesmo eixo temático central foram agrupados.

Os escritos foram catalogados conforme o tipo de produção indicado na figura, sendo predominantemente artigos e ensaios, além de notas, conferências e outros que incluem diferentes tipologias textuais (incluindo trabalhos escritos para debates, aulas de formação psicanalítica, casos clínicos, contos, necrológios, discursos e resumos).

Outra explicação deve ser feita para explicitar um critério no mapeamento dos escritos do autor. Os temas, os objetos de análise e muitos recortes temáticos aparecem de forma interconstitutivamente relacionada nos seus trabalhos, além do que a construção de diversos conceitos é solidária entre si e atravessa os diferentes eixos. Portanto, os agrupamentos aqui construídos pautam-se no critério de identificar a preocupação central presente em cada escrito e a prioridade de análise que cada um dá a determinados objetos de estudo, tratando-os como centrais.

Por exemplo, há textos cujo objeto de análise principal é a formação do ego, mas também tratam da noção de cura na psicanálise; portanto, foram agrupados na categoria formação do ego[513]. Há textos em que ele

---

[513] Vale mencionar que grande parte dos textos manuscritos e datilografados se encontram sem título, embora os arquivistas tenham catalogado os trabalhos a partir da sua frase inicial. Portanto, o título não foi um critério para delimitar os eixos ou recortes temáticos, mas sim os conteúdos dos trabalhos.

faz uma leitura crítica das contribuições de psicanalistas, mas centra-se na análise da relação de aliança entre instituições psicanalíticas, apoliticismo e a classe dominante; portanto, foram agrupados na categoria instituições psicanalíticas e classe dominante. Há textos que se centram na análise das contribuições teóricas de diferentes psicanalistas — por isso foram agrupados na leitura crítica de Hélio Pellegrino sobre teóricos da psicanálise —; por mais que também tratassem, por exemplo, das consequências dessas perspectivas na avaliação da relação terapêutica e do processo terapêutico. Contudo, a centralidade da análise era outra. Outros textos têm como objeto de estudo o processo/encontro terapêutico, por exemplo, mas a discussão do posicionamento epistemológico e o modelo de ciência também aparecem subjugados ao tema central. Dessa forma, o objeto de estudo central do texto foi o critério em que esta pesquisa se pautou para a elaboração das categorias que agrupam cada conjunto de trabalho, ou seja, a recorrência de um assunto central, que já aparecia no tema ou era solidário a ele, ou que se mostrasse nos objetivos, ou mesmo que ganhasse destaque e autonomia a partir da análise de outro assunto.

Assim, para a finalidade de construir um quadro que possibilite ao leitor visualizar a totalidade de sua produção psicanalítica, os seus escritos foram agrupados em torno de 17 tendências/eixos temáticos: inconsciente e alteridade; perspectiva freudo-marxista do autor; psicanálise e arte; teoria da libido; teoria das relações objetais baseada na qualidade das relações objetais; sentidos da interpretação na terapia psicanalítica; pacto edípico, pacto social e releitura do complexo de Édipo freudiano; revisão epistemológica da psicanálise; formação do ego; psicopatologia, a partir da teoria do desenvolvimento baseada nas relações de objeto: uma análise da posição esquizoparanoide e da posição depressiva; loucura, hospitais psiquiátricos e psicanálise; psicanálise e política; instituições psicanalíticas, formação didática, prática clínica e transmissão da psicanálise; a aposta no trabalho da Clínica Social de Psicanálise; análise de diferentes fenômenos sob o ponto de vista psicológico; análise de episódios sintomáticos e de problemas sociais no Brasil; e homenagens a personalidades consideradas importantes.

HÉLIO PELLEGRINO: POR UMA PSICANÁLISE POLÍTICA

Eixo Temático	Numeração	Títulos	Características do texto	Artigos e Ensaios	Notas	Conferência	Outros
			Produção Psicanalítica de Hélio Pellegrino				
				Tipo de produção			
Inconsciente e Alteridade	1	Consciência – Inconsciente	Manuscrito. Duas folhas.	X			
	2	A psicanálise é uma ciência, de direito e de fato	Datilografado, com emendas. Três páginas.	X			
	3	Os gregos: primeiras indagações	Manuscrito. 17 páginas	X			
	4	O Espelho Quebrado [Lacan é, depois de Freud]	Datilografado com emendas. Três folhas.	X			
	5	Quem fala de psicnálise e Jung fada de Freud e Jung	Mescla de escritos manuscritos com datilografados. 23 páginas. Na sequência há outra parte denominada *esquema de fala* datilografada, o que sugere que o manuscrito serviu de esboço para elaboraçaõ de um texto para uma conferência,.				X
	6	Complexos inconscintes: representações psíquicas afetivamente carregadas	Manuscrito. Três páginas		X		
	7	Os autores costumam centrar a diferença, entre Freud e Jung, a partir do conceito de inconsciente	Manuscrito e datilografado, com emendas. 21 folhas.	X			
Perspectiva freudo-marxista do autor	8	Marxismo e Psicanálise, dois instrumentos de desmistificação	Manuscrito. 24 páginas. Faz parte do caderno nº6	X			
	9	Algumas das coisas que direi hoje, terei que repetí-las amanhã	Manuscrito. 10 páginas.			X	
	10	Desculpas por repetir. Consolo-me com Napoleão.	Manuscrito, escrito em filhas, composto por 9 pgs. No verso da última página, há uma citação do texto "Marx e Freud", de Althusser, de dezembro, de 1976.			X	
	11	O silêncio de chumbo	Fotocópia de texto original, datilografado, com emendas. Três páginas.	X			
	12	A véspera de Deus	Fotocópia de texto original, datilografado, com emendas. Três páginas.	X			
	13	Abrir-se ao objeto	Manuscrito. 68 páginas. Foi escrito entre 1963-1964.	X			
	14	A transição intransitiva	Fotocópia de texto original, datilografado, com emendas. Três páginas.	X			
	15	Vacas magras e gado novo	Fotocópia de texto original, datilografado, com emendas. Três páginas.	X			

				Tipo de produção			
Eixo Temático	Numeração	Títulos	Características do texto	Artigos e Ensaios	Notas	Conferência	Outros
			Produção Psicanalítica de Hélio Pellegrino				
Psicanálise e Arte	16	Diante do problema do artista criador	Manuscrito. 21 páginas.		X		
	17	Psicanálise e criatividade	Datilografado com emendas. Duas páginas	X			
	18	Há um Consenso: toda obra de arte lança raízes no inconsciente	Manuscrito. Cinco páginas.	X			
	19	Psicanálise e Literatura	Manustcrito. 33 páginas.	X			
	20	Rosa: psicologia da invenção	Datilografado com emendas. Duas páginas.	X			
	21	Há, na obra de Nelson Rodrigues	Datilografado com emendas. Quatro folhas.	X			
	22	A importância da peça reside	Datilografado com emendas. Duas páginas.	X			
	23	O Estranho	Conto, datilografado com emendas. 17 páginas.		X		
	24	Amar é ver, pois ver é receber o dom	Datilografado com emendas. Duas páginas.		X		
Teoria da libido	25	A psicanálise experimenta em nossos dias uma crise radical de seus fundamentos	Há partes datilografadas, com emendas, e partes manuscritas. 70 páginas.	X			
	26	Se a orientação dos instintos é face aos objetos	Há partes manuscritas e datilografadas. 21 páginas.	X			
	27	Falar mais de freud do que de Fairnbairn	O texto intercala páginas manuscritas e datilografadas. 99 páginas. No verso de uma sequência de páginas datilografadas, há páginas manuscritas. Há também a presença de um pequeno esquema agrupado ao final do texto, o que sugere que o texto escrito serviu de base para elaboração de um esquema de fala.	X			
	28	Uma psicologia instintiva só consegue abarcar o reino da utilitariedade	Datilografado, incompleto. Duas páginas.	X			
	29	Tese - Psico-biologia dinâmica	Manustrito. 56 páginas.	X			

Produção Psicanalítica de Hélio Pellegrino							
Eixo Temático	Numeração	Títulos	Características do texto	Tipo de produção			
				Artigos e Ensaios	Notas	Conferência	Outros
Teoria das relações de objeto baseada na qualidade das relações objetais	30	Quando o objeto deixa de ser sinal de minhas necessidades e apetites	Manuscrito. Quatorze páginas		X		
	31	A diferenciação é marcada pelo fato de que há, na dependência primária, não apenas identificação, mas incorporção oral	Manuscrito, com partes datilografadas. Dez páginas.		X		
	32	Se a criança, desde o início, faz relações de objeto, isso significa que a criança é, desde o início, uma pessoa	Datilografado, com emendas. Duas páginas.	X			
	33	A teoria de Freud, sobre a natureza e as finalidades do aparelho psíquico, se baseia essencialmente numa psicologia dos instintos	Datilografado, com emendas manuscritas. Incompleto. Duas páginas.	X			
	34	Este é o desenho: a grande resistência está em desfazer-se do primário objeto ruim	Manuscrito. Três páginas.	X			
Teoria das relações de objeto baseada na qualidade das relações objetais	35	O problema da internalização do objeto mau	Datilografado com notas manuscritas nas laterais e ao final. Duas páginas.		X		
	36	As defesas contra os objetos maus são defesas secundárias	Manuscrito. Cinco páginas.	X			
	37	Uma vez que eu esteja fixado definitivamente	Manuscrito. Seis páginas.	X			

Produção Psicanalítica de Hélio Pellegrino							
Eixo Temático	Numeração	Títulos	Características do texto	Tipo de produção			
				Artigos e Ensaios	Notas	Conferência	Outros
Sentidos da interpretação na terapia psicanalítica	38	A interpretação: alguns problemas a ela relacionados	Manuscrito. Vinte páginas.	X			
	39	O presente trabalho, sobre alguns aspectos da atividade interepretativa	Resumo datilografado. Uma página.				X
	40	Os trabalhos se tornam gradativamente mais longos	Datilografado com emendas. Quatro páginas.	X			
	41	O acontecimento decisivo na análise não é o encontro do paciente com seus objetos internos, projetados no analista	Datilografado com emendas. Duas páginas.	X			
	42	Encontro é defrontar-se de duas pessoas	Manuscrito.	X			
	43	O encontro não é um acontecimento neutro, imparcial, explicativo, no qual o observador não se empenha enquanto pessoa	Manuscrito, esboço de artigo. Três páginas.	X			
Pacto edípico, pacto social e releitura do complexo de Édipo freudiano	44	O tema da nossa mesa-redonda é sexualidade e poder	Manuscrito. 21 páginas.			X	
	45	O mito e o complexo de Édipo na obra de sófocles: uma reavaliação	Datilografado, com emendas. 104 páginas.	X			
	46	Vamos falar de Édipo, herói de uma velha legenda tebana	Datilografado com emendas. 21 folhas.	X			
	47	Do ponto de vista institucional, as tendências incestuosas	Datilografado com emendas. Três páginas.	X			
	48	O encontro psicanalítico pode ser, fora de dúvida, definido como um encontro existencial	Datilografado com emendas. Duas páginas.	X			
Revisão epistemológica da picanálise	49	Determinismo e Psicanálise	Manuscrito. 38 páginas. Foi escrito entre 6/08 a 19/09, de 1956.	X			
	50	Como se constitui uma ciência	Notas manuscritas para a elaboração do ensaio. 89 páginas	X			
	51	O conceito de ideia simples	Datilografado, com emendas. Uma página.	X			

| | | Produção Psicanalítica de Hélio Pellegrino | | Tipo de produção | | | |
Eixo Temático	Numeração	Títulos	Características do texto	Artigos e Ensaios	Notas	Conferência	Outros
Revisão epistemológica da picanálise	52	Gaston Bachelard, em seu livro *Le Nouvel Esprit Scinetifique*	Datilografado, com emendas. O texto está incompleto. Ao final apresenta sete versões da primeira página e duas da segunda. Ou seja, são nove páginas, além de várias versões de correção das páginas iniciais.	X			
	53	O movimento das ciências	Datilografado, com emendas. Cinco páginas.	X			
	54	O redutivismo freudiano como fruto de sua posição racionalista	Manuscrito. Treze páginas.	X			
	55	As premissas redutivistas sobre as quais Freud se apoiou	Datilografado com emendas manuscritas. 38 folhas.		X		
	56	Freud partiu de uma espistemologia cartesiana	Manuscrito. Trata-se de um esboço para a elaboração de um ensaio. 36 páginas.	X			
	57	Os esquemas referenciais de Freud	Manuscrito. Trata-se de um esboço para a elaboração de um ensaio. 21 páginas.	X			
	58	Na medida em que o ser humano é concebido como mecanismo – e só nessa medida – é que a psicoterapia pode ser considerada como técnica	Manuscrito. 16 folhas.	X			
	59	Esquema de trabalho	Datilografado e manuscrito. Cinco páginas, sendo duas versões da segunda página.	X			
	60	Enquanto que, para Freud	Manuscrito. Quatro páginas.	X			
	61	Afirma-se, com frequência, que as teorias psicológicas de Freud	Manuscrito. 18 páginas. Texto formado por um conjunto de notas, que mesclam texto datilografado e manuscrito que tratam desse tema.		X		
Revisão epistemológica da picanálise	62	Contradições entre a estrutura dos conceitos fundamentais	Manuscrito. Cinco páginas.		X		
	63	Minha ideia é a seguinte: as situações persecutórias representam formas de afirmaçaõ do ego	Manuscrito. Quatro páginas.	X			
	64	Primeiros trabalhos de Fairbairn	Manusctito. 11 páginas. Trata-se de um esboço, de um artigo.	X			
	65	Segundo Fairbairn, os instintos existem.	Datilografado, com último parágrafo manuscrito. Quatro páginas	X			
	66	Fairbairn, por outro lado, supera decisivamente a visão freudiana do aparelho psíquico	Datilografado com emendas. Quatro páginas.		X		

Produção Psicanalítica de Hélio Pellegrino						
Eixo Temático	Numeração	Títulos	Características do texto	Tipo de produção			
				Artigos e Ensaios	Notas	Conferência	Outros
Revisão epistemológica da picanálise	67	Fairnbairn não pensa, jamais, o ego em termos de impulsos ou instintos	Mescla partes manuscritas e datilografadas. Desesseis páginas.		X		
	68	As repercussões, em fairnbairn, do *zeit geist* contemporâneo	Manuscrito. Quarta folha.	X			
	69	O pensamento de Fairnbarin representa um esforço original e fecundo	Datilografado, com emendas e anotações manuscritas nas laterais. 31 páginas.	X			
	70	Não me parece que seja perfeitamente adequado dizer que o problema do esquizoide consiste em que ele acredita que seu amor seja mau	Datilografado com emendas. Quatro folhas.	X			
	71	Houve o recalcamento de Reich	Datilografado, com emendas. Duas páginas.	X			
Formação do Ego	72	A primeira introjeção do objeto mau significa uma fratura do ego com o real	Datilografado. Duas páginas.	X			
	73	O con-vívio maduro implica sempre num encontro de duas totalidades personais que se doam uma à outra em sentido trans-utilitário	Datilografado no início e manuscrito, do meio para o fim. Três páginas.		X		
	74	O ego é, constitutiva e copulativamente uma relação com o real	Datilografado com emendas. Três páginas.	X			
	75	Acredito que, fundamentalmente, os distúrbios emocionais , seja neuróticos ou psicóticos, derivam de perturbações precoces na intencionalidade do ego	Datilografdo com emendas. Cinco páginas.	X			

HÉLIO PELLEGRINO: POR UMA PSICANÁLISE POLÍTICA

Produção Psicanalítica de Hélio Pellegrino							
Eixo Temático	Numeração	Títulos	Características do texto	Tipo de produção			
				Artigos e Ensaios	Notas	Conferência	Outros
Psicopatologia, a partir da teoria do desenvolvimento baseada nas relações de objeto: uma análise da posição esquizo-paranóide e posição depressiva	76	Estágio de Dependência Infantil	Manuscrito. Dez páginas.	X			
	77	A agressão paranóide se transforma em agressão depressiva	Manuscrito. Dezessete páginas.	X			
	78	Na posição esquio-paranóide a raiva serve para manter à distância o objeto.	Parece ser um rascunho manuscrito, mescla tanto texto escrito quanto esquemas que ilustram a explicação escrita. 12 páginas.		X		
	79	Interesse predominante em pacientes esquizoides	Manuscrito. 14 páginas.	X			
	80	Uma revisão da psicopatologia	Manuscrito. Oito páginas.	X			
	81	A história do patinho feio é, no fundo a história de qualquer esquizóide	Datilografado com emendas e parte manuscrita. Três páginas.	X			
	82	O negócio é o seguinte: me parece que as duas situações ou posições, esquizo-paranóide e depressiva	Datilografado com emendas. Três páginas. Incompleto.	X			
	83	O incestuoso é aquele que não suporta a condição de ser-separado que o nascimento inaugura	Datilografado com emendas. Duas páginas.	X			
	84	O esquizóide tem medo aos seus afetos	Manuscrito. Cinco páginas.	X			
	85	Para o esquizóide, a perspectiva de amar representa um perigo e um tormento	Datilografado, com emendas. Quatro páginas.	X			
	86	Na posição esquizo-paranóide o problema que se coloca não é o do amor	Datilografado e manuscrito. Nove páginas.	X			
	87	Rascowsky: resumo de um caso clínico	Discussão de um caso clínico. Datilografado. Dez páginas.				X
	88	É este o problema do esquizóide: um jejuador	Datilografado com emendas e notas manuscritas para elaboração de artigo. Quatro páginas.		X		

Produção Psicanalítica de Hélio Pellegrino							
Eixo Temático	Numeração	Títulos	Características do texto	Tipo de produção			
				Artigos e Ensaios	Notas	Conferência	Outros
Loucura, hospitais psiquiátricos e psicanálise	89	Falo como psiquiatra desativado	Manuscrito. Três folhas.	X			
	90	Abençoada Esquizofrenia	Datilografado com emendas. Duas páginas.	X			
	91	Esquizofrenia Paranóide contra o Pobre	Datilografado com emendas. Duas páginas.	X			
	92	Massacre no manicômio	Datilografado com emendas. Três páginas.	X			
	93	Revolução Cubana no Hospício	Datilografado com emendas. Duas páginas.	X			
	94	Esquizofrenia Domada	Datilografado com emendas. Duas folhas.	X			
Psicanálise e Política: o apoliticismo ideológico das instituições psicanalíticas	95	As relações de excludência. Psicanálise e favela se excluem	Manuscrito, incompleto. Doze páginas. Notas para a elaboração de um artigo.		X		
	96	A psicanálise está confinada, limitada às classes dominantes	Manuscrito. Cinco páginas.	X			
	97	O tema dessa mesa-redonda é: inserção da psicanalise no modelo capitalista	Manuscrito, incompleto. Quatro páginas.			X	
	98	Psicanálise e sua inserção no modelo capitalista	Manuscrito. 52 páginas	X			
Psicanálise e Política: o apoliticismo ideológico das instituições psicanalíticas	99	Psicanálise e política	Manusctito. 19 páginas.		X		
	100	Há o seguinte: a prática da psicanálise, como escuta do desejo inconsciente	Manuscrito. Duas páginas.	X			
	101	Consequências do apoliticismo, na prática	Manuscrito, com partes datilografadas. 14 páginas.	X			

Produção Psicanalítica de Hélio Pellegrino

Eixo Temático	Numeração	Títulos	Características do texto	Tipo de produção			
				Artigos e Ensaios	Notas	Conferência	Outros
Instituições psicanalíticas, formação didática, prática clínica e transmissão da psicanálise	102	A entrada do mercado - e do sistema	Manuscrito. Quatro páginas.	X			
	103	Dar ao pobre a possibilidade de análise	Manuscrito. Nove páginas.	X			
	104	Esquema	Manuscrito. Duas páginas. Trata-se de um esboço.	X			
	105	Formação e transmissão: o ensino da psicanálise	Manuscrito. 58 páginas.			X	
A aposta no trabalho da Clínica Social de Psicanálise	106	A Clínica Social de Psicanálise	Datilografado, com emendas manuscritas. Quatro páginas.	X			
	107	Candidatos a grupo-terapeuta da clínica social de psicanálise	Resumo, datilografado com emendas. Uma página.				X
	108	Elitismo e Psicanálise	Datilografado. Três páginas.	X			
	109	Luxo no lixo: a psicanálise tem lugar fora do asfalto?	Publicado no *Jornal do Brasil*, em 1985. 10 páginas.	X			

Produção Psicanalítica de Hélio Pellegrino							
Eixo Temático	Numeração	Títulos	Características do texto	Tipo de produção			
				Artigos e Ensaios	Notas	Conferência	Outros
Análise de diferentes fenômenos sob o ponto de vista psicológico	110	O narcisismo é – sempre – um fenômeno secundário	Manuscrito. Seis páginas. Na sequência aparece o texto reescrito, datilografado, em três páginas.		X		
	111	Fatores Constitucionais - Fatores Ambientais	Datilografado com emendas. Três páginas.		X		
	112	Como é que se explica, do ponto de vista psicológico, a vtória do fascismo, contrário às grandes massas.	Manuscrito. Uma página.		X		
	113	O tabu da virgindade	Datilografado com emendas. Duas páginas.	X			
	114	Que é o suicídio, do ponto de vista psicológico?	Datilografado com emendas. Duas páginas.	X			
	115	O suicida é aquele que, por deliberação própria, consciente ou inconsciente, procura morte	Datilografado com emendas. Três páginas.	X			
	116	O sentimento de poder ser amado pelo pai	Manuscrito. Duas páginas.		X		
Análise de episódios sintomáticos e de problemas sociais no Brasil	117	A Consciência	Manuscrito. Três páginas.		X		
	118	Incêndios do nada	Datilografado com emendas. Três páginas.	X			
	119	A Guerrilha dos ricos	Datilografado com emendas. Três folhas.	X			

Produção Psicanalítica de Hélio Pellegrino

Eixo Temático	Numeração	Títulos	Características do texto	Artigos e Ensaios	Notas	Conferência	Outros
Análise de episódios sintomáticos e de problemas sociais no Brasil	120	Greve de fome	Datilografado com emendas. Quatro páginas.	X			
	121	Fenômeno portentoso. Nada fica a dever a uma tragédia grega	Datilografado com emendas. Quatro páginas.		X		
	122	A dialética da tortura: direito versus direita	Datilografado com emendas. 39 páginas.	X			
	123	Existe no Brasil, uma radical - e, portanto, decisiva - tradição escravagista	Datilografado com emendas Incompleto. Uma página.	X			
	124	Cometer um crime, em nome da lei, é mais grave do que cometer um crime fora da lei.	Datilografado com emendas. Quatro páginas.	X			
	125	Deu xá no câncer	Datilografado com emendas. Duas folhas.	X			
	126	Democratização da tortura	Datilografado com emendas. Duas páginas.	X			
	127	De Venta em Popa	Datilografado com emendas. Duas páginas.	X			
	128	O Espelho Quebrado [Em artigo publicado]	Datilografado com emendas. Duas páginas.	X			
	129	Comigo Não, Violão	Datilografado com emendas manuscritas. Três folhas.	X			
	130	Burguesia absolvida	Datilografado com emendas.Três folhas	X			
	131	Psicanálise da Criminalidade e Patologia Social	Datilografado com emendas. Três folhas.	X			
	132	O general Rui de Paia Couto, ao assumir a chefia do Departamento Geral dos Serviços do Exército	Datilografado com emendas. Duas folhas.	X			
	133	O grave problema da greve: Freud explica	Datilografado com emendas. Duas folhas.	X			